박완철 목사의 갈라디아서 강해 1

다른 복음은 없습니다

박완철 목사의
갈라디아서 강해 1

다른 복음은 없습니다

Galatians

크리스찬서적

저자의 글

　모든 목회자는 말씀 사역자입니다. 심방이나 상담을 할 때도, 교회 안의 모임을 인도할 때도 하나님 말씀이 중심입니다. 목회자는 하나님의 백성을 그리스도 안에서 온전한 사람으로 세워 가는 일에 부름을 받았습니다. 너무 고귀한 일입니다. 하지만 애당초 불가능한 일입니다. 목회자 자신부터 연약할 때가 많고 목회 현장에서 자신의 부족함을 절감하는 때가 적지 않습니다. 그래서 하나님의 은혜로 합니다. 내 말이 아니라 하나님의 말씀을 가지고 합니다.

　남서울은혜교회 담임목회를 처음 시작하면서 무슨 말씀으로 설교 사역을 시작할까 고민했습니다. 여러 가지 생각을 했습니다. 다양한 경우들을 예상해 보았습니다. 쉽게 시작하면 좋을 것 같았습니다. 그런데 자꾸 마음은 복음의 기초를 먼저 다루는 것이 순서라고 말하고 있었습니다. 결국 그렇게 하기로 결정했습니다. 좀 어렵고 재미없더라도 복음의 정석을 한번은 제대로 짚고 넘어가자고 생각했습니다. 나머지는 주님께 맡겼습니다.

　　제일 먼저 생각한 책이 갈라디아서였습니다. 특별히 은혜와 행위와의 관계에 대해 바울은 탁월한 통찰을 보여주고 있습니다. 율법과 복음, 하나님의 의와 사람의 의를 비교하면서 은혜의 구원을 소개하고 있습니다. 복음을 이해하는 데 가장 적절한 책이라고 생각했습니다. 깊고 치밀한 논리로 복음의 내용을 빠짐없이 소개하는 바울의 태도도 매력적이었습니다.

　　문제는 "성경의 이런 깊고 풍요로운 내용을 내가 과연 얼마나 제대로 다룰 수 있을 것인가?" 하는 것이었습니다. 여섯 장밖에 안 되는 갈라디아서를 도대체 몇 번으로 나누어 설교할 것인가도 문제였습니다. 이럴 수도 있고 저렇게 할 수도 있었습니다. 그러다가 은혜 주시는 대로 남김없이 하기로 했습니다. 깨달음 주시는 대로 교회가 필요한 내용이라면 얼마든지 해보자고 마음먹었습니다. 몇 번을 하게 될지 예상하지 못했습니다. 끝나고 보니까 시간으로는 1년 반을, 횟수로는 50번을 하고 마쳤습니다. 농담반 진담반으로 "이럴 줄 미리 알았다면 아예 시작하지 않았을 것"이라는 말이 저절로 나왔습니다.

이 땅에 완벽한 설교자는 없습니다. 설교는 신학 책이나 논문집이 아닙니다. 앉아 있는 청중들을 대상으로 듣는 순간의 효과를 목표로 삼아야 합니다. 성령의 감동과 말씀의 내용이 함께 전달되어야 합니다. 지금 보니 아쉽고 부족한 부분도 많습니다. 하지만 매주 본문을 대하고 본문과 씨름하면서 얻은 영적 유익은 말할 수 없이 컸습니다. 그것을 매주 교우들과 함께 나누는 것은 큰 기쁨이었습니다. 복음의 깊이, 복음의 영광, 복음의 풍요로움, 그리고 복음의 위력은 오늘날 영적 혼돈의 시대에도 교회와 성도를 지키기에 충분한 것이었습니다.

조심스럽지만 그 첫 부분을 이번에 책으로 묶었습니다. 이 땅에서 같은 길을 걸어가는 그리스도인 형제자매들과 함께 나누고자 합니다. 모쪼록 이 책을 통해 그리스도의 복음에 대해 조금이라도 더 정확하고 풍성하고 깊이 있는 이해를 갖게 된다면 저에겐 더할 나위 없는 기쁨입니다. 하나님이여, 복음의 영광으로 주님의 교회를 다시 회복시켜 주소서. 아멘!

차례

• 저자의 글 … 4

1장_
우선적인 관심(갈 1:1–5) … 10
다른 복음은 없습니다(갈 1:6–10) … 26
복음은 계시입니다(갈 1:11–17) … 45
복음은 동일합니다(갈 1:18–24) … 62

2장_
복음 진리가 우선입니다(갈 2:1–5) … 80
같은 복음, 다른 사역, 역사하시는 하나님(갈 2:6–10) … 97
복음의 진리를 실천합시다(갈 2:11–16) … 113
믿음으로 의롭게 됨(갈 2:16) … 129
돌아올 수 없는 다리(갈 2:17–19) … 144
그리스도가 사는 삶(갈 2:20) … 159
믿음 안에서 사는 것(갈 2:20) … 175
그리스도와 함께(갈 2:20–21) … 187

3장_
양자택일(갈 3:1–2) … 204
초지일관(갈 3:3–5) … 220
믿음의 원리, 동일한 원리(갈 3:6–9) … 235
우리를 위하여(갈 3:10–14) … 252
율법과 하나님의 약속(갈 3:15–18) … 266
율법의 역할(갈 3:19–22) … 279
초등교사(갈 3:23–29) … 294

1 장

우선적인 관심(갈 1:1-5)

다른 복음은 없습니다(갈 1:6-10)

복음은 계시입니다(갈 1:11-17)

복음은 동일합니다(갈 1:18-24)

우선적인 관심(갈 1:1-5)

"사람들에게서 난 것도 아니요 사람으로 말미암은 것도 아니요 오직 예수 그리스도와 그를 죽은 자 가운데서 살리신 하나님 아버지로 말미암아 사도 된 바울은 함께 있는 모든 형제와 더불어 갈라디아 여러 교회들에게 우리 하나님 아버지와 주 예수 그리스도로부터 은혜와 평강이 있기를 원하노라 그리스도께서 하나님 곧 우리 아버지의 뜻을 따라 이 악한 세대에서 우리를 건지시려고 우리 죄를 대속하기 위하여 자기 몸을 주셨으니 영광이 그에게 세세토록 있을지어다 아멘."

저는 25살 때에 예수 그리스도를 본격적으로 또 인격적으로 만났습니다. 어렸을 때, 중고등학교 시절을 포함해서 교회를 참 열심히 다녔던 기억이 납니다. 수요일도 빼놓지 않고 교회를 나갔으니까요. 주일날은 성가대 봉사를 빠짐없이 했던 기억도 납니다. 하지만 고등학교를 졸업하고 난 다음에 하나님이 살아계시다는 것을 정말로 믿지는 못하는 것 같았고 그걸 진심으로 느끼지도 못했습니다. 그래서 "솔직해지자"는 심정으로 교회를 떠났습니다. 그리고 6년 동안 영적으로 방황했지요.

그러다 25살 되던 해, 인생에 커다란 위기를 만나게 되었습니다. 군대를 갔다 오고 대학 마지막 4학년 때였습니다. 절체절명의 순간에 살아계신 우리 주님을 만나게 된 것입니다. 향후 "내가 어떻게 살아가야 되는가?" 이걸 물어보기 위해서 기도원에 올라갔습니다. 내 인생 전체의 문제를 놓고 난생 처음으로 금식을 했습니다. 신학을 하고 싶은 생각이 불현듯 났습니다. 아니, 신학교를 가야 되는 것처럼 내 영혼에 무언의 압력이 느껴졌습니다. 그때 제 모친께서는 신앙을 떠난 아들을 위해서 6년 동안 간절히 기도해 오셨습니다. 그 아들이 돌아왔으니 얼마나 감사하고 얼마나 반가웠겠습니까?

그런데 제가 신학을 하려고 한다는 것을 알고 어머니께서 기도원에 올라와 저에게 이런 말씀을 했습니다. "네가 6년 동안 교회를 떠났지만 기도 응답으로 하나님이 역사하셔서 이제 돌아와서 너무 감사하다. 그러나 신학을 하는 건 다시 한 번 생각해 주기를 바란다. 꼭 목사가 되어야 하겠니? 열심히 신앙생활하면서 교회를 잘 섬기는 훌륭한 장로가 되면 안 되겠니?" 저를 아는 모든 주변 사람들까지 만류했습니다. 저도 확신이 없어 왔다갔다하는데 그런 말을 들으니까 더 확신이 없었죠. 그런데 기도를 하면 영혼에 하나님이 신학의 길을 가라는 사인을 주시는 것 같고, 기도 끝내고 맨 정신으로 생각해 보면 도저히 못하겠고, 하고 싶은 생각이 털끝만큼도 없었습니다.

신학을 하면 나중에 어차피 목사가 되어야 하지 않습니까? 그런데 그때 제 머릿속에 떠오르는 목사님은 딱 한 종류의 그림뿐이었습니다. 60년대식의 후줄그레한 단벌 양복 하나를 걸치고 왼쪽 옆구리엔 채권 장사 가방 같은 걸 끼고 앞장서 가는 겁니다. 한 서너 걸음 뒤에는 검은 통치마를 입은 오륙십대 늙수그레한 아주머니들 서너 사람을 늘 데리고 다니는 모습. 심방을 가는 것이지요. '아, 이 일을 평생을 해야 되다니. 이건 도저히 남자가 할 짓이 아니다.' 이런 생각이 자꾸 들었습니다. 그래서 선뜻 결정을 하지 못하고 2년 동안 갈등했습니다. 그 2년 어간에 제가 집요하게 물어봤던 질문은 한 가지였습니다. "정말 하나님께서 나를 이 길로 부르셨는가?"

여러분, 갈라디아서 초반부에서 사도 바울은 하나님께서 자신을 사도로 부르셨다는 것을 아주 강한 어조로 주장하고 있습니다. 바울의 다른 서신들은 시작이 이렇게 강하지 않습니다. 부드럽게 시작합니다. 하지만 갈라디아서는 처음부터 어투가 다릅니다. 우리 한글 성경에는 그 뉘앙스가 잘 안 나타나 있지만 대단히 논증적이고 강경하게 서두를 시작하고 있습니다. 이렇게 하는 이유가 무엇일까요?

갈라디아 교회는 바울이 1차 선교여행 때에 설립한 교회입니다. 얼마 있다가 바울은 다른 지역으로 떠났습니다. 곧이어 유대의 율법주의 경향을 가지고 있는 거짓 교사들이 갈라디아 교회 안에 들어왔습니다. 그러고는 자신들의 사상을 심어 놓기 위해 우선 먼저 복음을 뿌려놓은 바울의 사도직의 권위를 건드리기 시작했습니다. "자, 여러분 생각해 보세요! 바울이라는 사람이 예수님의 12제자 중에 한 사람이었습니까? 바울이 처음부터 복음에 호의적인 반응을 보였던 사람입니까? 아니지 않습니까? 그러므로 바울은 참된 사도일 수가 없습니다. 바울이라는 저 사람은 기껏해야 자칭 사도, 스스로 사도일 뿐입니다." 그렇게 사람들을 유혹하기 시작했습니다.

여러분! 어떤 사람의 명예나 어떤 사람이 이루어놓은 업적을 단번에 무너뜨릴 수 있는 아주 효과적인 방법이 있습니다. 그 사람을 어떻게든 가짜 소동에 얽어매면 됩니다. "저 사람이 쓴 논문, 가짜입니다. 어느 교수의 것을 표절했습니다. 저 사람이 받았던 학위, 가짜입니다. 조사를 해봤습니다." 그게 사실과 다르다 할지라도 일단 이 가짜 소동에 휘말리고 나면 그 사람의 권위는 땅에 떨어집니다. 그 다음에는 무슨 말을 한다 할지라도 사람이 곧이곧대로 받아들이기가 어렵지요. 이 거짓 교사들은 그 점을 노린 것입니다.

여러분, 요즘에 우리 대한민국 안에 하고많은 이단들이 있지 않습니까? 요즘 이단들은 예전과 다릅니다. 교회의 교인으로 등록을 해서 일종의 위장침투를 합니다. 그 후 교회활동을 하면서 가만히 기회를 엿봅니다. 그 교회의 영적 지도자인 목사, 그 교회의 리더인 장로, "이 사람들이 가짜라는 것을 어떻게 하면 증명할 수 있을까?" 그들은 이걸 노립니다.

사랑하는 성도 여러분! 사람들은 본능적으로 긍정적인 이야기보다는 부정적인 이야기에 더 귀를 기울이는 경향이 있습니다. 다른 사람을 칭찬하는 말보다 다른 사람을 비난하는 말이 더 재미가 있습니다. 그래서 일단 여기에 귀를 기울이면 그 다음에 효과적으로 교회를 갈라놓는 것은 식은 죽 먹기일 수 있습니다. 그러므로 교회 안에 들어와서 근거도 없이 교회 지도자를 비난하거나 교회 일을 비난하는 목소리를 경계하시기 바랍니다. 한걸음 더 나아가 뭔가 교회 안에 비리나 부정을 찾아내려고 혈안이 되어 있는 사람 같으면 더욱 조심하시기 바랍니다. 그러면서 그 사람을 가만히 보니까 교회 안에서 자신의 세력을 확장해 가려고 노력하는 사람이라면 사단의 사주를 받았을 확률이 높습니다.

여러분, 어느 집단이든지 나를 싫어하는 사람은 있기 마련 아니겠습니까? 내가 꼭 그 사람에게 어떤 잘못을 해서가 아닙니다. 그 사람이 가지고 있는 이해관계 때문에 나를 싫어하는 경우가 종종 있습니다. 심지어 바울은 복음을 너무 효과적으로 잘 전해서 많은 열매를 맺고 있다는 이유 때문에 다른 교회 지도자들의 시샘을 한몸에 받았습니다.

지금 이 갈라디아 교회 안에 들어와 성도들을 유혹하는 거짓 교사의 목표는 한 가지입니다. 바울의 영향력을 제거해 버리고 자기들이 교회를 장악하는 것입니다. 그러기 위해서 먼저 바울이 심어 놓은 복음의 씨앗을 뽑아야 됩니다. 바울이 끼치고 있는 영향력을 제거해야 됩니다. 이 일을 위해 반복해서 바울의 사도직을 건드리는 것입니다.

여러분, 바울이 어떤 사람입니까? 우리가 알고 있는 바울은 누구입니까? "내가 무슨 대접을 받는가?" 전혀 상관없습니다. 소위 헛된 자존심을 세우는 일에는 전혀 신경을 기울이지 않는 사람이 바울입니다. 고린도전서 4장 3절에서 바울이 이렇게 말하지 않습니까?

"너희에게나 다른 사람에게나 판단받는 것이 내게는 매우 작은 일이라 나도 나 자신을 판단하지 아니하노니" 그들이 뭐라고 비난을 하든, 어떻게 손가락질을 하든, 바울의 명예를 어떻게 실추시키든, 그것은 상관하지 않습니다. 그러나 문제는 지금 당장 바울 자신의 사도직의 권위를 제대로 세워 놓지 않으면 바울이 전했던 복음이 위협을 받게 되는 상황이었습니다. "내가 무슨 대접을 받는가?" 이것은 상관없지만 "내가 전했던 복음이 무슨 대접을 받는가?" 이것은 늘 바울의 우선적인 관심사였지요.

그런데 갈라디아 교회 교인들 중 이미 많은 사람들이 바울로부터 들었던 복음의 내용에 대해 의심의 눈초리를 보내고 있는 겁니다. 이 가짜 교사들이 했던 말을 요약해 보면 딱 한 가지입니다. "바울의 사도직은 가짜입니다. 그러므로 바울이 여러분에게 전달했던 복음의 내용도 가짜"라는 것입니다. 그래서 바울이 갈라디아서 서두에서부터 아주 강한 어조로 말하는 것입니다. 자기의 사도직에 관해서 변명을 하는 것이지요. "사람들에게서 난 것도 아니요." 자신의 사도직이 사람들에게 그 기원이 있지 않다는 뜻입니다. 그 출처가 사람에게 있지 않습니다. 새 번역 성경을 보면 더 정확합니다. "사람들이 시켜서 된 것도 아니요." 쉬운 성경은 "사람들이 뽑은 것도 아니요"로 번역하고 있습니다.

예를 들어 어떤 유력한 사람이 바울에게 호의적인 반응을 보인다고 합시다. "바울 선생, 당신이야말로 복음을 전하기에 최적격자입니다. 당신만큼 드라마틱한 회심을 경험한 사람이 없지 않습니까? 이전에는 복음의 박해자였다가 지금은 복음의 일꾼 아닙니까? 그러므로 당신만큼 뜨겁게 열렬히 복음을 전할 수 있는 사람은 없다고 생각합니다. 당신은 사도가 될 만한 자격을 충분히 가지고 있습니다. 나는 진심으로 당신을 사도로 추천합니다." 이처럼 어떤 유력한 사람의 추천을 받아 사도가 된 것이 아니라는 말입니다.

또 예를 들어 예수님의 12제자 중에 가장 대표격인 베드로와 야고보와 요한, 이 세 사람이 모여 바울을 앞에 놓고 이렇게 이야기를 한다고 가정해 봅시다. "이보시오, 바울 형제! 정말 반갑소. 정말 잘 왔소. 우리 모두는 진심으로 당신을 환영합니다. 알다시피 우리가 복음을 전하고는 있지만 우리는 모두 무식한 갈릴리 어부 출신들입니다. 사람들이 우리를 무식하다고 우리 말에 귀 기울여 듣지 않는 경향이 있습니다. 그런데 당신은 배울 만큼 배운 사람 아닙니까? 율법 선생 아닙니까? 신분이 바리새인 아닙니까? 그러므로 바울 형제 같은 사람이 이 복음 전파에 참여하게 된다면 우리는 천군만마를 얻은 것과 같을 것입니다. 환영합니다. 우리 예수님의 12제자들은 모두 당신을 사도로 뽑는 데 동의했습니다."

"사람들이 뽑아서 내가 사도 된 것도 아니요"는 이런 뜻입니다. 그런데 바울은 여기서 멈추지 않습니다. 바울이 얼마나 치밀하게 자기의 논증을 전개해 가고 있는가를 그의 서신 곳곳에서 엿볼 수가 있지요. "사람들에게 난 것도 아니요." 그 다음에 바로 이어 한 마디를 덧붙입니다. "사람으로 말미암은 것도 아니요." 이 말은 내가 사람을 통해서 사도 된 것도 아니라는 뜻입니다. 말하자면 자기가 사도 되는 데 어떤 인간 중개자, 소위 인간 브로커가 개입해 본 적이 없다는 뜻입니다.

이게 왜 중요한가 하면 구약 성경에는 많은 사람들이 인간 중개자를 통해 어떤 사역으로 부르심을 받았기 때문입니다. 예를 들어 그 유명한 선지자 엘리사는 그의 전임자인 엘리야를 통해서 선지자로 세움을 받습니다. 이스라엘의 존경받는 왕이었던 다윗은 사무엘 선지자를 통해서 기름부음 받지요. 그런가 하면 여호수아는 모세를 통해 후계자로 임명을 받습니다. 다른 사람들은 이처럼 매개자를 통해 세움을 받았지만 바울 자신은 아니라는 것입니다. 바울이 "사람들에게 난 것도 아니요 사람들을 통해서 된 것도 아니라"고 자기 사도직을 설명할 때 그가 주장하는 요점은 하나입니다. "나는 예수 그리스도가 직접 부르셨다"는 것입니다.

사울이라는 청년이 의기양양하고 살기등등해서 다메섹에 있는 교인들을 붙잡아 예루살렘으로 끌고 올 목적으로 일행들과 함께 다메섹을 향해 가고 있었습니다. 손에는 정식 체포영장을 쥐고 있었습니다. 거의 가까이 왔는데, 시간은 정오쯤 되었습니다. 그런데 갑자기 태양보다 더 밝은 빛이 바울과 그 일행을 비췄습니다. 처음 보는 빛이었습니다. 이 정체를 알 수 없는 빛의 힘에 압도되어 바울은 그만 땅에 엎드리고 말았습니다. 그러고는 이렇게 물었지요. "주여, 누구십니까?" 음성이 들리기를 "나는 네가 핍박하는 예수라." 주님이 직접 바울에게 나타나셨지요.

성도 여러분, 당시에 사도로 인정을 받는 조건 중에 하나가 반드시 부활하신 그리스도를 보아야만 하는 것이었습니다. 사람들은 이 의기양양하고 자기 의로 가득 차 있던 바리새 청년 사울이라는 사람이 사도로 부름 받은 것을 이해하지 못했습니다. 사람들은 동의하지 않았습니다. 심지어는 주의 제자였던 아나니아마저 바울이 주님의 부르심을 받는 것에 항변을 했지요. 여기 율법으로 가득 차 있는 한 청년이 있습니다. 여기 자기 의와 자신감으로 가득 차 있는 한 청년이 있습니다. 그러나 심령 구석구석에는 어둠으로 가득 차 있는 한 청년 사울! 하나님을 적극적으로 대적하고 있는 한 청년. 그런데 이 사람이 사도가 되었습니다.

어떻게요? 사람들의 추천도 아니고 사람들이 뽑은 것도 아닌, 어느 날 갑자기 본인도 예상하지 못한 순간에 하늘의 부르심을 받은 것입니다. 부활하신 주 예수 그리스도, 그분이 직접 그의 인생에 찾아오셨습니다. 이것이 하늘의 부르심입니다. 당시 어떤 사람들은 스스로를 자칭 사도라고 불렀습니다. 그런데 이 사람들은 늘 품속에다가 유력한 자의 추천서를 지니고 다녔습니다. 사람들의 인정을 받아야 했으니까요. 이 사람들의 관심은 복음이 아닙니다. 사도라는 명예, 사도라는 타이틀이 가지고 있는 헛된 자부심이었습니다. 이런 사람들은 하늘의 부르심을 받은 자들이 아니지요.

여러분, 우리나라에 신학교가 너무 많다는 이야기를 하지 않습니까? 던져봐야 할 질문은 "과연 이 사람들이 하늘의 부르심을 받았는가?"입니다. 다른 사람이 추천해서 신학교에 오는 경우도 많습니다. 어떤 학생은 이렇게 말합니다. "우리 교회 목사님이 신학이나 한번 해보래요." 어느 기도원에 갔더니 기도원 강사가 "너는 신학을 해야 한다고 다그쳐서요." 자기 확신은 없습니다. 세상에서 실패하면 신학교 갑니다. 일반 대학 떨어지면 신학교나 가볼까 하는 생각을 합니다. 사업이 지지부진하고 실패하면 신학교로 현실 도피를 해버립니다. 이 모두가 하늘의 부르심을 받지 못한 결과들입니다.

여러분, 바울은 사도로 주 예수의 직접적인 부르심을 받았습니다. 사도는 헬라어로 '아포스톨로스'인데 그 뜻은 '보냄을 받은 자'입니다. 보냄을 받은 자의 권위는 그를 보낸 사람에게 있지요. 만일에 누가 이 사람을 보냈다면 이 사람은 그 사람의 대변인으로 사람의 권위밖에는 갖지 못할 겁니다. 만일에 자칭 사도가 되어 사람들 앞에 나간다면 그가 입을 벌려서 하는 모든 말은 결국은 자기 말, 자기 넋두리일 것입니다.

그런데 바울은 갈라디아서 초반부터 복음을 설명하면서 "내가 사도로 부름 받은 것은 내가 원해서 된 것이 아니요, 예수 그리스도가 직접 내게 나타나셔서 나를 사도로 부르셨다"고 합니다. 왜 이런 주장을 하고 있습니까? 주장을 하는 이유는 한 가지입니다. "그러므로 갈라디아 교인들이여, 내가 예수 그리스도의 대변인으로서 여러분들에게 나아가서 전했던 모든 복음의 내용은 나 바울의 이야기가 아닙니다. 나를 보내신 그리스도의 말입니다. 여러분들이 들었던 복음은 나 바울이 만든 것이 아닙니다. 내가 연구해서 만들어 놓은 연구 결과가 아닙니다. 그것은 인간적인 사상의 산물이 아닙니다." 이 이야기를 지금 하는 것입니다.

바울은 이것을 좀 더 분명히 하기 위해서 한 마디를 덧붙입니다. 여기 보면 "사람들에게 난 것도 아니요, 사람으로 말미암은 것도 아니요, 오직 예수 그리스도와 그를 죽은 자 가운데서 살리신 하나님 아버지로 말미암아 사도 된 바울"이라고 합니다. 예수 그리스도는 바울을 직접 사도로 부르신 당사자로 소개되어 있습니다. 그런데 거기서 끝나지 않습니다. 궁극적으로 바울을 사도로 부르신 분은 추적하면 누구입니까? 하나님 아버지랍니다. 그런데 이 하나님 아버지를 바울이 어떻게 소개합니까? 영감 받는 바울이 사용하고 있는 모든 표현은 단어 하나도 그냥 쓰는 법이 없습니다.

"예수 그리스도를 죽은 자 가운데서 다시 살려내신 하나님 아버지"가 나를 사도로 부르셨다. 여러분, 바울이 사도로 부름을 받은 배후에는 하나님의 능력적인 부르심이 있었습니다. 죽음을 이기고 사망 권세를 깨뜨리고 죽은 자를 다시 살려내는 것 이상으로 위대한 능력이 어디 있습니까? 하나님 말고 이런 능력을 행할 자가 어디 있습니까? 바울이 사도로 부르심을 받은 배후엔 하나님의 능력적인 부르심이 있었다는 이야기지요. 이것을 통해 바울이 주장하고 싶은 점은 이것입니다. "여러분, 보세요! 나는 1차적으로 예수 그리스도가 직접 부르셨습니다. 그런데 예수 그리스도만 부르신 것이 아닙니다. 그를 죽은 자 가운데서 다시 살려내신 하나님의 능력적인 부르심이 나를 사도로 사로잡았습니다. 그러므로 내가 여러분에게 가서 전했던 복음의 말씀은 나 바울의 인간적인 말이 아니라 나를 보내신 하나님의 능력 있는 말씀입니다." 이 이야기입니다.

바울은 사도직 자체에는 별 관심이 없습니다. 사도로 사람들에게 인정받는 일에는 전혀 관심이 없습니다. 지금 바울이 염려하는 점은 무엇입니까? 자신이 전했던 이 고귀한 복음, 영혼을 살리는 그 고귀한 복음의 내용이 지금 거짓 교사들에 의해 변질되고 있다는 것입니다. 벌써 상당히 많은 갈라디아 교회 교인들이 이 거짓 교사들에게 책동을 당해서 자신이 전했던 복음을 의심하고 있다는 소리를 들었습니다. 자신이 전했던 순도 100퍼센트의 복음에 이미 물을 타서 복음이 희석되고 있다는 소리를 듣고 있습니다.

그러므로 바울이 하고 싶은 말은 이것입니다. "이 답답한 갈라디아 교인들이여, 생각해 보세요. 내가 되고 싶어서 사도가 된 사람입니까? 여러분이 내 과거를 알지 않습니까? 예수 그리스도가 나를 다메섹 도상에서 부르지 않았습니까? 한걸음 나아가 예수 그리스도를 죽은 자 가운데서 살려내신 하나님이 능력적으로 나를 부르지 않았습니까? 여러분, 그렇다면 내가 여러분에게 나아가서 복음을 전할 때에 내가 하고 싶은 말을 했겠습니까? 그게 바울의 목소리였겠습니까? 내가 만들어낸 말을 했습니까? 아닙니다! 여러분, 나 바울의 인간의 목소리에 복음의 기원이 있지 않습니다. 내가 여러분에게 전했던 것은 사람의 말이 아닙니다. 그러므로 제발 다른 사람의 이야기에 귀를 기울이지 마십시오."

오늘날 많은 사람들이 "아하, 복음은 참 좋은 것이다. 말 그대로 굿 뉴스 아닌가?"라고 말합니다. 그런데 복음을 많이 착각합니다. 심하게 오해합니다. 심지어 교회 나오는 사람들도 복음은 좋은 도덕이나 윤리나 교훈처럼 생각합니다. 예수라는 위대한 인물이 우리 인류에게 남겨 놓은 어록 정도로 생각합니다. 이런 식으로 복음에 접근하는 것이지요. "교회 가서 일주일에 한 번씩 목사님의 좋은 이야기 듣는 게 나쁠 게 뭐 있겠는가? 강대상에서 목사님이 나쁜 소리 하겠는가? 다 들어두면 좋은 말이지. 서로 사랑하라, 용서하라, 양보하라, 얼마나 좋은 말인가? 그러니까 일주일에 한 번씩 교회 가서 세상에서 더러워진 심령의 때를 깨끗하게 정화하는 것은 좋은 일이야. 그런데 불교에 가도 사실은 똑같은 소리를 하더라고. 사랑하라, 용서하라, 그리고 양보하라. 그러므로 불교나 기독교나 어쩌면 같은 것일지도 몰라. 무슨 종교를 믿든지 괜찮아. 자기가 좋아하는 거 믿으면 되는 거지. 열심히 믿으면 돼."

사랑하는 성도 여러분, 얼마나 복음에서 거리가 먼 생각입니까? 복음이 무엇인가를 전혀 알지 못한 채 이런 생각을 가지고 교회 출석하는 사람들이 많이 있습니다. 바울은 갈라디아서 초반부터 다르게 주장합니다. "이 복음은 사람이 만든 것이 아닙니다. 이 복음은 인간 사상의 산물이 아니라 하늘에서 왔습니다. 이 복음은 하나님이 만드셨습니다. 이 복음의 기원은 사람이 아니요 하나님이십니다." 그 이야기입니다.

독일이 자랑하는 위대한 문학가인 괴테의 《파우스트》를 보면 주인공인 파우스트가 악마 메피스토펠레스에게 자기 영혼을 팔아넘깁니다. 그런 다음에 온통 책으로 가득 둘러싸인 자기 서재 한가운데서 신음을 토해내며 부르짖지 않습니까? "아! 인간은 천 권의 책을 눈앞에 놓고도 곳곳에서 신음하는구나!" 여러분, 인간은 천 권의 책을 가지고도 구원받지 못합니다. 인간 실존의 문제를 책이 해결해 준 적이 있습니까? 어떤 도덕도 어떤 윤리도 인간을 진심으로 참되게 만들어 준 사실이 없습니다. 수많은 교육학자들이 수많은 교육 시스템을 주장합니다. 하지만 어떤 교육도 인간의 악한 심성을 구원해 본 경우가 없습니다.

정치도 인간을 구원하지 못합니다. 인간이 자랑하는 소위 빛나는 지성과 이성 역시 인간을 구원하지 못합니다. 여러분, 저는 신학을 하게 된 배경이 있습니다. 젊은 시절에 진정한 진리를 찾기 위해서 나름대로 노력했습니다. 구원을 얻어 보려고 여러 철학책과 문학책을 뒤적였습니다. 그런데 인간의 삶이 얼마나 모순으로 가득 차 있는가, 인간이 얼마나 비참한 존재인가를 적나라하게 묘사해 주고는 있지만 거기에 인간 구원의 길은 보이지 않았습니다. 어떤 철학도 인간 구원에 관해 명쾌한 대답을 주지 못했습니다.

그래서 종교에서 구원을 찾아보려고 노력했습니다. 한때 불교에 깊이 심취했습니다. 선불교를 연구해 봤습니다. 그러나 금강경을 읽어도 반야심경을 뒤적여 봐도 그럴듯해 보이기는 하는데 내 인생 실존의 허무를 궁극적으로 해결해 주는 대답은 어디에도 없었습니다. 어느 날 점잖게 차려 입은 신사 한 분이 제게 다가오더니 이렇게 물었습니다. "형제여, 도를 아십니까?" 제가 모른다고 대답했습니다. 그러나 진심으로 알고 싶다고 대답했습니다. 그랬더니 자기를 따라오라고 했습니다. 그래서 따라갔습니다. 밤새워 그 사람과 도에 대해서, 진리에 대해서, 인간 영혼의 문제에 대해서 논해 봤지만 거기에도 구원은 없었습니다. 저는 절망했습니다. 절망할 수밖에 없었습니다. 그리고 그 절망의 아슬아슬한 끝자락에서 복음을 만났습니다.

내가 스스로 만난 것이 아닙니다. 내가 찾았던 것도 아닙니다. 주님이 먼저 찾아와 주셨습니다. 그리고 나를 부르셨습니다. 하늘의 부르심이지요. 여러분, 눈을 뜨고 보니까 내가 안고 있었던 문제는 지식의 문제가 아니었습니다. 도덕의 문제나 윤리의 문제도 아니었습니다. 그 이상이었습니다. 그것보다 훨씬 깊은 문제였습니다. 그것은 바로 죄의 문제였습니다.

오늘 본문 1장 4절에서 바울이 이렇게 말하지 않습니까? "그리스도께서 하나님 곧 우리 아버지의 뜻을 따라 이 악한 세대에서 우리를 건지시려고 우리 죄를 대속하기 위하여 자기 몸을 주셨으니." 하나님의 아들인 그리스도께서 우리의 죄를 대속하기 위하여 내 죄를 대신 짊어지시고 갈보리언덕 십자가 위에서 죽으셨다-이게 복음입니다. 다른 복음은 없습니다. 이 땅의 모든 인류가 우선적으로 관심을 기울여야 하는 복음입니다. 하나님의 아들로 원래는 이 땅에 내려올 필요가 없는 영광의 본체인 그분이 직접 사람의 몸을 입고 이 땅에 오셨다는 것입니다. 무엇 때문입니까? 내 죄 문제를 해결하기 위해서, 우리를 이 악한 세대에서 건지기 위해서입니다.

　뉴스를 틀기만 하면 온갖 악한 소식이 쏟아지는 이 세대. 너무나 끔찍한 소식들! "세상에 어쩌면 이런 일이," 날이면 날마다 우리가 보고 접하는 소식들은 있어서는 안 되는 일들 아닙니까? 사람이 어쩌면 이렇게 악할 수 있을까? 정말 영혼이 신음하게 만드는 소식들 아닙니까? 이 악한 세대에서 우리를 건질 수 있는 방법은 도덕에 있는 것이 아닙니다. 좋은 교훈이 아닙니다. 인간의 어떤 이데올로기나 사상이 아닙니다. 여러분, 사람은 건지지 못합니다. 사람에게서는 어떤 구원의 방법이 나올 수가 없습니다.

　그래서 바울은 외치고 있습니다. "여러분들이여, 제발 내 말을 믿어 주세요. 내가 사도가 되고 싶어 된 사람이 아니지 않습니까? 나는 하나님의 대변인에 불과합니다. 나를 직접 부르신 그리스도의 대변인에 불과합니다. 여러분에게 전했던 그 복음은 내 말이 아닙니다. 바울의 사상이 아닙니다. 나를 보내신 예수 그리스도 말씀이요, 죽은 자 가운데서 다시 살려내신 하나님의 능력 있는 말씀입니다."

　성도 여러분, 하나님의 아들 예수가 십자가에 스스로 올라가서 내 죄를 대신 짊어지시고 죽으셨다는 것이 복음입니다. 다른 복음은 없습니다. 우리가 듣고 있는 이 복음뿐입니다. 그러므로 다른 이야기에는 귀를 기울이지 마십시오. 이것은 박 목사의 이야기가 아닙니다. 이것은 바울의 이야기가 아닙니다. 이것은 하나님이 주신 이야기입니다. 하늘로부터 하나님이 우리에게 선물로 주신 내용입니다. 사람을 살려내는 이야기입니다.

우리의 영혼을 이 악한 세대에서 건질 수 있는 유일한 복된 소식. 아! 이것이 바로 하나님이 우리에게 주신 복음입니다. 이 복음에 우선적인 관심을 기울이시고 이 복음의 내용을 정확하게 깊이 있고 풍성하게 깨달아 가시는 여러분 되시기를 바랍니다.

다른 복음은 없습니다 (갈 1:6-10)

"그리스도의 은혜로 너희를 부르신 이를 이같이 속히 떠나 다른 복음을 따르는 것을 내가 이상하게 여기노라 다른 복음은 없나니 다만 어떤 사람들이 너희를 교란하여 그리스도의 복음을 변하게 하려 함이라 그러나 우리나 혹은 하늘로부터 온 천사라도 우리가 너희에게 전한 복음 외에 다른 복음을 전하면 저주를 받을지어다 우리가 전에 말하였거니와 내가 지금 다시 말하노니 만일 누구든지 너희가 받은 것 외에 다른 복음을 전하면 저주를 받을지어다 이제 내가 사람들에게 좋게 하랴 하나님께 좋게 하랴 사람들에게 기쁨을 구하랴 내가 지금까지 사람들의 기쁨을 구하였다면 그리스도의 종이 아니니라."

제가 이전에 섬기던 교회에 청년부 부회장을 하던 자매가 있었습니다. 언제나 밝고 명랑한 자매였습니다. 시골에서 서울로 올라와 동생과

둘이 자취를 하면서 교회를 얼마나 열심히 섬기는지 모든 교인들의 사랑을 받았습니다. 새벽기도를 빠지지 않고 나오고 또 주일학교 율동 교사도 했습니다. 회사에서 여름에 주는 며칠 휴가를 늘 여름성경학교를 위해 사용하곤 했습니다.

그런데 어느 날부터 이 자매 얼굴에 어두운 기색이 깃들기 시작했습니다. 그러더니 이상한 말을 해요. "목사님, 우리가 정말로 서로 형제요 자매일까요? 쉽게 서로를 형제님, 자매님 이렇게 부를 수 있는 것일까요?" 나중에 알고 보니까 이미 구원파에 수개월 동안 성경공부를 나가고 있던 터였습니다. 같은 회사 옆자리에 근무하던 언니가 어느 날 이렇게 묻더라는 것이지요. "네가 열심히 신앙생활 하고 교회 다니는데 너 정말 구원의 확신을 가지고 있니? 구원이라는 것은 마치 영적인 대지진과 같은 거 아니겠니? 이런 거대한 영혼의 변화를 경험했다고 하면서도 언제 그 변화를 경험했는지 네가 모른다면 구원받은 사람이라고 하기 어렵지 않겠니?"

구원받은 날짜와 시간을 대라는 것이었습니다. 이 자매가 대답을 못했지요. 그 언니를 따라서 벌써 수개월 동안 구원파의 교리를 배우고 있었습니다. 이 자매를 건져 보려고 백방으로 노력했지만 결국 자매는 교회를 떠났습니다. 그 후 저는 영국으로 유학을 떠났고, 나중에 소문을 들으니까 이 자매가 구원파에도 정착을 못하고 천주교로 옮겨 갔다는 소식을 들었습니다. 이렇게 영적으로 계속 방황한다는 이야기를 듣고 마음이 무거웠습니다.

여러분, 신앙이 견고해지는 데는 상당히 많은 시간이 걸립니다. 우리 교회에서는 매년 서리집사를 새로 임명합니다. 하지만 집사 직분을 거저 주지는 않습니다. 일단 세례를 받아야 됩니다. 세례만 받는다고 되는 일은 아니지요. 세례 받은 뒤에 적어도 2년 이상 신앙생활을 해야 됩니다. 하지만 시간만 지난다고 집사 직분을 주는 것도 아닙니다. 교회에서 봉사를 해야 합니다. 무슨 일이든 교회 봉사를 하나 정도는 하고 있는 사람이어야 집사의 자격 요건이 됩니다. 이처럼 신앙이 자라고 견고해지는 데는 상당히 많은 시간과 노력을 투자해야 됩니다.

그런데 신앙이 무너지는 것은 순식간입니다. 불과 수개월 다른 이야기에 귀를 기울였는데 수십 년 믿어 왔던 신앙을 미련없이 던져버립니다. 이런 일들이 우리 주변에서 비일비재하게 일어나고 있습니다. 1장 6절에 보니까 바울이 갈라디아 교인들을 향해서 "그리스도의 은혜로 너희를 부르신 이를 이같이 속히 떠나 다른 복음을 따르는 것을 내가 이상하게 여기노라"고 말합니다. 바울도 이상했던가 봐요. 어쩌면 이렇게 빨리 복음에서 떠날 수 있을까? 그 변절 속도가 너무 빠른 것을 보고 바울조차도 의아하게 여긴다고 말하고 있습니다.

수십 년 동안 함께 같은 교회 울타리 안에서 신앙생활하던 사람이었습니다. 봉사도 열심히 하던 사람이었는데 어느 날 보니까 엉뚱한 이단에 가 앉아 있더란 말입니다. 우리 상식으로는 이해가 잘 안 갑니다. 이렇게 오랫동안 정통보수 교회에서 각양 성경공부를 다하고 봉사까지 열심히 하던 사람이 어떻게 이렇게 빨리 이단에 빠질 수가 있을까? 잘 납득이 안 갑니다. 신천지 공부방에 몇 개월 따라다니더니 수십 년 믿어왔던 것을 과감하게 버리는 거예요. 지성인도 소용없고 대학 교수도 마찬가지입니다. "신학을 공부한 사람 같으면 좀 안전하겠지." 그것도 아닙니다.

저하고 함께 신학을 공부했던 동창 중에 대단히 기도에 열심을 내던 친구가 있었습니다. 특별히 북한 선교에 아주 열심을 내던 친구였습니다. 그런데 졸업 후 몇 년이 지난 어느 날 만났는데, 보니까 당시 유행하던 다미선교회에 푹 빠져 있었습니다. "다가올 미래를 대비하라" 줄임말이 다미선교회입니다. 헤프닝으로 끝나긴 했지만 다미선교회라는 종말론 이단 단체가 있었습니다. 한때 우리나라를 온통 떠들썩하게 만들었습니다. 1992년 10월 28일에 그리스도가 재림하신다는 것을 믿었습니다.

학생들은 다니던 학교를 그만뒀습니다. 주부는 가정을 뛰쳐나왔습니다. 회사 다니던 회사원들도 직장을 팽개치고 흰옷을 입고 오실 주님을 기다렸습니다. 이 친구가 그 다미선교회에 빠졌어요. 그런데 왜 빠졌는지 궁금하지 않습니까? 신학까지 공부한 사람인데, 보니까 이유가 간단해요. 그때 이장림 목사가 썼던 《다가올 미래를 대비하라》 책 한 권을 읽고 은혜 받고 그러고는 그만 다미선교회에 푹 빠지고 말았습니다.

여러분, 수십 년 동안 정통교리를 가르치는 교회에서 신앙생활을 한 사람도, 심지어는 신학 공부를 체계적으로 했다는 사람도 이단 유혹 앞에서는 장사가 없는 것 같아요. 늘 조심하는 수밖에 없습니다. 놀라운 것은 어쩌면 그렇게 속히 이단의 속삭임에 넘어갈 수가 있을까 하는 것입니다. 이유가 분명히 있을 것입니다. 이단과 거짓 교사가 우리에게 가까이 다가와 속삭이는 목소리가 얼핏 들어보면 더 매력적으로 들립니다. 더 그럴듯하게 여겨집니다. 그러니까 사람이 혹하지요. 예수를 잘 모르는 초심자, 교회 다닌 지 얼마 안 되는 사람에게는 이런 거짓 교사들의 이야기가 잘 먹혀들지 않을 것 같아요. 오히려 기성 신자들, 성경을 조금 알고 있는 사람들, 알기는 알되 정확히는 모르는 사람들, 교회 왔다갔다하지만 성경을 피상적으로 알고 있는 이런 사람들에게 훨씬 더 매력적으로 들릴 가능성이 많습니다. 왜냐하면 성경에 대한 기본 지식이 아예 없는 사람이라면 새로운 이야기를 들어도 이 이야기가 새로운 것인지, 더 나은 것인지, 못한 것인지를 구별할 수 있는 근거가 없기 때문입니다. 성경에 관한 기본적인 이해와 지식이 없으니까요.

그런데 교회를 다니면서도 별로 재미를 못 보던 사람을 생각해 봅시다. 대충 기본적인 성경교리는 알고 있습니다. 설교를 매주 듣습니다. 또 성경공부 한두 개는 참석했습니다. 그래서 교회에서 무슨 이야기를 하면 대충 알아요. 그런데 이것이 문제입니다. 대충만 아는 것입니다. 선무당이 사람 잡는다는 말처럼 대충 알고 제대로 알지 못합니다. 피상적으로만 알고 있다가 뭔가 새롭게 들리는 목소리에 그만 푹 빠지고 마는 것이지요.

여러분, 사람은 무의식적으로 "새로운 것이 옛날 것보다 더 낫다"는 가정을 가지고 있습니다. 바울이 그리스의 아테네에 가서 복음을 전하는 장면이 사도행전에 나옵니다. 그리스 사람들은 철학을 숭상하였습니다. 그래서 온갖 철학 사조가 그리스에서 나오지 않습니까? 유명한 철학자들이 다 그리스 출신 아닙니까? 문화적으로는 헬라문화가 당시 세계를 지배하고 있었습니다. 그래서 바울이 아테네에 갔을 때 아네테 사람들이 모여 철학을 토론하는 아레오바고 광장으로 갔습니다. 거기서 예수 그리스도의 복음을 외쳤지요. 복음을 전했더니 당장에 많은 사람들이 바울의 말을 듣기 위해서 몰려왔습니다. 몰려온 이유가 믿기 위해서가 아닙니다. 성경에 이런 설명이 기록되어 있습니다. "아테네 사람들과 거기 살고 있는 이방인들은 모든 시간을 오직 새로운 철학 사조와 사상을 듣고 그것을 토론하는 데 다 썼기 때문이다."

그러니까 옛것은 낡은 것이요, 좀 모자란 것이요, 부족한 것이라고 생각하는 겁니다. 하지만 새것은 그것이 무엇이든지간에 더 나은 것이요, 더 온전한 것이요, 더 맞는 것이요, 더 정확한 것이라는 가정이 사람들 마음속에 있다는 뜻이지요. 여러분, 이 시대의 풍조를 한번 생각해 보세요. 이제는 일상화가 되어 버린 컴퓨터, 늘 손에 달고 다니는 스마트폰, 그리고 자동차 등. 도대체 언제 새것을 사야 할지 모를 정도로 수개월이 멀다 하고 새로운 제품이 계속 나오지 않습니까? 늘 선전하는 이야기가 대동소이하지요. "이전 것보다 성능이 배가가 되었습니다. 훨씬 다양한 기능을 가지고 있습니다"라고 하면서 새로운 제품으로 고객들을 유혹하지 않습니까?

갈라디아 사람들에게도 이전에 들었던 바울의 복음보다는 새롭게 들리는 거짓 교사들의 이야기가 더 나은 복음이요 더 온전한 복음처럼 여겨질 수 있습니다. 만일에 이 사람들이 거짓 교사들의 이야기에 귀를 기울이고 교회를 나가버렸다면, 그래서 새로운 복음을 좇는 사람들끼리 모여 새로운 교회를 만들었다면, 그것은 그뿐이지요. 비록 거짓 진리를 좇아가는 이단이지만 기존의 갈라디아 교회에는 어떤 영향도 미치지 못할 겁니다.

그런데 바울의 말에 다시 귀를 기울여 보세요. "너희가 이처럼 그리스도의 은혜로 너희를 부르신 이를 속히 떠나서 다른 복음을 따르는 것을 내가 이상히 여기노라." 여기 '따른다'고 할 때 이 헬라어 동사는 진행형입니다. 그러니까 이 사람들이 다 교회를 나가 딴 살림을 차린 게 아니에요. 여전히 같은 교회 안에 머물러 있으면서 다른 사람을 현혹하고 좋지 않은 영향력을 퍼트리고 있는 중이었습니다. 많은 교인들이 현재 진행형으로 이들을 따르고 있는 중입니다. 예를 들면 나하고 오랫동안 같이 신앙생활을 해온 김 집사님이 그만 이 새로운 복음에 빠지고 말았어요. 그리고 나보고도 자꾸 이 복음 괜찮다고, 이전에 알고 있던 복음은 새로운 복음에 비하면 내용이 충분치 못한 복음 같다고 말하는 겁니다. 함께 성가대에서 오랫동안 활동해 온 이 집사님도 이 다른 복음에 귀 기울이기 시작하는 것입니다.

여러분, 대중심리라는 게 그렇지 않습니까? 한 교회 울타리 안에 있는 친한 사람이 다른 복음에 귀를 기울이고 이 사람 저 사람이 따라가는 걸 보면 내 마음도 요동치지 않겠어요? "정말 그런가? 내가 혹시 잘못 알고 있었던 건 아닌가? 믿을 만한 저 김 집사님, 이 집사님이 저렇게 선전하는 걸 보면 혹시 저게 더 나은 복음, 진짜 복음 아닐까?" 이러면서 교회가 큰 파도에 휩쓸리는 것처럼 요동치고 있었습니다. 빠른 속도로 갈라디아 교인들이 원래 받았던 복음에서 이탈하고 있었습니다. 이런 교회들을 향해서 사도 바울이 1장 7절에서 단도직입적으로 말합니다. "다른 복음은 없나니."

그러면 왜 다른 사람들이 이렇게 다른 복음에 귀를 기울이는 것인가? 신앙생활을 잘하고 있는 것처럼 보이는 사람들이 왜 이렇게 속히 오리지

널 복음에서 떠나 새로운 이야기에 귀를 기울이는 것인가? 바울이 이렇게 말합니다. "다만 어떤 사람들이 가만히 들어와서 너희를 교란하여 그리스도의 복음을 변하게 하려 함이라." 감언이설로 새로운 복음을 소개하는 이 거짓 교사의 이야기가 더 합리적으로 들렸습니다. 처음에는 신앙생활에 더 유익을 주는 것처럼 들렸습니다. 그런데 영적인 유익을 주는 게 아니라 결국은 마음을 교란시키고 하나님이 주신 원래의 복음을 왜곡하고 변절시키는 것뿐입니다.

거짓 교사들이 가만히 다가와서 대놓고 엉뚱한 소리, 받아들이기 어려운 이야기를 한다면 우리가 금방 눈치를 챕니다. "어? 이거 아닌데. 이거 가짜구나. 이 사람 조심해야 되겠다." 이러지 않겠어요? 그런데 거짓 교사들이 우리에게 와서 절대로 받아들이기 어려운 이야기를 꺼내지는 않습니다. 그렇게 미련한 사람들이 아닙니다. 언뜻 들어보면 그럴듯하게 들려요. 더 합리적인 내용처럼 느껴집니다. 이렇게 말하는 것이지요. "여러분, 잘 들어보세요. 한번 생각을 해보세요. 바울이 여러분에게 전했던 복음이 틀린 건 아니지만 2퍼센트가 부족합니다. 바울이 전했던 복음은 여러 복음 중에서 한 가지의 복음이었을 뿐입니다. 자, 여기 더 온전한 복음이 있습니다."

이런 식으로 교인들에게 접근했습니다. 예나 지금이나 이 거짓 선생들은 원래 우리가 받아들인 바울의 복음, 성경의 복음에 늘 뭔가를 보태든지 아니면 뭔가를 빼려고 시도합니다. 이것이 공식이에요. 갈라디아 교회를 교란시키고 있었던 거짓 선생들은 원래의 복음에 율법을 더했습니다. 행위를 더했습니다. 어떤 식으로 더했을까요? "자, 여러분 생각해 보세요! 율법이라는 게 사람이 만든 것입니까? 원래 율법도 하나님이 주신 거룩한 명령 아니겠습니까? 하나님이 선택한 이스라엘 선민이 구약시대에 수천 년 동안 이 율법을 지키면서 살아오지 않았습니까? 바울의 말처럼 믿음으로 구원을 얻는다는 건 맞습니다. 그러나 거기에 만일 율법을 더한다면, 이 율법의 거룩한 행위를 더한다면 여러분들의 구원이 얼마나 더 확실해지겠습니까? 아멘입니까?"

여러분, 그럴듯하게 들리잖아요? 일리가 있는 것처럼 들리지 않습니까? 믿음도 좋지만 믿음에 행위를 더해서 나쁠 건 없지 않겠습니까? 우리 신앙생활에 더 유익을 가져오지 않겠습니까? 이런 이야기입니다. 들어보면 매력이 있어요. 더 진짜처럼 느껴집니다. 이 시대 풍조와 잘 맞아떨어지는 것 같습니다. 이 시대는 자꾸 새로운 것을 추구합니다. 흔히 디지털 시대라고 합니다. 다른 말로 포스터모더니즘 시대라고 합니다. 포스터모더니즘의 핵심은 "이 땅 위에 이거 하나밖에 없다"라고 말할 수 있는 절대적인 진리는 없다는 것입니다. 오직 유일한 복음이라고 단언해서 말할 수 있는 그런 복음은 없다는 것이지요. 그저 "이런 복음, 저런 복음이 있을 뿐이다." 이것이 이 시대의 정신 사조입니다.

예전에 프랑스의 유명한 철학자 데카르트는 "나는 생각한다. 고로 나는 존재한다"는 유명한 말을 했지요. 그것을 포스터모더니즘 시대에 맞게 패러디를 해 본다면 이렇게 되겠지요. "나는 의심한다. 고로 나는 존재한다." 이 시대의 풍조가 그래요. 그러므로 권위주의 시대는 이미 지났습니다. 오래전에 탈권위시대로 바뀌었습니다. "이런 시대 한복판에서 오직 세상에 이거 하나밖에 없다. 이것만이 우리가 믿고 따라야 할 절대적인 진리다." 이렇게 말할 수 없지요. 바울이 전한 것은 그저 바울 자신의 복음일 뿐입니다. 얼마든지 더 나은 복음이 나타날 수도 있는 것이지요.

그러니까 여러분, 생각해 보세요. 신학도 점점 발전하지 않습니까? 어떤 위대한 사상도 점점 발전하지 않습니까? 이런 것처럼 복음도 과거와 달리 점점 발전하는 것이 맞지 않겠는가? 복음의 옛 내용은 과감하게 버리고 새 내용, 더 온전한 내용을 우리가 아멘으로 받아들일 필요가 있지 않겠는가? 이렇게 사람들을 꼬드기는 것입니다. 들어보면 그럴듯해요.

성경을 직접 쓴 바울이 몸소 설교를 하고 전달했던 복음이었습니다. 그런데 그것을 듣고 확신했던 사람도 이렇게 속히 떠나버려요. 이런 걸 보면 어떤 사람이 한번 복음을 듣고 아멘으로 받아들였다 할지라도, 그 사람이 그때는 확신을 가졌다 할지라도 지속된다는 보장은 없습니다. 언제든지 더 나은 것처럼 보이는 복음, 더 새로워 보이는 복음이 나타나면 거기 귀 기울일 위험이 항상 도사리고 있습니다. 그래서 바울이 힘주어 7절에서 말합니다. "여러분들이여, 다른 복음은 없습니다. 한국 복음, 미국 복음, 따로 없습니다. 복음은 한 가지입니다. 한국 사람이 따르는 복음과 아프리카 사람들이 따르는 복음이 각각 다르지 않습니다. 우리는 오직 한 가지 동일한 복음을 믿습니다. 이 복음을 믿으면 모두가 하나님의 자녀입니다. 이 동일한 복음을 믿으면 미국 사람, 영국 사람, 한국 사람, 모두가 다 형제요 자매라고 부를 수가 있습니다."

서서평 선교사, 한국 이름이 그렇습니다. 원래 이름은 엘리제 쉐핑, 미국 여선교사입니다. 그 서서평 선교사님이 이 땅에 입국한 지 100여 년이 넘었습니다. 1912년 32살의 나이로 우리나라 땅을 처음 밟았고 22년 동안 전라남도 광주를 중심으로 선교활동을 했습니다. 14명의 양자와 양녀를 입양해서 키워냈습니다. 38명의 과부들을 자립시켰습니다. 그리고 수많은 소외당한 사람들, 특별히 결핵 환자들과 한센병자들을 마치 가족처럼 따뜻하게 돌보아 주었습니다. 서서평 선교사가 22년 동안 우리나라 땅에서 활동하고 난 뒤에 나이 54살이 되었을 때 만성 풍토병과 과로와 영양실조에 걸려 결국 숨지고 말았습니다.

기록에 의하면 서 선교사 유물들은 이런 것들이었습니다. 담요 한 장과 동전 몇 개 그리고 강냉이가루 2홉, 이것이 전부였습니다. 동전도 정확하게는 그때 돈으로 7전으로 기록되어 있습니다. 그리고 자신의 유언에 따라서 시신마저 의학 연구용으로 기부했습니다. 당시에 세간의 평은 이랬습니다. "이 엘리제 쉐핑, 서서평 선교사는 조선 땅에 와서 조선 사람의 친구처럼 산 것이 아니었다. 그녀는 조선 사람으로 살았다. 조선 사람처럼 한복을 입고 조선 사람처럼 보리밥에 된장국을 먹으면서 고무신을 끌고 살았다."

여러분, 아까 스크린에서 보았던 그림은 마치 어떤 귀족여인이 아름다운 자태를 뽐내고 있는 것처럼 보이지 않았습니까? 원래의 모습이 그랬습니다. 다른 사진 한 장은 우리나라에 와서 한창 선교활동을 벌이고 있을 때의 사진입니다. 한복 입고 포대기를 매고 등 뒤에 어린 애기 하나를 들쳐업지 않았습니까? 이 아이가 요셉입니다. 키워낸 14명의 양자 중에 하나지요. 친어머니는 이 요셉을 낳자마자 죽었습니다. 아버지는 한센병자입니다. 아버지가 개천가에 아이를 버리려고 하는 것을 서 선교사가 데려다가 키우고 있는 장면입니다.

이렇게 헌신적으로 조선 사람을 섬기던 서서평 선교사가 죽자 광주에서 최초로 광주 시민장으로 장례식을 치러주었습니다. 장례식이 있던 날, 수천의 광주 시민과 특별히 한센병 환자들이 장례 행렬을 따라가면서 "어머니, 어머니" 하며 오열했다고 기록되어 있습니다. 이것은 사회에 큰 사건이라 일간지에서도 이렇게 다뤘습니다. "서서평 선교사는 생전에 다시 태어난 예수로 불리던 사람이다."

성도 여러분, 한 가냘픈 여인이 듣도 보도 못한 머나먼 이국의 땅, 찢어지게 가난한 한반도에 와서 이처럼 위대한 일을, 이처럼 큰일을 할 수 있었던 이유는 무엇일까요? 이유는 이것입니다. 다른 복음은 없기 때문입니다. 복음은 예수 그리스도의 사랑의 복음 한 가지로 동일합니다. 이 복음은 미국 사람에게나 한국 사람에게나 다 동일합니다. 이 복음을 믿으면 주 안에서 다 한 형제요 자매가 됩니다. 그것을 알고 있었기 때문에 알지 못하고 듣지 못했던 머나먼 동아시아 귀퉁이에 있는 우리나라까지 찾아와서 죽도록 고생하며 복음을 전했던 것입니다.

바울의 말처럼 복음은 한 가지입니다. 그런데 이 하나의 복음이 온 세상을 품습니다. 이런 점에서 복음은 국경을 초월합니다. 빈부귀천을 초월합니다. 인종을 초월하지요. 참으로 귀한 복음이지요. 그러므로 바울은 이렇게 과감하게 말할 수 있는 것입니다. 8-9절 내용은 이런 뜻입니다. "만일 우리 중에 하늘에서 내려온 천사라 할지라도 우리가 여러분들에게 전했던 복음 외에 다른 복음을 전하면 그는 저주를 받아야 마땅합니다." 또 이어서 한 번 더 강조하고 있지 않습니까? "만일에 누구든지 여러분이 받은 것 외에 다른 복음을 어떤 사람이 전한다면 그는 저주를 받을지어다." 극단적인 표현을 연거푸 사용하고 있습니다.

왜 이렇게 극단적인 이야기를 할까요? 만일 사도 중에 한 사람이라 할지라도 딴소리를 하면 귀를 닫아야 합니다. 사도가 누구입니까? 당시에 가장 믿고 따를 만한 영적 지도자 아닙니까? 가장 신뢰할 만한 공식 직함이 바로 사도 아니겠습니까? 그런데 사도라 할지라도 갑자기 그가 말을 바꾸어 원래 자신이 전했던 것과 다른 복음을 전한다면 그는 하나님으로부터 저주를 받아 마땅한 자라는 것입니다. 아니, 한걸음 더 나아가서 신령한 천사가 하늘에서 직접 내려와 무슨 소리를 한다 할지라도, 그게 원래 성도들이 아멘으로 받아들였던, 하나님이 전해 주신 복음과 다른 내용이라면 그는 저주를 받아 마땅하다는 것입니다.

직분이 무엇이든 상관이 없습니다. 타이틀과 상관이 없다는 것이지요. 그가 사람으로서 어떤 대단한 권위를 가지고 있다 할지라도 그게 문제가 아닙니다. 그가 어떤 사람이냐가 문제가 아니라 그가 무엇을 말하느냐가 문제라는 것입니다. "어떤 유명한 신학자가 이런 말을 했습니다. 어떤 유명한 목사가 이런 말을 했습니다. 어떤 영감으로 넘치는 예언자가 이런 소리를 했습니다"라고 하면서 원래 복음이 아닌 다른 복음을 자꾸 속삭인다면 그는 저주를 받아 마땅합니다. 사람이 우선이 아니라 복음이 우선이라고 바울은 반복해서 강조하고 있습니다.

언뜻 이런 바울의 말을 생각해 보면 바울이 어떻게 보입니까? 좀 깐깐한 사람같이 보이지 않습니까? 뭔가 앞뒤가 꽉 막혀 있는 사람, 그래서 극단적인 이야기도, 저주도 함부로 하고 있는 것 아닌가? 그런데 그렇지 않습니다. 바울은 참 융통성이 많고 사랑도 많은 사람입니다. 눈물도 많은 사람입니다. 성경을 보면 바울이 고린도전서에서 이렇게 말합니다. "내가 이방인들을 만나면(본인은 유대인이었고 머리끝에서 발끝까지 철저하게 유대인의 피가 흐르고 있었습니다) 이방인처럼 처신을 했습니다. 그러나 유대인을 만나면 내가 더 이상 율법 아래에 있는 자가 아니고 은혜 아래에 있는 자이지만 마치 율법 아래에 있는 자인 것처럼, 유대인처럼 처신을 했습니다. 그렇게 한 이유는 오직 한 영혼이라도 더 구원코자 함이었습니다."

한 영혼을 건지기 위해서는 이 바리새인이라는 신분의 껍데기가 전혀 중요하지 않은 것이었습니다. 자기가 유대인이든 이방인이든 상관이 없는 것입니다. 어떤 형식을, 어떤 타이틀을 가지고 있느냐, 사람들이 나를 어떻게 바라보는가? 이런 건 아무래도 좋다는 뜻입니다. 바울은 이방인을 만나면 이방인처럼 유대인을 만나면 유대인처럼 융통성 있게 처신했다고 말합니다. 그런데 바울이 도저히 양보할 수 없는 것 하나가 있었습니다. 다양한 사람을 만나 융통성 있게 다양한 처신을 했던 바울이지만 복음의 내용은 결코 바꾸지 않습니다. 복음의 내용만큼은 추호도 다른 여지를 용납하지 않습니다. 복음만이 모든 사람을 구원할 수 있기 때문입니다.

음식을 먹는 문제에 있어서도 바울은 대단한 융통성을 발휘했습니다. 어떤 사람은 우상하게 한번 바친 제물 음식은 양심에 거리껴서 먹지 못합니다. 그런데 어떤 사람은 먹을 수 있는 지식이 있습니다. 우상은 아무 것도 아닙니다. 우상이 숨을 쉽니까? 무슨 활동을 합니까? 실제로 힘이 있습니까? 그저 사람이 깎아 만들어 놓은 돌덩이, 나뭇조각에 불과합니다. 하지만 모든 음식은 하나님이 우리에게 주신 것이므로 감사함으로 먹으면 버릴 것이 없습니다. 그런데 사람마다 믿음이 다르다는 것을 바울이 알고 있었습니다. 다양한 믿음의 정도를 바울이 인정합니다. 그러니까 서로 비난하지 말라고 말합니다. 대신 서로를 위해 덕을 세우라고 권면합니다.

이처럼 대단한 융통성을 발휘하면서도 그가 전했던 복음의 내용에 있어서는 추호도 다른 이야기를 용납하지 않습니다. "아하, 목사님! 바로 이런 게 독선 아니겠습니까? 너무 편협한 이야기 아닙니까? 우리 개신교가 비난을 받는 이유가 바로 이런 주장들 때문 아니겠습니까? 우리야 이걸 믿고 받아들인다고 하지만 이처럼 내 종교만 옳다, 이것밖에는 없다고 주장한다면 결국 사람들 마음을 분열시키는 결과밖에는 없지 않겠습니까?" 들어보면 일리가 있습니다. 그런데 여러분, 이렇게 생각을 한번 바꿔보시면 어떻겠습니까?

바울이 바보입니까? 상식이 없는 사람입니까? 바울이 다른 사람들하고 싸우고 부딪히는 것을 즐거워하는 독선적인 사람이기 때문에 이런 말을 합니까? 이 말을 하면 사람들이 자기를 싫어하고 따돌리고 비난하리라는 것을 내다보지 못하기 때문에 이런 말을 하겠습니까? 사람의 본성은 다 똑같습니다. 다른 사람의 인정받기를 원하지요. 바울도 사람입니다. 영적인 리더입니다. 자기를 따르는 사람에게 인정받고 싶은 마음이 왜 없겠습니까? 사람은 누구나 다른 사람과 좋은 관계를 맺고 싶어하는 마음이 있지요. 더 가까이 가고 싶고 더 친근한 관계를 맺고 싶지요. 그래야 안정감을 갖지 않습니까?

바울도 다른 사람들에게 받아들여지고 싶고 소속감을 얻고 싶고 인정받고 싶었습니다. 그런데 그렇게 하다 보면 다른 복음, 새로운 복음, 더 나은 복음이라고 은근슬쩍 교인들의 마음을 유혹하고 있는 이 다른 목소리에 대해 제대로 이야기할 수가 없습니다. 그러면 다른 복음도 받아들여야 합니다. 다른 진리도 모른 척하고 넘어가야 됩니다. 거짓 교사들이 교회 안에 들어와 다른 복음을 외치고 있어도 그걸 빤히 보면서도 침묵할 수밖에 없겠지요. 싫은 소리 안 하면 사람들이 좋아할 것입니다. 인정을 받을 겁니다. 그러면 내가 다른 사람들에게 더 많은 영향력을 행사할 수도 있을 것입니다.

그런데 뭐가 문제가 될까요? 여기 1장 10절에 바울이 이렇게 말합니다. "이제 내가 사람들에게 좋게 하랴 하나님께 좋게 하랴" 둘 중에 하나래요. 그러니까 양자택일을 해야 됩니다. 함께 갈 수는 없대요. "사람들을 기쁘게 하랴." "만일 내가 지금까지 사람의 기쁨을 구하였다면 그리스도의 종이 아니니라." 사람들에게 인정받기를 다들 원하잖아요. 박수갈채를 싫어하는 사람이 어디 있어요? 사람들에게 가까이 가고 싶은 마음이 왜 없겠어요?

그런데 사람들에게 인정을 받고 대신 다른 복음을 전파하는 데 대해 귀를 닫고 입을 닫는다면 나는 더 이상 그리스도의 종이 아닙니다. 나는 더 이상 사도가 아닙니다. '사도'는 원뜻이 '보냄을 받은 자'인데 보냄을 받은 자는 자기를 보낸 자가 하는 말을 가감 없이 그대로 다 전하는 대변자입니다. 만일 내가 다른 복음을 용납한다면, 나는 더 이상 그리스도가 보낸 사도가 아니라는 말입니다. 상당히 심각한 이야기입니다.

올해 1월 1일부터 이 강단을 맡아 주일설교를 시작했습니다. 계시록에 나와 있는 소아시아의 일곱 교회들을 추적해 가면서 우리 남서울은혜교회의 현재의 영적 좌표가 어딘가, 우리가 어느 방향으로 가야 되겠는가를 점검해 보았습니다. 그 설교가 끝나갈 무렵에 다음에 무슨 설교를 이어서 할까, 어떤 책을 할까, 고민하는데 갈라디아서가 자꾸 마음에 와 닿았습니다.

그런데 여러분, 들으신 것처럼 갈라디아서는 다른 서신과 달리 초반부터 대단히 논쟁적입니다. 다른 서신은 처음에는 부드럽게 시작합니다. 이 서신은 다릅니다. 어투가 대단히 강경하고 투쟁적입니다. 저는 이 교회에 10년 동안 있었지만 이제 막 담임목회 첫 발을 들여놓았습니다. 때문에 여러분의 인정을 받고 싶습니다. 우리 교인들과 좀 더 친근해지고 싶습니다. 요즘 시대가 얼마나 어렵습니까? 일주일에 한번 오시는데 좀 위로가 될 만한 따뜻한 이야기를 하면 좋겠어요. 경제적으로 힘들다는데 들으면 좀 힘이 나는 이야기를 했으면 좋겠어요. 그런데 갈라디아서는 아니에요.

갈라디아서는 처음부터 복음의 기초를 정면으로 다루고 있습니다. 복음의 핵심이 무엇인가를 바울이 집요하게 추적하고 있습니다. 양자택일을 해야 했습니다. 기도를 하면 자꾸 마음속에 이런 감동이 오는 거예요. "복음의 기초부터 말해야지. 복음의 핵심부터 말해야지. 성경을 정직하게 말해야지. 재미가 없더라도 말해야지. 인기가 없고 인정받지 못하더라도 말해야지." 그래서 말하기 시작했습니다.

사랑하는 성도 여러분, 저는 지금 여기 왜 서 있는 것입니까? 예배 중에 주어진 설교시간이기 때문에 땜질하기 위해서 서 있습니까? 주일마다 예배 의식의 일부라 내게 주어진 30분을 메우기 위해 서 있습니까? 30분 동안 여기 서서 무슨 이야기를 하고 있습니까? 제 임무는 일주일에 한 번씩 이 자리에 찾아오신 여러분들을 재미있게 하기 위한 것입니까? 세상에서 고생하고 세파에 시달리는 여러분들을 기쁘게 하기 위해서 이 자리에 저는 서 있는 것일까요? "여러분, 고생 많으시지요? 수고 많으시지요? 세상살이 얼마나 고달프십니까? 여러분들이 지금 놓여 있는 영적인 좌표, 여러분들의 현재의 영적인 수준 그대로 괜찮습니다. 그걸 그대로 유지만 하시면 됩니다." 이렇게 면죄부를 줘서 여러분 마음을 편안하게 만들어 주려고 여기 서 있겠습니까?

만일 듣기 싫은 소리를 하지 않는다면 사람들에게 좀 더 인정받을 것 같아요. 그 대신 하나님께는 버림 받을지 모릅니다. 오늘날에 "새로운 계시를 받았다"고 하는 사람들이 주변에 널려 있습니다. "좀 더 나은 복음, 좀 더 새로운 복음, 좀 더 온전한 복음이 여기 있다"라고 말하는 개인도 있고 단체도 있습니다. 그들이 호시탐탐 우리를 노리고 있습니다. 바울이 그가 누구든지 어떤 타이틀을 갖고 있든지 원래 자신이 전했던 이 복음, 성경에 기록되어 있는 이 복음 외에 다른 복음을 전한다면 저주를 받아야 마땅하다고 강경하게 말하는 이유는 이것입니다.

여러분, 하나님이 우리에게 정해 주신 복음은 오직 예수 그리스도 사랑의 복음, 이것 하나밖에는 없는 줄로 믿습니다. 우리를 죄에서 건져내고, 사망에서 건져내고, 이 악한 세대에서 건질 수 있는 힘을 가진 유일한 복음은 하나님이 우리에게 만들어주신 그 복음밖에 없습니다. 이걸 바울이 너무 잘 알고 있기 때문에 사람들에게 인정받지 못하고 따돌림 당하고 짓밟힌다 할지라도 보냄 받은 자로서의 사명을 다하기 위해서 극단적인 표현까지 사용하면서 외치는 것이지요.

 여러분, 다른 복음은 없습니다. 인간의 사상은 변합니다. 인간의 철학도 시대가 흘러가면서 변합니다. 인간이 만들어 놓은 위대한 과학도 세월이 흘러가면 바뀌지 않습니까? 그러나 복음은 2천 년 전이나 오늘이나, 아니 2천 년 후라도 영원무궁토록 동일합니다. 다른 복음은 없습니다. 세상 모든 것이 바뀌고 인간이 만들어 놓은 모든 것은 다 무너지고 사라지지만 이 복음은 영원무궁토록 동일할 수밖에 없습니다. 왜요? 영원무궁토록 동일하신 하나님께서 이 복음을 만드셨기 때문입니다. 이 복음을 굳게 붙드시는 여러분 되시기를 바랍니다.

복음은 계시입니다 (갈 1:11-17)

"형제들아 내가 너희에게 알게 하노니 내가 전한 복음은 사람의 뜻을 따라 된 것이 아니니라 이는 내가 사람에게서 받은 것도 아니요 배운 것도 아니요 오직 예수 그리스도의 계시로 말미암은 것이라 내가 이전에 유대교에 있을 때에 행한 일을 너희가 들었거니와 하나님의 교회를 심히 박해하여 멸하고 내가 내 동족 중 여러 연갑자보다 유대교를 지나치게 믿어 내 조상의 전통에 대하여 더욱 열심이 있었으나 그러나 내 어머니의 태로부터 나를 택정하시고 그의 은혜로 나를 부르신 이가 그의 아들을 이방에 전하기 위하여 그를 내 속에 나타내시기를 기뻐하셨을 때에 내가 곧 혈육과 의논하지 아니하고 또 나보다 먼저 사도 된 자들을 만나려고 예루살렘으로 가지 아니하고 아라비아로 갔다가 다시 다메섹으로 돌아갔노라."

지난 월요일이 석가탄신일이었습니다. 아침에 능인선원 쪽으로 차를 가지고 가는데 얼마나 사람들이 많이 밀려들던지요. 한동안 교통이 혼잡스러웠습니다. 요즘은 서양에서도 불교에 대한 관심들이 대단히 많습니다. 특별히 한국의 선불교에 대해 관심이 많은 것 같아요. 지난 설날이던가요. TV 스페셜 프로그램으로 '선불교 뉴욕에 가다' 이런 제목의 프로그램을 방영한 적이 있습니다. 미국의 유니온 신학교 교수인 폴 니터 교수하고 우리나라 현재 조계종 종정인 진제스님과의 대화와 인터뷰를 주 내용으로 다루었습니다.

한국의 선불교는 중국 선종의 영향을 받은 것으로 알려져 있습니다. 중국 선종의 6대 조사가 혜능입니다. 이 사람은 원래 일자무식의 농사꾼입니다. 글자를 몰라요. 그런데 24살에 출가를 합니다. 글을 모르니까 공부는 못하고 절에 가서도 그저 방아를 찧고 장작을 패는 불목하니의 역할을 하지요. 그런데 스님들 독경 소리를 귀동냥으로 들으면서 깨우침을 얻습니다. 이 사람이 바로 5대 조사였던 홍인이라는 사람 문하로 들어갑니다. 때가 되어 홍인스님이 자신의 후계자를 세우려고 할 때 모든 제자들에게 "너희의 깨달음을 시로 적어서 벽에다 붙여라" 말합니다. 불교에서는 이걸 '게송'이라고 부릅니다.

혜능도 깨달은 바가 있어, 자기가 글은 쓰지 못하지만 친한 스님에게 대신 써달라고 해서 벽에 붙였습니다. 그 절에 있던 모든 사람들이 그 중에 가장 덕망이 높고 공부에 깊이가 있는 신수라는 스님이 분명히 법통을 이어받을 줄 생각했습니다. 그런데 홍인 조사는 절에서 나무 패는 일자무식의 혜능이 깨달음을 얻었다는 걸 알고 있었어요. 그는 밤중에 몰래 혜능을 자기 방으로 부릅니다. 내려오는 법의를 이 사람에게 물려주면서 일자무식의 사람이 선종의 법통을 이어받았다면 발칵 뒤집어질 테니까 숨어 있다가 때가 되면 나와서 설법을 하라고 부탁합니다.

그 법의를 받아들고 혜능이 산 아래로 내려오는데 절 하나가 있습니다. 그 절에서 두 스님이 한참 다투고 있는 모습을 봅니다. 절마다 지붕 위에 깃발이 있어요. 그 깃발이 바람에 펄럭이는 모습을 보면서 한 중은 "움직이는 것은 깃발"이라고 주장하고 다른 한 중은 "아니다, 움직이는 것은 바람"이라고 주장하는 겁니다. 그러면서 자기 말이 맞다고 서로 다투는 거예요. 그걸 보고 혜능이 말합니다. "움직이는 것은 깃발도 아니요 바람도 아니요, 그대들의 마음이다."

여러분, 이것이 불교입니다. 그래서 흔히 불교를 '마음의 종교'라 부르지요. 마음을 잘 닦으면 '무상정등정각(無上正等正覺)'까지 이를 수 있다는 겁니다. 더 이상 올라갈 경지가 없는 가장 높은 경지의 깨달음입니다. 우리 안에 갈등이 있고 다툼이 있는 이유도 너는 너, 나는 나, 이런 분심 때문입니다. '나'라는 이 못된 물건 때문에, 나에 대한 집착 때문에 온갖 어려움과 문제가 발생합니다. 그러나 마음을 잘 닦으면 분심이 없어지고 내가 없는 무아의 경지로 들어가게 된다. 이런 이야기를 합니다. 그러면 어떻게 이런 경지에 도달할 것인가? 불교에서 말하는 것은 간단합니다. 깨달음을 얻어야 됩니다. 그래서 출가한 스님들은 깨달음을 얻기 위해서 무던 애를 씁니다. 겨울이면 온 방문을 걸어 잠그고 '용맹정진'을 합니다. 돌아가신 성철스님 같은 분은 8년 동안 면벽좌선한 것으로 알려져 있습니다.

자, 그런데 오늘 읽었던 말씀에 근거해 생각해 보고 싶은 것은 이것입니다. "깨달음은 계시는 아니다." 깨달음이라는 것은 인간으로서 올라가 볼 수 있는 아마 가장 높은 경지일지 모르겠어요. 불교도 일종의 철학입니다. 이 깨달음은 어렵지만 불가능한 것은 아닌 것 같아요. 왜냐하면 깨달음을 얻었다고 알려진 스님들이 여러분 계시지 않습니까? 그러나 어떤 사람이 비록 깨달음을 얻었다 할지라도 그 깨달음은 여전히 인간의 영역입니다. 유한의 세계입니다.

그런데 계시는 이와 다릅니다. 계시는 인간의 영역이 아닙니다. 그것은 신의 영역입니다. 거기는 무한의 세계입니다. 인간이 갈 수가 없어요. 계시는 깨달음과 달라서 인간이 노력한다고 얻을 수 있는 것이 아닙니다. 대신 계시는 주어지는 것이지요.

불교는 깨달음을 목표로 끊임없이 추구해 가는 자력 종교라 할 수 있습니다. 반면 기독교는 계시를 그 중심으로 하는 타력 종교라고 할 수 있습니다. 그런데 오늘 본문에서 바울이 말하고 싶어 하는 첫 번째 요지는 "여러분, 복음은 계시입니다." 이 이야기입니다. 1장 11절 서두에 바울이 말하는 것을 들어보세요. "형제들아 내가 너희에게 알게 하노니 내가 전한 복음은" 이렇게 나와요. '내가 전한 복음'이래요. 그러니까 바울도 복음의 전달자였을 뿐이지 복음을 만든 게 아니라는 뜻이지요.

요즘 자유주의 신학자들은 엉뚱한 이야기를 계속합니다. 소위 바울의 복음이 따로 있고 야고보의 복음이 따로 있고 베드로의 복음, 아볼로의 복음, 심지어는 예수의 복음이 따로 있다는 것입니다. "이 복음이 서로 맞지 않는다. 베드로가 만들고 야고보가 만들고 바울이 만든 복음이기 때문에 복음의 내용이 서로 충돌한다." 이런 얼토당토 않은 주장을 하고 있습니다. 그런데 바울은 "나는 복음의 전달 통로에 불과합니다. 나는 복음의 배달부일 뿐입니다"라고 말합니다.

최근에 EBS의 '길 위에 천사'라는 다큐 프로그램을 감동 깊게 보았습니다. 중국의 어떤 우편배달부 이야기를 다뤘습니다. '창린 창'이라는 중국의 우편배달부는 아주 특별한 사람입니다. 중국은 지역이 워낙 방대하지 않습니까? 자동차나 오토바이나 심지어 자전거도 들어가기 어려운 깊은 산골짜기에 마을이 있어요. 특별히 중국 소수 민족 중 하나인 묘족들이 살고 있는 23개의 마을에 우편배달부가 딱 한 사람인데 그 사람이 바로 창린 창입니다. 60킬로그램이나 되는 어마어마한 양의 우편물을 들고 23개 마을을 다니면서 전달하는 거예요. 이 사람이 지난 20년 동안 넘은 고개만 무려 18만 개나 된답니다. 참 대단하지요. 그것을 보면서 마음에 감동이 왔어요. 로마서 말씀이 계속 떠올랐습니다. "산을 넘어 복음을 전하는 자들의 아름다운 발길이여." 물론 창린 창은 믿는 사람은 아니지요. 그가 복음의 배달부가 되었다면 얼마나 좋았을까 생각했습니다. 그가 전달하는 우편물에는 편지도 많고 신문도 있고, 합격통지서 같은 좋은 소식도 있고 비극적인 소식도 있습니다. 그런데 아무리 땀을 뻘뻘 흘리면서 나흘 동안 23개 마을을 돌아다닌다고 해도 없는 내용을 이 배달부가 만들어낼 수는 없잖아요? 그저 우편물을 전달하는 전달자에 불과하지 않습니까?

바로 그것입니다. 바울이 하고 싶은 이야기도 마찬가지입니다. "내가 전한 복음"은 "여러분, 나는 복음의 창시자가 아닙니다. 나는 복음의 전달자요 배달부에 불과합니다"라는 뜻이지요. 이어서 "사람의 뜻을 따라

된 것이 아니니라"라고 말합니다. 내가 전한 복음은 사람이 만들어 낸 게 아니라는 말입니다. 이어서 1장 12절에 이렇게 설명합니다. "사람에게서 받은 것도 아니요 배운 것도 아니요." 여러분, 이 말이 중요합니다. 바울이 전달했던 이 복음의 내용은 자신이 사람에게 받은 것도 아니고 사람에게 배운 것도 아니라는 것입니다.

바울이 어떤 사람입니까? 배울 만큼 배운 당대 최고의 지성인이었습니다. 당시 잘 알려져 있던 가말리엘이라는 유명한 율법학자의 문하생이었습니다. 그런데 지금 이 복음의 내용을 사람에게서 배운 것도 아니요, 사람에게서 내가 받은 것도 아니라고 말합니다. 이 말은 내가 여러분에게 전했던 계시는 이전에 배웠던 율법의 내용과는 하등 상관이 없다는 뜻입니다. 어느 누구도 이 계시와 관련하여 내게 가르친 스승이 없다는 말입니다. 그러니까 "이 계시를 배우기 위해서 내가 무슨 신학교에 간 것이 아닙니다. 어느 세미나에 참석한 것이 아닙니다. 어디 가서 성경공부 해서 배운 게 아닙니다. 어떤 유명한 사람에게 특수 과외를 받아 이 복음을 얻은 게 아닙니다." 이런 뜻입니다.

도대체 그러면 어떻게 해서 이 복음이 온 것인가? 바울은 이어 단도직입적으로 설명합니다. "오직 예수 그리스도의 계시로 말미암은 것이라." 직접 예수님에게 받았대요. 어디서요? 다메섹에서. 살기등등해서 예수쟁이들을 잡으러 가고 있는데 부활하신 예수님이 직접 나타나셔서 계시를 주셨다는 것입니다. 그 후 아라비아로 가서 3년간 머물면서 많은 계시를 받았습니다. 계시의 헬라어 단어가 '아포칼립시스'인데 원래 의미는 이런 뜻입니다. 닫혀 있는 덮개를 열어 내용을 드러내는 것을 계시라고 합니다. 그러니까 이 덮개가 열리기 전에는 안에 있는 내용을 아무도 모릅니다. 볼 수가 없어요. 그런데 이 덮개는 인간이 제거할 수 없고 하나님만이 덮개를 치울 수가 있고 내용을 열어서 보여줄 수가 있어요.

성도 여러분, 저는 신학을 배운 사람입니다. 신학은 배울 수가 있어요. 목회를 하려면 신학을 공부해야지요. 좋은 신학교를 갈 필요가 있고 좋은 신학자와 좋은 스승을 만날 필요가 있습니다. 그런데 계시는 배울 수가 없어요. 신학은 배우기 위해 신학교에 가면 되지만 계시를 가르쳐주는 신학교는 없습니다. 신학의 어느 과목에도 어느 커리큘럼에도 계시의 내용 자체를 가르치는 것은 없습니다. 계시는 하나님이 주시면 받을 수 있을 뿐입니다. 이것이 계시예요.

여러분, 바울은 어떤 사람이었습니까? 계시를 받기에 자격이나 조건이 가장 부적합한 사람이 있다면 바로 바울입니다. 예수 그리스도와 가장 거리가 먼 사람이 있다면 바로 이 사울이라는 청년입니다. 그는 자신의 과거를 1장 13절에서 이렇게 고백하고 있지 않습니까? "내가 이전에 유대교에 있을 때에 어떤 일을 행했는가를 여러분이 잘 알고 있지 않습니까? 나는 하나님의 교회를 누구보다 열심히 박해하고 파괴하는 데 앞장섰던 선봉장이었습니다." 바울, 그 전 이름은 사울, 사울이라는 청년, 어둠의 앞잡이가 바로 이 사람입니다. 당시 이 사람의 주요 사역은 바로 교회 박해였습니다. 이런 걸 '광신적인 박해'라고 말해도 될 것 같아요. 보통 수준으로 박해하는 것이 아니에요. 교회 씨를 말리려고 사명감을 가지고 쫓아다닙니다. 집집마다 들어가 예수쟁이를 다 끌어내다가 예루살렘으로 끌고 왔던 사람이었습니다.

이 사람이 어느 날 180도로 달라져버렸어요. 설명은 하나밖에 없습니다. 정말로 계시가 이 사람에게 임하지 않았으면 바뀔 리가 없지요. 여러분, 예전에 '진실게임'이라는 재미있는 프로그램이 있었습니다. 출연자가 몇 사람 등장합니다. 그 중에서 한 사람만 진짜고 나머지는 다 가짭니다. 진짜를 가려내는 게임입니다. 나머지 출연자들은 자기가 진짜인 것처럼 보이려고 진짜 같은 말을 하고, 진짜 같은 모습을 하고, 진짜 같은 표정을 짓습니다. 흥미로운 건 진짜인 것처럼 보이는 사람, 뭔가 그럴듯하게 보이는 사람들은 나중에 보면 다 가짜예요. 그러면 누가 진짜냐? 진짜하고는 거리가 한참 멀어 보이는 사람, 진짜가 아닌 것처럼 보이는 사람, 진짜라고 하기에는 너무 서툴고 어색해 보이는 그 사람이 진짜인 경우가 많습니다.

여러분, 여기 하나님의 계시와 가장 거리가 멀어 보이는 사람이 있습니다. 예수 그리스도를 정면으로 핍박하고 그리스도와 맞서고 있던 사람입니다. 그런데 이 사람이 뒤집어졌다면 그건 진짜입니다. 바울은 1장 14절에 자기의 부끄러운 과거를 한걸음 더 나아가 고백합니다. "내가 유대교를 지나치게 믿었다. 율법에 대해, 조상의 전통에 대해서 누구보다 열심이 있었다. 나와 비슷한 나이에 있는 모든 사람들보다 내가 율법에 열심 있는 사람이었다." 빌립보서에서는 그런 이야기를 하지 않습니까? "율법의 의의로 따진다면 나는 흠이 없는 사람이다. 어떤 사람보다 나는 자신 있게 말할 수 있다. 조상들이 대대로 물려준 이 율법의 전통을 대단한 열심을 가지고 지켜왔던 사람이다."

여러분, 모세가 시내산에 올라가 십계명을 받지 않습니까? 하나님이 십계명을 돌판에 새겨서 기록으로 남겨주시지요? 이를 성문법이라고 부릅니다. 기록되어 있는 법. 그런데 모세가 성문법만 물려준 게 아닙니다. 입으로 전해준 구전이 있습니다. 유대인들은 이 구전이야말로 그들의 실생활과 훨씬 더 밀접하게 관련된 법이라고 믿었어요. 그래서 바리새인들은 이 구전을 613가지로 세분화시켰습니다. 모든 사람들을 판단할 때에 613가지 율법을 잣대로 사용했습니다. 어떤 사람이 믿음이 있나 없나를 613가지 율법을 얼마나 제대로 지키는가를 보고 판단했습니다.

이 모든 일에 있어서 누구보다 유대교에 열심이었던 사람, 유대교 광신자, 교회 핍박자, 하나님 모독자, 그가 바울이었습니다. 그런데 어떻게 이런 사람이 회심했단 말입니까? 1장 15-16절에 이렇게 설명합니다. "그러나 내 어머니의 태로부터 나를 택정하시고 은혜로 나를 부르신 이가 그의 아들을 이방에 전하기 위하여 그를 내 속에 나타내시기를 기뻐하실 때에" 바울이 어떻게 180도 달라졌습니까? 하나님이 어머니의 뱃속에 있을 때부터 그를 선택하셨다는 것입니다. 그를 부르신 하나님의 은혜 때문입니다. 다른 설명은 없습니다. 왜 하나님이 부르셨습니까? 이방인의 사도로 삼으려고. 율법의 힘과 폐단을 누구보다도 잘 알고 있는 바울 같은 사람이야말로 이방인의 사도가 되기에 적합한 인물이지요.

그런데 해결돼야 할 선결 조건이 있습니다. 우선 이 사람이 예수를 알아야 합니다. 그래서 "하나님께서 그를 내 속에 나타내시기를 기뻐하셨을 때에" 이렇게 말하는 겁니다. 다메섹에서 부활하신 그리스도가 직접 나타나셨습니다. 그러므로 다메섹 사건은 이런 관점에서 보면 하나님께서 예수 그리스도를 바울 속에 나타내신 계시의 사건이었다는 말입니다.

바울이 아주 정확하게 표현을 하고 있지 않습니까? "하나님이 그를 내 속에 나타내셨다." 내 밖에 나타내 보이신 것이 아닙니다. 예수를 진짜로 믿게 되는 것은 이론이나 설명이 아닙니다. 객관적으로 예수를 아는 것으로 그치면 이방인의 사도가 되기에는 한없이 부족합니다.

인간의 이성이나 합리적인 사고로 연구해서 "예수가 이런 사람이구나" 하는 종교적 지식을 가질 수 있을지 모릅니다. 그러나 이것으로는 모자랍니다. 그래서 하나님이 직접 예수 그리스도가 누구인가를 바울 안에 주관적으로 계시하셨을 때 그는 경험적으로 예수가 누군가를 깨닫게 되었다는 것입니다. 이런 점에서 우리 모두는 다 계시를 필요로 해요. 흔히 '성령의 조명'이라고 부르는 빛입니다. 이 계시가 오지 않으면 우리는 예수를 모릅니다. 예수를 믿을 수가 없습니다. 예수를 머리로는 알 수 있지요. 종교 교과서 안에 갇혀 있는 예수를 볼 수는 있습니다. 이론이나 설명을 듣고 예수에 대해 머리를 끄떡이며 수긍할 수는 있습니다. 그러나 예수를 정말로 온 마음으로 받아들이고 믿고 그 예수에게 사로잡히는 것은 그 이상입니다. 그게 계시입니다.

그러므로 계시는 인간이 노력하고 연구해서 깨닫는 깨달음의 경지가 아닙니다. 거기는 신의 영역입니다. 하나님이 주셔야 돼요. 하나님이 덮개를 걷어내야 돼요. 우리가 예수를 믿게 된 것도 같은 과정을 통해서 되었습니다. 오늘날 처음 성경을 기록할 때 사도들이 받았던 것과 같은 계시는 없습니다. 대신 이미 기록된 성경말씀을 깨닫기 위해 하나님이 그 영혼의 닫힌 뚜껑을 열고 은혜의 빛을 비추셔서 눈 뜨게 하셔야 합니다. 하나님이 예수가 누구인가를 보게 하시기 전에는 예수를 알 수 없고 믿을 수 없다는 점에서 계시의 빛이 필요하다는 말입니다.

"먼저 하나님이 내 안에 예수 그리스도를 나타내시기를 기뻐하셨을 때에" 그 다음 이야기가 이렇게 이어집니다. 16절 후반과 17절에 "내가 곧 혈육과 의논하지 아니하고 또 나보다 먼저 된 사도들을 만나려고 예루살렘으로 가지 아니하고 오직 아라비아로 갔다가 다시 다메섹으로 돌아갔노라." 여러분, 이것이 무슨 말일까요? 어마어마한 영혼의 대지진이 일어났습니다. 누구에게 말해도 이해가 안 되는 신비로운 체험을 했습니다. 그 이후 바울의 행보가 어떻습니까? "내가 혈육과 이 문제에 대해서 논의하지 않았다." 가까운 가족들, 친지들과 이 문제를 이야기하지 않았고 예루살렘으로 쫓아가서 사도들을 만나지도 않았대요.

계시를 받긴 했는데 너무 의외의 일입니다. 갑자기 당한 일 아닙니까? 저 같으면 예루살렘으로 올라가서 먼저 사도 된 베드로에게 물어볼 것 같습니다. 그래도 이 사람이 잘 알고 있는 사람이니까요. "내게 이러저러한 일이 있었는데 이 계시의 내용이 맞습니까?" 하고 물어볼 것 같아요. "자, 예수님이 나를 불렀는데 그러면 내가 앞으로 어떻게 사역을 해야 좋겠습니까?" 향후에 대해 의논할 것 같아요. 그런데 바울의 말은 "여러분, 나는 계시를 받고 난 다음 아무에게도 이 계시의 내용이 맞는가, 틀리는가를 물어보지 않았습니다. 물을 필요가 없었습니다. 의논할 필요도 없었습니다." 이런 말입니다.

왜요? 뭔가를 물을 때는 이런 전제가 있지 않습니까? 내가 잘 몰라서 물어봅니다. 불명확하니까 나보다 잘 아는 것처럼 보이는 사람에게 묻는 것 아닙니까? 어떤 사람을 찾아가 상담을 할 때는 내가 어떻게 해야 할지도무지 자신이 없을 때 상담하는 것 아니겠습니까? 지금 바울이 굳이 왜 계시받은 이후에 사도들을 만난 적도 없고 혈육을 만나서 여기에 대해 의논해 본 적도 없다고 이야기하는 것일까요?

바울은 이렇게 말하고 싶은 것입니다. "갈라디아 성도 여러분, 내가 받았던 그 계시, 여러분에게 전달했던 그 계시는 너무도 명확하고 분명한 것입니다. 다메섹에서 내가 주님을 만났을 때, 하나님이 내 안에 예수를 나타내셨을 때에 복음에 대한 나 바울의 이해는 즉각적이고도 완벽했습니다. 아무에게도 물어볼 필요가 없었습니다. 여러분들이 들었던 복음은 완벽한 것입니다. 거기에 더할 것도 없고 뺄 것도 없습니다. 그러므로 여러분을 현혹하고 있는 거짓 교사들에게 귀 기울이지 마십시오." 이 이야기입니다.

동남아에서 나는 맛있는 과일들이 많습니다. 그 과일들 중에 최고의 맛은 어떤 과일이라고 그러지요? '두리안'이라고 혹시 아십니까? 또 최악의 냄새도 두리안이라고 합니다. 그래서 두리안이 도대체 어떤 맛일까 궁금했는데 어느 날 우연히 두리안을 먹을 기회가 있었습니다. 먹어 보니 소문으로 듣던 것 이상으로 맛이 기가 막혀요. 소문에 듣던 대로 냄새가 정말 고약해요. 두리안이 뭔가 제가 그날 확실히 알았습니다. 그 후로 한 번도 두리안이 뭐냐고 누구에게 물어본 적이 없습니다.

"이미 알고 있기 때문에." 바울이 말하고 싶은 게 그것입니다. 예수 그리스도를 내 안에 은혜로 하나님이 계시하시고 난 다음에는 그 복음에 대한 이해가 너무나 완벽하고 너무나 분명했기 때문에 심지어는 사도에게조차도 물어볼 필요가 없었습니다. 그러니까 바울이 예수쟁이들 잡으러 갔던 다메섹에 들어가서 무슨 일을 하지요? 눈을 뜨고 난 다음에 즉시로 회당에 나가서 예수가 그리스도라는 것을 증거하지 않습니까? 유대인들이 보고 놀라지 않습니까? "어? 저 사람이 웬일이지? 예수쟁이들 잡으러 여기 왔던 사람 아닌가?" 그 사람이 사흘 만에 완전히 달라져서 예수가 하나님의 아들이라는 것을 증거하지 않습니까? 유대인들하고 변론하지 않습니까?

그 정도로 바울 안에 계시되었던 복음의 내용이 명확했습니다. 처음부터 끝까지, 더 이상 이해할 필요가 없을 정도로 A에서 Z까지 완벽해요. 그래서 바울이 예루살렘으로 가지 않았다는 것입니다. 사람들이 많이 모여 있는 곳으로 갈 필요가 없었습니다. 대신 아라비아 광야로 갔습니다. 다른 그리스도인의 영향을 받지 않았답니다. 다른 사람들과 분리됐답니다. 스스로 분리시켰습니다. 아라비아는 광야 지역입니다. 예수님이 광야에서 사역을 준비하셨던 것처럼, 모세가 40년 동안 광야에서 사역을 준비했던 것처럼, 받았던 계시의 내용을 체계화하는 작업을 했을 것으로 신학자들은 추측합니다.

성도 여러분, 이것과 달리 지금 갈라디아 교회 안에 들어와 있는 거짓 교사들은 어떤가요? 우리 주변에서 우리를 유혹하고 노리고 있는 거짓 교사들은 항상 사람의 인정을 요구합니다. 사람의 인정에 목말라합니다. 거짓 교사들의 본능입니다. 사람의 마음을 얻으려고 갖은 애를 다 씁니다. 감언이설을 서슴지 않습니다. 이것과 비교해서 바울이 전했던 복음, 우리가 받았던 복음은 사람의 인정을 받을 필요가 없습니다. 스스로 족합니다. 얼마나 스스로 족한 것인지 "내가 이 복음의 주인공인 예수 그리스도를 내 안에서 경험하고 난 다음에 아무에게도 물어본 적이 없다"고 말할 정도로 완벽합니다.

신학교 다닐 때 돌아가신 박윤선 박사님에게 많은 학생들이 많은 은혜를 받으면서 잘 배웠습니다. 저도 3년 배웠는데 지금 머릿속에 하나도 안 남아 있어요. 그런데 이것 하나는 남았습니다. '계시 의존적 사색.' 아마 박윤선 박사님에게서 배웠던 제자들은 한결같이 저처럼 이야기할 것입니다. 다른 건 잊어버렸어도 이건 절대 잊어버리지 못할 것 같아요. 평생 그분이 강조했던 것이 계시 의존적인 사색입니다. 인간은 하나님의 계시의 말씀에 철저히 의존해야 한다는 것입니다. 계시를 바탕에 깔고 그 위에 세우는 이성적인 생각, 과학적인 사고, 합리적인 사고, 그래야 그 생각이 하나님의 나라와 하나님의 영광을 위하는 것이 된다는 말씀입니다.

계시 의존적인 사고가 필요합니다. 성경이 우리의 모든 것을 판단하는 판단 기준이라는 말씀입니다. 지금 이 시대는 인간의 합리성이 칭송을 받습니다. 합리적인 사람을 보면 칭찬하지 않습니까? 한걸음 나아가 포스트모더니즘 시대라고 하지 않습니까? 그래서 IQ시대가 지나고 이제는 EQ의 시대가 왔다고 말합니다. 인간의 감성이 중요시되는 시대를 우리가 살고 있습니다. 그런데 복음은 바울에 의하면 이성도 초월하는 것이요, 감성도 초월하는 것입니다. 복음은 그 이상입니다.

전라남도 남쪽 신안군에 가면 증도면이 있습니다. 거기에 증도라는 섬이 있습니다. 아주 예쁘고 아름다운 섬입니다. 그런데 그 증도면의 복음화율이 대한민국에서 가장 높습니다. 무려 90퍼센트나 돼요. 거기엔 담뱃가게가 없어요. 그리고 성당이 없어요. 불교 사찰도 없어요. 교회만 있어요. 이것이 어떻게 된 일일까요? 어떤 여전도사님의 헌신과 노력으로 그 섬이 그렇게 바뀌었습니다. 그래서 흔히 증도를 천국의 섬이라고 부릅니다.

그 여전도사님의 이름은 문준경입니다. 이분은 별명이 '섬 선교의 어머니'입니다. 신안군에는 1004개의 섬이 널려 있습니다. 이분이 1004개의 섬을 여기저기 돌아다니면서 홀몸으로 백여 곳에 교회를 세웠습니다. 증도에만 열한 개의 교회를 개척했습니다. 1년에 고무신이 무려 9켤레씩 닳아졌다고 합니다. 24시간 복음을 전했다고 그래요. 그래서 이분의 행적을 사도행전과 빗대어서 '고무신 행전'으로 부르기도 합니다. 그런데 이분이 세운 교회들에서 지금 우리 한국 교회를 움직이고 있는 걸출한 복음의 일꾼들이 30여 명이나 나왔습니다.

돌아가신 CCC총재였던 김준곤 목사님은 이분을 잘 아세요. 이분에 대한 회고담과 아련한 추억을 담아 쓰신 장문의 글이 있습니다. 성결교 총회장이었던 이만신 목사님, 한신대 교수를 하고 내적 치유사역을 하는 정태기 교수, 이런 분들이 문준경 전도사님 영향을 어렸을 때 많이 받았던 사람들입니다. 그런데 이 문준경 전도사님이 6·25 때 공산당에게 순교를 당합니다. 그 순교 유적지를 다녀왔습니다. 공산당이 죽이긴 죽여야겠는데 죄목을 못 찾으니까 '새끼를 많이 깐 씨암탉이다'는 죄목을 붙였습니다. 전도를 많이 해서 많은 영혼을 얻었다는 것이지요. 죽어가면서도 "나는 죽여도 좋으니까 저 백정희 젊은 여자 전도사를 살려주라"해서 그 백정희 전도사는 사형장에서 풀려나게 됩니다. 이분을 접했던 사람들의 가슴 뭉클한 감동적인 일화들이 많이 있습니다.

원래 문준경 전도사는 글자를 몰랐던 분입니다. 17살에 시집을 갔습니다. 시집간 첫날밤에 소박을 맞습니다. 남편은 그때부터 첩을 얻어서 딴살림을 합니다. 그래도 20년을 시부모를 혼자서 공양합니다. 삯바느질을 해 가면서요. 시아버지가 너무 불쌍하게 여겨서 며느리에게 한글을 가르쳐줘서 겨우 글을 깨치게 됩니다. 목포에 나가 삯바느질을 하면서 근근이 생계를 연명하고 있을 때 어느 날 전도 부인이 그 집에 찾아와서 예수를 전합니다. 그게 이 사람 인생의 전환점이었습니다. 커다란 영적인 지진이 일어났습니다. 복음을 알게 되었습니다. 그냥 이론으로 알게 된 게 아니었습니다.

"아, 예수라는 훌륭한 사람이 복음이라는 좋은 것을 전했구나!" 이것이 아니고 바울이 다메섹에서 주님을 만났던 것처럼 문 전도사님 영혼 안에 하나님께서 은혜로 예수 그리스도를 계시해 주셨습니다. 복음을 영혼으로 받아들였어요. 온 인격으로 복음을 접하게 된 것입니다. 그러고는 복음에 사로잡혔어요. 그 복음이 이 사람을 떠미는 거예요. 복음의 힘입니다. 이성의 힘이나 감성의 힘이 아닙니다. 복음은 그 이상입니다. 계시입니다. 계시로 주어진 복음의 힘이 연약한 여인을 사로잡으니까 별별 수모와 어려움을 겪으면서도 24시간 동안 복음을 전하는 복음의 사역자가 됩니다. 그리고 59세에 순교의 영광을 갖게 됩니다.

여러분, 바로 이것입니다. 여러분, 예수를 믿습니까? 우리 안에 예수 그리스도가 나타나셨습니까? 머리로만이 아닙니다. 글로 기록된 예수가 아닙니다. 종교 교과서에 갇혀 있는 예수가 아닙니다. 살아있는 예수, 내 인생을 몰아붙이는 그 예수를 만나셨습니까? 예수가 나를 밀고 가는 원동력을 여러분 느끼고 계십니까? 만일에 어떤 사람이 예수를 온 영혼과 온 마음으로 믿고 있다면, 이 예수에게 사로잡히고 이 예수에게 떠밀려서 인생이 믿음으로 전진해 가고 있다면 그게 곧 무슨 소리이겠습니까? 무슨 증거이겠습니까? 바울처럼 하나님께서 내 영혼 안에도 예수 그리스도를 나타내셨다는 말인 줄로 믿습니다.

정말로 하나님이 내 안에 예수를 나타내시면 더 이상 예수가 누구냐고 묻지 않습니다. 바울이 그랬던 것처럼 물어볼 필요가 없습니다. 두리안을 맛보면 이 과일이 뭔가를 아는 것처럼 더 이상 예수에 대해서 의심하지 않습니다. 하나님이 누구냐고 물어보지 않습니다. 물어볼 필요가 없습니다. 하나님이 내 안에 예수를 나타내셨을 때 그 이해는 분명하고 즉각적입니다. 그 이후로는 "내가 산 것이 아니요 오직 내 안에 그리스도께서 사신 것이라" 고백하는 사람이 됩니다.

성도 여러분, 부디 하나님께서 은혜로 내 안에 나타내주신 그 예수에게 사로잡혀서, 예수의 힘으로, 바울처럼 예수를 전하면서 남은 생을 사시기를 바랍니다.

복음은 동일합니다 (갈 1:18–24)

"그 후 3년 만에 내가 게바를 방문하려고 예루살렘에 올라가서 그와 함께 십오 일을 머무는 동안 주의 형제 야고보 외에 다른 사도들을 보지 못하였노라 보라 내가 너희에게 쓰는 것은 하나님 앞에서 거짓말이 아니로다 그후에 내가 수리아와 길리기아 지방에 이르렀으나 그리스도 안에 있는 유대의 교회들이 나를 얼굴로는 알지 못하고 다만 우리를 박해하던 자가 전에 멸하려던 그 믿음을 지금 전한다 함을 듣고 나로 말미암아 하나님께 영광을 돌리니라."

여러분들은 이메일을 잘 활용하고 계십니까? 이메일이라는 게 처음 세상에 등장했을 때 과연 앞으로 어떤 변화가 있을 것인지 예측하기가 어려웠습니다. 결국 의사소통의 혁명을 불러일으켰지요. 1980년대 중반으로 기억을 합니다. 지금은 이름도 생소한 286 컴퓨터라는 걸 그때 처음 접하게 되었습니다. 제 것은 아니고 제 친구가 쓰고 있는 것을 봤습니다. 처음 컴퓨터를 보고 얼마나 신기했는지요.

그 전엔 무슨 문서나 보고서를 만들려고 할 때 타자기를 주로 쓰지 않았습니까? 그런데 타자를 치다 오타가 생기면 잉크로 지워야 되고 복잡해요. 그런데 지울 수도 있고 갖다 붙일 수도 있고 얼마나 편리하던지요. 그 뒤 몇 년이 지나지 않아 컴퓨터로 TV를 본다는 거예요. 저는 처음에 설마 했습니다. 아니, 컴퓨터하고 TV가 기계 자체가 엄연히 다른데 어떻게 컴퓨터로 TV를 본다는 말인가? 하지만 지금은 일상적이고 상식적인 일이 되었습니다. 거기서 점점 진화하더니 요즘엔 'SNS' 이런 말을 종종 듣지 않습니까?

'소셜 네트워킹 서비스'라고 해서 트위터 아니면 페이스북 같은 것을 말합니다. 의사소통이 좀 더 빠르고 효과적인 수단들이지요. 일전에 어떤 유명한 목사님께서 저보고 그런 말씀을 하셨습니다. 본인 트위터에는 추종자가 무려 800여 명이나 된대요. 참 대단하지요. 그러니까 이분이 자신의 트위터에 간단한 글을 하나 올리면 삽시간에 800여 명에게 퍼져 나갑니다. 대단한 영향력 아니겠습니까? 시대가 흘러갈수록 좀 더 빠르게, 좀 더 많이, 좀 더 효과적으로, 이렇게 의사소통의 수단들이 바뀌어가고 있습니다.

그래서 이 시대에 가장 중요한 화두는 바로 스피드입니다. 빨라야 되고 또 효능이 좋아야 됩니다. 요즈음은 컴퓨터를 집에 두고 다닐 필요가 없습니다. 가지고 다니면 됩니다. 또 노트북 시대도 이제 지난 것 같아요. 젊은 사람들 보면 노트북 4분의 1정도 크기나 될까요? 그런 것 하나씩 들고 다니지 않습니까? 저는 아직 젬병이지만 우리 교회 젊은 목회자들은 다 아이패드라는 걸 사용합니다. 일종의 들고 다니는 컴퓨터지요. 이걸 효과적으로 활용하는 것을 보면서 부러워만 하고 있습니다.

몇 개월 전에 새로운 아이패드가 출시되었답니다. 그런데 사려고 하는 사람들이 많다 보니까 새벽부터 줄을 서서 장사진을 이루고 기다리고 있는 모습을 보았습니다. 그 중에 어떤 사람들은 아예 텐트를 쳐놓고 밤새 기다리고 있는 모습도 보았습니다. 여러분, 우리가 살고 있는 이 시대 풍조가 그렇습니다. 자꾸 새로운 것이 등장하고 새로운 것에 열광하는 시대입니다. 그 한복판을 우리가 살아가고 있습니다. 집에 있는 컴퓨터도 하루가 멀다 하고 발전해 가고, 손에 들고 있는 핸드폰도 점점 진화해 갑니다. 그런데 여전히 변하지 않은 것 중 하나가 바로 교회다, 기독교다라고 말하면서 불신자들은 교회를 곱지 않은 시선으로 보는 것 같아요.

이분들이 생각하는 기독교는 과연 어떤 것일까요? 여러 가지가 있겠지만 그 중 하나는 기독교회에 대해서 '좀 막무가내다'는 이미지를 가지고 있는 게 아닐까요? 예를 들어 지금도 시내 한복판에서 '예수 천당, 불신 지옥'을 고래고래 소리를 높여 외치는 분들이 있어요. 우리도 신자니까 속으로 "아멘" 하고 응원을 하지요. 그런데 저런 모습이 정작 다른 불신자들에게는 어떻게 비춰질까요? 어떻게 느껴질까요? 아마 많은 불신자들에게 그런 태도가 좀 무례하게 느껴지는 건 아닐까요? "저 사람 자기 종교에 대단한 열심을 가지고 있구나." 이렇게 보는 게 아니라 "많은 사람들이 왕래하는 시내 한복판에서 대단한 민폐를 끼치고 있구나." 이렇게 보는 건 아닐까요? 그래서 기독교에 대해서 살짝 열려 있던 마음도 오히려 닫히게 되지는 않을까요?

"아니, 목사님! 자고로 예수 안 믿는 죄인 쳐놓고 자원해서 복음에 귀를 기울이는 사람이 어디 있습니까? 그저 고래고래 소리라도 질러야지요." 예, 맞습니다. 동의합니다. 그런데 성경에 바울도 그리스의 아테네에 가서 복음을 전할 때 그 사람들에게 맞게끔 복음의 방식을 바꾸어서 전했습니다. 여러분, 아테네는 어떤 도시입니까? 온갖 철학이 거기에서 나오지 않았습니까? 그 유명한 철학자들이 다 그리스 출신 아닙니까? 그래서 유대인이지만 율법을 전혀 모르는 이방인을 만나 복음을 전할 때는 율법 모르는 이방인처럼 방식을 바꿔서 전합니다.

우리 교회에서 주요 사역으로 진행되고 있는 전도폭발사역을 생각해 보세요. 아마 이 가운데도 전도폭발사역을 수료한 분들이 많이 계실 겁니다. 과거 40년 동안 전도폭발에서는 전통적인 방식으로 복음을 전해 왔습니다. 아시는 것처럼 주어진 복음의 전문을 달달 다 외우는 것이지요. 토씨 하나라도 틀리면 안 됩니다. 전도 대상을 만나면 그냥 입에서 줄줄 쏟아져 나와야 합니다. 이것이 어렵다고 전폭훈련 받기를 꺼려 하는 분들이 대단히 많습니다. 하지만 그렇게 해서 하나님께서 수많은 영혼들을 결신시키셨습니다.

그런데 이런 전도폭발사역도 약 4년 전부터 생각을 바꾸기 시작했습니다. 시대와 걸맞지 않는 방식이라는 것입니다. 복음의 내용을 바꿔서는 안 되겠지만 지금 이 시대는 일방적인 선포의 시대가 아니라 서로 대화를 하는 소통의 시대라는 것입니다. 그래서 'Xee'라는 것을 처음 시작하게 되었습니다. 이는 일방적으로 선포하는 전통적 방식이 아니고 서로

소통하는 대화적 방식입니다.

이처럼 복음을 전달하는 방식은 시대에 따라, 사람에 따라 얼마든지 효과적인 방식으로 바꿔볼 수 있습니다. 그런데 현실은 어떻습니까? 미숙한 접근 방식을 사용함으로 해서 우리가 전하고자 하는 복음의 주옥같은 내용마저도 폄하되는 일들이 많이 일어나고 있는 건 아닌가? 이런 우려를 갖게 됩니다.

뜨겁게 하나님을 믿는 은사주의교회에서 한번은 노방전도를 나갔습니다. 길거리에 서서 오가는 사람들에게 전도지를 나눠주는 것이지요. 어느 젊은이 하나가 전도지를 나누어주는 손길을 뿌리치면서 거절했습니다. 안 받고 그냥 지나갔어요. 그걸 보고 권사님으로 보이는 할머니의 입에서 튀어나오는 소리가 "저 사탄의 자식은 지옥에 떨어질 거다"였습니다. 그런데 등뒤에 대고 하는 그 이야기를 젊은이가 들었단 말이지요.

소위 '공격적인 선교'도 필요하다고 생각해요. 필요할 때는 공격적이고 적극적으로 선교를 해야 되겠지요. 하지만 좀 생각할 문제가 있지 않습니까? 전달 방식이 구태의연하고 납득하거나 받아들일 수 없는 비상식적인 방법을 사용한다면, 그래서 전혀 설득력이 없다면 어떻게 되겠습니까? 보석과 같은 복음의 내용마저도 결국 불신자들에 의해서 외면을 당하지 않겠습니까? "저런 사람들이 하는 소리는 안 들어봐도 뻔해." 이런 취급을 받는다면 안 되겠지요? 그러나 성도 여러분, 제가 오늘 드리고 싶은 말씀은 복음의 내용은 결코 낡지 않았다는 것입니다.

아니, 복음은 낡을 수가 없습니다. 세월은 흐릅니다. 모든 것은 바뀌는 것처럼 느껴집니다. 그런데 시간이 지난다고 하나님이 낡은 하나님이 되겠습니까? 세월이 흘러간다고 그 시대와 문화에 맞게끔 하나님의 말씀의 내용을 변화시켜야 되겠습니까? 우리는 모든 게 바뀌어가는 시대 한복판을 살아가고 있습니다. 컴퓨터도 바뀌고 핸드폰도 바뀌고 눈에 보이는 모든 것들이 하루가 멀다 하고 바뀌어가는 상황입니다. 그렇기 때문에 현대인에게 좀 더 걸맞게끔 복음의 내용도 바꾸는 게 옳겠습니까? 이처럼 재빨리 바뀌고 스쳐 지나가고 변화하는 세상의 시각으로 복음을 바라보는 게 옳습니까? 오히려 그 반대가 되어야 하지 않을까요? 변하지 않은 복음의 내용을 가지고 세상을 바라보는 게 맞지 않겠느냐 이 말씀입니다.

1장 18절 서두를 바울은 이렇게 시작합니다. "그 후 3년 만에 내가 게바를 방문하려고." 게바는 베드로입니다. 베드로의 아람어식 이름이 게바예요. 바울이 3년 만에 처음으로 베드로와 얼굴과 얼굴을 맞대고 교제를 나누기 위해서 예루살렘으로 올라갔다는 것입니다. 그리고 보름 동안 베드로와 함께 지냈다고 말합니다. 여기 '그 후'라는 것은 바울이 다메섹에서 부활하신 예수 그리스도를 만나고 복음을 계시로 받은 뒤 3년을 의미합니다. 바울은 복음의 계시를 받고 난 다음 바로 예루살렘으로 올라가지 않았습니다. 고향으로 돌아가지도 않았습니다. 친지들을 만나 의논하지도 않았습니다. 어디로 갔습니까? 아라비아 광야로 갔지요. 거기서 3년 동안 복음의 내용을 더 체계화시켰습니다.

"3년이 지나고 난 뒤에야 나는 비로소 베드로라는 사람을 얼굴과 얼굴로 맞대면하게 되었다"라고 말하는 이유는 무엇일까요? 이미 복음의 내용을 완전히 형성하고 난 뒤에야 베드로를 만나러 예루살렘으로 올라가게 되었다는 말입니다. 이것이 중요한 이유는 당시에 갈라디아 지방에 바울에 대해서 이런 소문이 돌고 있었기 때문입니다. "저 바울이란 사람은 자칭 사도라고 떠들고 있지만 정말 사도인지 믿을 수 없다. 다메섹으로 가다 부활하신 예수를 만나 복음을 받았다고 하지만 곧바로 예루살렘으로 오지도 않았고, 다른 사도들 밑에 들어가 그 신앙을 전수받지도 않았고, 나중에 사도들에 의해 사도로 임명된 사람도 아니다. 그러므로 진정한 사도라 하기에는 곤란하다." 이런 소문이 갈라디아 지방에 퍼져 있었어요.

그걸 바울이 알고 있었습니다. 그래서 지금 그 소문을 불식시키는 것입니다. "여러분, 나는 베드로를 만나서야 처음으로 복음에 관한 내용을 듣고 배운 것이 아닙니다. 그전에 이미 복음을 충분히 알고 있었습니다. 예수를 만나고 3년이라는 세월이 지나고 난 다음에 나는 베드로를 찾아갔던 것입니다." 그러니까 예루살렘으로 올라간 목적이 베드로를 만나 복음에 대해 새로운 내용을 더 얻기 위해서가 아니었습니다. 베드로를 찾아가 복음에 관한 사사를 받기 위해서가 아니었습니다. 자신이 그동안 혼자 고민하면서 끙끙 앓고 있던 애매모호한 복음의 내용에 관해 자문을 구하기 위해서 올라간 게 아닙니다. '아무래도 나보다는 베드로가 더 낫겠지. 복음의 내용을 훨씬 더 깊이 있고 풍성하게 알고 있을 테니까.' 그런 생각으로 복음에 관한 상담차 베드로를 찾아 예루살렘에 올라간 게 아니라는 뜻입니다.

그저 대등한 차원에서 형제로서의 교제를 위해 개인적인 방문을 한 것이지 공적인 방문이 아닙니다. 만일 바울이 공적으로 예루살렘을 방문했다고 가정해 봅시다. 사도들이 그 소식을 듣고 다함께 모여 공식적인 회의를 엽니다. 그래서 바울이 받은 복음, 바울이 전하고 있는 그 복음이 과연 맞는 것인가를 공적으로 검토해서 결론을 내립니다. 바울의 말은 전혀 그런 것이 아니라는 말입니다.

1장 19절에서 바울은 베드로를 만나러 예루살렘에 올라갔을 때, 주의 형제 즉, 예수님의 육신의 동생인 야고보 외에는 다른 사도를 보지 못했다고 했습니다. 예수님의 동생 야고보를 언급합니다. 전에는 예수 형님이 미쳤다고 제정신이 아니라고 온 가족이 일어나 말리지 않았습니까? 그런데 시간이 지나가면서 동생 야고보도 예수 그리스도가 누군가를 알게 되었습니다. 예수를 구주로 인정하고 영접하였습니다. 나중에 예루살렘 교회의 큰 기둥이 됐지요. 바로 그 야고보를 말하는 겁니다.

이게 왜 그렇게 중요한 걸까요? 바울이 정작 하고 싶은 말은 이것입니다. "내가 3년 지난 뒤에야 비로소 예루살렘에 올라갔고, 올라가서도 베드로와 야고보 두 사람 외에는 만난 사람이 없었습니다. 그러므로 갈라디아 교회의 성도들이여, 여러분에게 내가 전했던 그 복음은 베드로와 야고보를 비롯한 모든 예루살렘 교회 지도자들에게 내가 가지고 가서 먼저 검토를 받고 인정을 받은 것이 아닙니다. 아니, 그 누구의 인증도 필요 없는 것입니다. 내가 여러분에게 전한 복음은 예수님의 제자들에게서 받은 것이 아닙니다. 그들에게 배운 게 아닙니다. 하나님께 직접 받았습니다."

그러면서 1장 20절에 "내가 너희에게 쓰는 것은 하나님 앞에서 거짓말이 아니로다"라고 말합니다. 하나님까지 들먹이면서 자신의 진실함을 선언하고 있지 않습니까? 바울은 다메섹에서 처음 복음을 받았습니다. 하나님께서 바울의 마음속에 하나님의 아들 예수 그리스도를 나타내시기를 기뻐하셨습니다. 그래서 객관적으로만 아니라 주관적으로, 경험적으로 예수 그리스도가 누군가를 확연하게 알게 되었습니다. 비로소 하나님의 나라에 대해 눈이 뜨이고 귀가 열렸습니다. 그리고 3년이 지났어요. 바울이 강조하고 싶은 것은 이겁니다. "여러분들이여, 내가 처음 복음 계시를 받은 뒤로 3년이라는 시간이 지났지만 처음 내가 받았던 복음의 내용과 3년 뒤에 베드로를 만났을 때에 내가 가지고 있었던 복음의 내용은 정확하게 동일합니다."

"처음 받았던 복음에 조금도 보탤 게 없고 뺄 게 없고 수정할 필요가 없고 보완할 필요가 없는 완벽한 복음입니다. 여러분은 완벽한 복음을 들었고 받았고 믿고 따르는 중에 있습니다. 그러므로 다른 거짓 교사들의 이야기에 귀를 닫으십시오." 이런 이야기예요. 여러분, 베스트셀러가 뭡니까? 잘 팔리는 책이니까 말 그대로 베스트셀러가 됩니다. 수십 판, 수백 판을 찍어내지 않습니까? 어느 기독교 서적 베스트셀러는 140쇄를 찍어낸 것도 보았습니다. 그런데 그 책이 계속 잘 팔리면 스테디셀러가 되지 않습니까? 그러면 그 베스트셀러가 나중에는 약간 바꾸어져서 또 나오지요? 내용을 조금 수정보완해서 개정증보판으로 책이 또 나와요. 그런데 복음은 전혀 수정증보가 없습니다. 복음에는 개정판이 없습니다. 여러분들이 처음에 듣고, 받고, 믿고 따르고 있는 그 복음 그대로라는 것입니다.

우리나라는 일단 목회를 하려면 목사가 되어야 합니다. 목사가 되려면 신학교를 먼저 가야 됩니다. 전도사가 되고 졸업해서 나중에 목사 안수를 받습니다. 그런데 영국은 좀 다릅니다. 예를 들어 앵글리칸교단 같은 경우에는 교단이 있고 신학교가 있습니다. 그러니까 교단 신학교를 가서 졸업해야 목사가 돼요. 그런데 그렇지 않은 교회들이 상당히 많습니다. 이런 교회를 독립교회라 부릅니다. 독립교회에 뛰어난 목회자들이 많습니다. 설교의 왕자라고 불리는 찰스하돈 스펄전, 스펄전 목사님은 신학교 근처도 못 가본 사람입니다. 20세기에 가장 위대한 강해 설교자 중 한 사람이라고 일컬어지고 있는 마틴 로이드 존스, 로이드 존스도 신학교에서 공부한 사람이 아닙니다. 그럼에도 위대한 설교 사역을 했습니다.

제가 영국에서 공부할 때 한번은 어떤 목사님이 신학교에 오셨어요. 50대 중반의 목사님이신데 이미 자기 교회에서 7년이나 목회를 하고 계시다가 처음으로 신학을 배우러 오신 거예요. 궁금해서 물어봤지요. "아니, 목사님. 신학을 왜 하러 오셨습니까? 이미 7년이나 목회를 잘 하시지 않았습니까?" 그랬더니 이분이 하시는 말씀이 "목회를 하다 보니까 이제 비로소 신학의 필요성이 느껴져서 늦었지만 배우러 왔습니다." 이런 말씀을 하셨습니다. 여러분, 그러면 이제 신학을 정식으로 공부하다 보면 이런 생각도 들지 않겠습니까? '아하, 내가 전에 열심히 외치고 설교했지만 알고 보니까 내가 잘못 이해하고 있었구나. 내가 좀 부족한 생각을 하고 있었구나.' 이런 생각이 들면서 자기가 원래 갖고 있던 생각을 바꾸기도 하고 보완도 하지 않겠습니까?

그런데 바울이 지금 하고자 하는 말은 "사랑하는 성도들이여, 세월이 아무리 흐르고 세상이 변해도 내가 처음 받았던 복음의 내용을 바꿀 필요가 전혀 없다"는 것입니다. 왜요? "이유는 한 가지, 복음의 처음과 나중이 동일하기 때문입니다." 그러면서 21절에서 이렇게 확정합니다. 베드로 만나고 보름간 교제 잘하고 야고보와 교제를 나눈 뒤에 수리아와 길리기아 지방을 다니면서 복음을 전하게 되었다는 것입니다. 수리아는 그 유명한 안디옥 교회가 있는 지역입니다. 길리기아는 바울의 고향인 다소가 있는 지역입니다. 모두 팔레스타인 최북단 변방 지역들이에요.

바울은 예루살렘의 영향권으로부터 멀리 떨어지고 사도들의 영향으로부터 멀리 떨어져서 독자적으로 복음 선교활동을 했습니다. 수리아와 길리기아 지역을 돌면서 복음을 전할 때 변방에 있는 유대 교회들이 바울에 대해서 소문을 들었습니다. 한때 복음을 핍박하는 선봉에 섰던 사람 아닙니까? 복음을 멸하려고 발악하는 것처럼 보였던 사람 아닙니까? 그야말로 광신적인 박해자 바울이 변화되어 복음을 전한다? 아무리 그렇다 해도 처음에는 마음을 열기가 어려웠을 것 같아요. 경계심을 늦추지 않았을 것 같습니다. 바울을 의심의 눈초리로 바라봤을 것입니다. 그런데 변방에 있는 모든 유대의 교회들이 자신을 향해서 마음을 열었답니다. 나중에는 자기로 인해서 하나님께 영광을 돌렸대요.

그 이유가 1장 23절입니다. "다만 우리를 박해하던 자가 전에 멸하려던 그 믿음." 여기 '그 믿음'이 중요합니다. 자신들을 박해하려고 했던 자라는 사실을 다 알아요. 교회들이 마음 문을 걸어 잠그고 있을 수밖에 없지요. "저 사람이 살짝 저렇게 제스처를 보였다가 한꺼번에 예수쟁이들을 또 다 잡아가는 것 아닌가? 무슨 쇼하는 것 아닌가? 저 사람의 회심을 과연 믿을 수 있겠는가?" 등등. 의심이 있었습니다. 그래서 경계의 끈을 늦추지 않고 있었습니다. 그러다 언제 마음 문이 열리고 바울에 대해서 굳어 있는 마음이 녹아 없어졌습니까?

23-24절이 말하기를 "박해하던 자가 전에 멸하려던 그 믿음을 지금 전한다 함을 듣고 나로 말미암아 하나님께 영광을 돌리니라." 이 사람들의 마음 문이 활짝 열리고 녹아버린 계기는 바울이 전했던 복음의 내용이 자기들이 듣고, 받고, 믿고 지금 따르고 있는 그 복음과 정확하게 동일하다는 것을 알았기 때문입니다. 바울을 대면해 본 적이 없고 개인적으로 만나본 적이 없는 사람들이지만 바울이 전하고 있는 그 믿음이 우리가 믿고 따르는 그 믿음이라는 것입니다. 동일함을 의미하는 정관사 the를 사용하고 있습니다.

조금도 다르지 않은 똑같은 믿음을 전하고 있다는 사실을 알고 난 다음에 하나님께 영광을 돌렸다는 것입니다. 성도 여러분, 언뜻 이 구절들을 읽으면서 "아니, 도대체 3년 뒤에 예루살렘 올라가서 베드로를 그때서야 만나고 개인적인 교제를 보름 동안 나누었다. 그게 뭐 그렇게 중요한 이야기겠는가? 또 내가 올라갔을 때 다른 사도는 만나지 못하고 주님의 동생 야고보만 만났다. 이것이 뭐 그리 중요하기에 성경이 기록하고 있는 것인가? 한걸음 더 나아가 '내가 여러분에게 지금 하고 있는 말은 하나님 앞에 거짓말이 아니다' 라고 하는데, 이것이 무슨 중요한 이야기라고 하나님까지 들먹여 가면서 자신의 진심을 선언하고 있는가?" 이런 의문을 가질 수도 있습니다.

그러나 바울은 지금 대단히 중요한 이야기를 하고 있습니다. 바울이 말하고 싶은 요점은 이것입니다. "사랑하는 성도 여러분이여. 복음이라는 것은 3년이라는 시간이 흘러도 처음과 정확히 동일합니다." 1세기의 초대교회 교인들이 아멘으로 믿고 받아들였던 그 복음과 2천년이 지난 21세기에 남서울은혜교회 교우들이 믿고 따르고 있는 그 복음이 정확하게 동일합니다. 다메섹에서 바울이 받았던 그 계시의 복음과, 예루살렘에 전파되고 있던 계시의 복음과, 저 유대 변방에 있는 교회들이 믿고 따르고 있는 복음과, 팔레스타인 반도의 최북단에 있는 수리아와 길리기아 지역에 편만하게 퍼져 나가던 복음의 내용이 지역에 상관없이 정확하게 동일한 것입니다.

"여러분들이여, 나 바울이 전했던 복음과 베드로 사도가 전했던 복음과 주님의 동생 야고보가 전했던 복음과 유대 변방에 있는 여러 지역 교회들이 누군가에 의해서 전달받았던 그 복음의 내용이 같습니다. 어떤 사람이 전했든지, 복음의 대상이 누구이든지 복음의 내용은 사람에 따라서 달라지지 않고 정확하게 동일합니다. 그러므로 다른 복음을 말하는 사람들에게 귀를 기울이지 마세요." 이 이야기를 지금 하고 있는 겁니다.

때로 이렇게 우리에게 접근하는 사람들이 있지요. "시대는 변해 갑니다. 모든 것이 다 바뀌어갑니다. 구닥다리 복음에 더 이상 머물러 있지 마십시오. 자, 여기 이전과 다른 기발한 복음이 있습니다. 여러분, 기성 교회가 얼마나 썩었습니까? 얼마나 냄새납니까? 아니, 교회가 세상을 걱정해야 맞는데 지금은 세상이 교회를 걱정하고 있는 때 아닙니까? 이런 기성 교회가 말하는 것과는 다른 참신한 복음이 여기 있습니다. 시대에 걸맞는 새로운 복음이 있습니다." 이런 기발한 복음, 참신한 복음, 새로운 복음은 진짜 복음이 아니라는 것입니다. 복음은 시대와 문화와 사람과 지역을 뛰어넘고 초월해서 언제나 정확하게 동일한 것이라는 이야기를 바울이 한 것입니다.

사랑하는 성도 여러분, 우리가 처음에 받았던 복음, 지금도 믿고 따르고 있는 이 복음은 원래부터 완벽한 복음입니다. 거기 더 보탤 것도 뺄 것도 없는, 이런 표현이 가능하다면 '자기 충족적인' 복음입니다. 저는 최근에 이런 거짓 교사의 글을 본 적이 있습니다. "기성 교회에서는 하나님의 아들이 내려와 육신을 입고 십자가에 매달려 처형됐다고 말한다. 그런데 그 죽은 아들을 믿으면 구원 얻고 영생을 받는다고 가르친다. 이런 소설 같은 허무맹랑한 소리를 누가 믿겠는가? 그래, 복음이라고 해보자. 그래도 그것은 이미 흘러가 버린 과거의 케케묵은 원시적인 복음에 불과하다. 거기에 매달리는 것은 어리석은 일이다. 서양을 봐라! 기독교는 서구에서조차도 쇠락해 가는 낡은 종교일 뿐이다. 지금 시대는 이성의 시대가 아니라 감성의 시대다. 그러므로 하나님을 아버지라고 하면 이 시대에는 맞지 않고 어머니 하나님이라고 부르는 게 옳다." 이런 주장을 합니다.

"어머니가 어떤 분인가? 자식을 위해서 희생하고 헌신하고 끝까지 감싸주는 분 아닌가? 그러므로 성경 66권은 케케묵고 지나가버린 시대의 가부장적인 하나님을 소개하는 책이 아니라 바로 어머니 하나님을 증거하는 책"이라는 것입니다. 또 이런 거짓 교사의 주장도 있습니다. "오늘날 교회는 다들 반쪽 복음만 전하고 있다. 그것도 변질되어 버린 반쪽 복음만 전하고 있다. 기성 교회에 가서 들을 수 있는 이야기가 뭐냐? 결국 너희들은 다 죄인이라는 소리 아니냐?" 그러면서 한걸음 더 나아가 주장하기를 "이 땅 위에 우리가 살고 있을 때는 절대로 죄 문제를 완전히 해결할 수 없다고 주장하지 않느냐? 그거야말로 전지전능하신 하나님을 믿는다고 말하면서도 패배주의에 사로잡혀 있는 소리 아니겠는가? 아니다. 거듭난 사람은 모든 죄를 이기고 언제나 승리할 수 있고 이 땅 위에서도 완전 성화가 가능하다. 이것이야말로 기성 교회가 모르고 있는 진짜 복음이다."

여러분 어떠세요? 그럴듯합니까? 어떤 사람들에게는 그럴듯하게 들릴 것 같아요. 그럴듯하지 않으면 귀 기울이겠습니까? 그럴듯하지 않으면 이단에 빠지겠습니까? 문제는 이 모든 그럴듯해 보이는 거짓 교사들의 음성이 성경과는 다르다는 것입니다. 바울이 말했던 것처럼 이는 '다른 복음'입니다. 기억하십니까? 바울 사도가 얼마나 강하게 이야기했는가를. "여러분들이여, 내가 여러분에게 전했던 그 복음의 내용과 조금이라도 다른 이야기를 하는 사람이 있다면 그가 누구든 심지어는 하늘에서 내려온 천사라도 저주를 받을 것입니다."

저주받아 마땅한 다른 복음을 지금도 주장하고 외치는 사람들이 있어요. 소위 계시받았다는 자칭 선지자들, 자칭 사도들, 저명하다는 엉터리 신학자들입니다. 그러므로 중요한 것은 어느 유명한 목사, 어느 저명한 신학자, 어느 기독교계의 스타가 무슨 말을 했느냐가 아닙니다. 복음 자체가 무엇을 말하는가? 우리가 믿고 따르고 있는 성경 자체가 무엇을 말하는가? 이것이 중요합니다. 성도 여러분, 바울은 마음을 담아서 이야기하고 있습니다. '하나님 앞에서'라는 표현을 사용해 가면서 말이지요.

"여러분들이여, 나는 하나님 앞에서 정직하게 내 마음을 담아 여러분에게 선언합니다. 여러분은 복음을 처음에 듣고 아멘으로 받아들이고 그 위에 두 발을 굳게 딛고 서 있습니다. 그 복음은 아무리 시간이 흘러도 동일합니다. 지역이 아프리카, 아시아, 미국, 영국, 소련, 한국 등으로 달라지고 사람이 바뀐다 할지라도 정확하게 동일합니다. 그러므로 조금이라도 다른 복음을 제시하고 기기묘묘한 소리를 속삭이면서 감언이설로 마음을 현혹시키는 자가 있다면 그자야말로 거짓 교사요, 하나님의 저주를 받아 마땅한 사람인 것을 아십시오. 교회 안에 이미 들어와 활동하고 있는 저 거짓 교사들의 목소리에 마음을 닫으십시오."

성도 여러분, 시간이 흐르고 지역이 다르고 모든 게 눈 깜짝할 속도로 바뀌는 이런 세상에 산다 할지라도 복음의 내용은 예나 지금이나 영원무궁토록 동일한 줄로 믿습니다. 문제는 아무래도 사람이라 눈에 보이는 게 약해요. 지도자를 따르고 싶은 마음이 있습니다. 잘못된 지도자를 만나 따라가다 보면 복음의 내용도 결국 달라져 버립니다. 그래서 중요한 것은 성경을 제대로 아는 것입니다. 성경을 알아야 믿음도 자라지 않겠습니까? 그래서 이번 여름에 성경통독학교에 이렇게 이름을 붙였어요. '여름 신약여행'

여름에 동해안으로, 푸른 물결 넘실대는 남해로 가는 것도 좋습니다. 다녀오세요. 그런데 여기 신령한 여행이 있습니다. 모든 성도들을 여름 신약여행으로 초청합니다. 성도 여러분, 세상은 여전히 하루가 멀다 하고 바뀌어갑니다. 하지만 모든 것이 바뀐다 할지라도 바뀔 수 없는 동일한 그 복음에 굳게 서시는 여러분 되시기를 바랍니다.

2장

복음 진리가 우선입니다 (갈 2:1-5)
같은 복음, 다른 사역, 역사하시는 하나님 (갈 2:6-10)
복음의 진리를 실천합시다 (갈 2:11-16)
믿음으로 의롭게 됨 (갈 2:16)
돌아올 수 없는 다리 (갈 2:17-19)
그리스도가 사는 삶 (갈 2:20)
믿음 안에서 사는 것 (갈 2:20)
그리스도와 함께 (갈 2:20-21)

복음 진리가 우선입니다 (갈 2:1-5)

"십사 년 후에 내가 바나바와 함께 디도를 데리고 다시 예루살렘에 올라갔나니 계시를 따라 올라가 내가 이방 가운데서 전파하는 복음을 그들에게 제시하되 유력한 자들에게 사사로이 한 것은 내가 달음질하는 것이나 달음질한 것이 헛되지 않게 하려 함이라 그러나 나와 함께 있는 헬라인 디도까지도 억지로 할례를 받게 하지 아니하였으니 이는 가만히 들어온 거짓 형제들 때문이라 그들이 가만히 들어온 것은 그리스도 예수 안에서 우리가 가진 자유를 엿보고 우리를 종으로 삼고자 함이로되 그들에게 우리가 한시도 복종하지 아니하였으니 이는 복음의 진리가 항상 너희 가운데 있게 하려 함이라."

얼마 전에 목회자 부부 몇 분과 전주 한옥마을을 다녀올 기회가 있었습니다. 저는 처음 방문이었습니다. 한옥이 약 700여 채나 보존되어 있는 마을입니다. 거기 가보시면 어렸을 적 아련한 추억 속에 남아 있는 그런 풍물들과 볼거리들이 있습니다. 또 골목골목이 예전 그대로입니다. 지금처럼 길 정리가 잘 되기 전 좁은 골목을 그대로 재현해 놓았습니다. 여기저기 다니다가 어느 골목 앞에서 발걸음을 멈추게 되었습니다. 골목길의 이름 때문입니다. '최명희 길' 바로 가까운 곳에 최명희 문학관이 있습니다.

　최명희 씨는 전북 출신의 여류 작가입니다. 1998년도에 61세의 젊은 나이로 난소암으로 사망하셨습니다. 그런데 이분이 유명하게 된 것은 1980년부터 죽기 전 97년까지 17년 동안 오직 한 가지 소설을 썼기 때문입니다. 거기에 혼신의 힘을 다 바쳤습니다. 바로 《혼불》이라는 소설입니다. 전라북도 남원 지방이 배경입니다. 1930년대에 몰락해 가던 한 양반 가문의 3대에 걸친 며느리들에 관한 이야기입니다. 기회가 있으면 꼭 보시기 바랍니다.

　최명희 작가를 흔히 '한국말을 혼신의 힘을 다해 갈고 닦아 사용한 작가'라고 합니다. '한국의 문화와 한국의 정신을 탁월한 예술의 경지로 승화시킨 작가'란 평가도 받습니다. 최명희 작가의 소설 《혼불》과 '최명희 길', 그 길 이름을 보면서 그런 질문이 떠올랐습니다. 저분은 죽기 전까지 암과 투병하면서도 원고를 놓지 않고 소설 이름처럼 자기의 혼을 다해 글을 썼는데 나는 지금 어디에 혼신의 힘을 다하고 있는가? 여러분들은 어떠십니까? 사람마다 정말 평생에 하고 싶은 일, 이루고 싶은 일이 있지 않습니까? 여러분들은 지금 어디에 혼신의 힘을 쏟으면서 달려가고 있습니까?

　바울에게 이 질문을 던지면 금방 대답이 돌아올 것 같아요. "바울, 당신은 어디에 혼신의 힘을 다하고 있습니까?" 바울은 주저하지 않고 이렇게 말할 겁니다. "그것은 복음 진리입니다." 복음 진리, 이는 바울의 평생 화두입니다. 본문 2장 1절을 보면 "14년 후에 내가 바나바와 함께 디도를 데리고 다시 예루살렘으로 올라갔나니"라고 서두를 시작합니다. 우리가 앞서 살펴본 것처럼 14년 전, 회심 후 처음으로 예루살렘을 방문했지요. 그때는 개인적인 방문이었습니다. 그때까지 얼굴을 본 적이 없으니까 베드로와 교제를 하기 위해서 방문했습니다. 그 뒤로 14년이라는 세월이 다시 흘렀습니다. 두 번째 방문입니다.

그런데 이번 방문은 지난번과 성격이 좀 다릅니다. 혼자 간 것이 아니라 두 사람을 데리고 갔습니다. 그러니까 2차 방문은 사사로운 개인적 방문이 아니라 일종의 공적인 방문입니다. 바나바와 디도를 데리고 갔습니다. 바나바는 전형적인 유대인이고 레위지파 사람입니다. 바울을 예루살렘 무대에 맨 먼저 소개했던 사람입니다. 이방인 지역을 떠돌아다니며 선교활동을 하던 바울과 예루살렘을 연결시켜 준 다리 역할을 했던 사람이 바로 바나바입니다. 디도는 헬라인입니다. 유대인이 아니고 이방인이지요. 바울의 이방선교의 열매입니다. 바울의 제자라고 해도 좋습니다. 이 두 사람을 데리고 예루살렘으로 올라갔습니다.

그런데 2절을 보니까 그냥 간 게 아니고 하나님의 계시를 따라서 올라갔다고 말합니다. 바울이 14년 후 어느 날 문득 베드로가 생각나서 올라간 게 아닙니다. 못 본 지 오래되었고 또 예루살렘 교회의 형편도 궁금해서 갑자기 올라간 것이 아니래요. 임의르 결정한 게 아니라 하나님의 분명한 지시가 있었다고 말합니다. 하나님이 명백히 올라가라고 지시를 하셨기 때문에 계시를 따라 올라갔다고 소개하고 있습니다.

여러분, 이것이 무슨 의미일까요? 때로는 하나님께서 나를 중앙무대로, 좀 더 넓은 장소로 떠다미는 경우가 있습니다. 지난 14년 동안 바울은 예루살렘과 동떨어진 채 주로 이방인들이 사는 곳에서 선교활동을 했습니다. 열심히 전했지요. 최선을 다했습니다. 이렇게 복음활동을 하는 데 전혀 불편함을 느끼지 못했습니다. 이방인들 상대로 사역하면서도 사역에 큰 어려움이나 지장을 느끼지 못했습니다.

바울은 기질로 보면 담즙질입니다. 담즙질은 줏대가 센 사람들입니다. 대단히 강한 기질이지요. 비바람이 불고 천둥번개가 때려도 흔들릴 사람들이 아닙니다. 어떤 어려움이나 난관이 있어도 뚫고 전진해 갈 수 있는 씩씩한 사람이 담즙질이에요. 그러니까 바울은 다른 사람들의 인정이 없어도, 예루살렘 교회의 공적인 지지가 없어도 독자적으로 활동하는 데 불편을 느끼지 못합니다. 그만큼 믿음도 있고 확신도 있고 기질적으로도 강인한 사람이란 말이지요.

그런데 이번에는 다릅니다. 때가 됐다는 것입니다. 바울이 생각하는 때가 아니라 하나님이 생각하는 때가 됐답니다. 때가 되니까 하나님께서 바울을 예루살렘 무대 위로 공적으로 올리십니다. 그리고 세우십니다. 거기서 공적인 인정을 받게 하십니다. 바울의 영향력을 극대화시키실 목적으로 두 번째 예루살렘으로 보내십니다.

바울은 이대로도 이방인 선교를 열심히 잘할 것입니다. 하지만 바울 사역의 최대의 효과를 위해 하나님께서 새로운 결정을 하시고 그의 사역을 확장시킬 목적으로 올려보내셨다는 뜻입니다. 그런데 그게 언제입니까? 베드로를 만나고 난 뒤 14년 지난 후입니다. 그러니까 다메섹에서 주님을 계시로 만나고 회심한 뒤, 무려 17년이라는 세월이 흐르고 난 다음입니다. 그때야 비로소 예루살렘 무대에 정식으로 데뷔합니다. 공적인 인정과 지지를 받기 위해 올라갑니다.

여러분, 우리는 흔히 때가 있다고 말하지 않습니까? 한국어로 표현하면 이것도 '때'고 저것도 다 '때'예요. 그런데 헬라어에는 '때'가 두 종류 있습니다. 하나는 크로노스라는 단어고 또 하나는 카이로스라는 단어가 있습니다. 이 둘은 다릅니다. 크로노스는 흔히 말하는 자연스러운 시간입니다. 인간의 시간입니다. 한 시간, 두 시간, 어제 오늘 내일, 세월이 상당히 흐르고 시간이 덧없이 지나간다고 할 때의 시간, 이것이 바로 크로노스입니다. 일반적인 시간이지요. 그런데 카이로스는 좀 다릅니다. 이는 하나님의 시간입니다. 하나님이 특별한 의미를 부여하는 시간, 말하자면 영적인 시간, 이것이 카이로스예요.

지금 14년이 지나고 난 다음, 하나님이 정하신 카이로스의 시간이 되어서 하나님이 직접 바울에게 올라가라고 지시를 하셨답니다. 카이로스의 시간이 언제인지 우리는 잘 몰라요. 하나님 소관이에요. 그런데 때가 되면, 준비가 되면, 하나님이 주도적으로 문을 여십니다. 그전에는 아무리 애써도 문이 안 열립니다. 길이 안 보입니다. 그러나 하나님의 시간이 되면 하나님이 먼저 사람을 붙여주세요. 사람들의 인정과 권위를 얻게 해 주세요.

그런데 우리는 잘못 생각합니다. 일을 시작하자마자 사람들의 인정을 받기 원합니다. 우리는 본능적으로 사람들의 인정에 굶주려 있습니다.

무슨 일을 시작하자마자 바로 유명세를 타기 원하고 자신을 알리려고 안간힘을 쓰기도 합니다. 명예를 얻으려 하고 당장 영향력을 끼치려고 하지요. 그러다 보니 내가 하고 있는 일이 얼마나 중요한지, 내가 이 일을 하기에 얼마나 적합한 사람인지, 내가 얼마나 대단한 인물인가를 자꾸 선전합니다.

그럴 수 있습니다. 이해는 가지요. 그런데 하나님 방식은 아니래요. 이런 질문을 할 수 있습니다. "아니, 목사님 거룩한 하나님 일인데, 이 좋은 일을 좀 효과적으로 하기 위해 스포트라이트를 받는 게 나쁘다는 말입니까? 사람들의 인정과 공적인 지지를 얻고 효과적으로 사역을 확장해 가는 게 필요하지 않겠습니까?" 인간적으로는 동의합니다. 그런데 하나님 생각은 다르답니다. 아직은 하나님의 시간이 아니랍니다. 너무 이르답니다.

저부터도 그렇습니다만 우리는 종종 하나님의 때 이전에 너무 빨리 움직이는 경향이 있습니다. 하나님보다 앞질러 가는 것이지요. "이게 귀한 하나님의 일이고 잘돼야 하는데 처음부터 여러 사람의 지지를 받는다면 훨씬 효과적으로 일할 수 있지 않겠는가?" 맞는 말인 것 같은데 그건 인간의 생각입니다. 내 계산입니다. 그럴듯하지만 내 각본에 불과하다는 것입니다. 일은 되어야 하고 또 기왕에 일을 하려면 잘 되어야 하지 않습니까? 그러다 보니 하나님의 뜻에 초점을 맞추기보다는 일의 성과에 집중하게 되지요. 선교사역도 마찬가지고 교회 일도 그렇습니다. 하나님의 일이라는 명목 하에 하나님의 때가 언젠가를 묻기보다 마구잡이로 일을 저질러놓고 보는 경우도 있는 것 같습니다.

한국 사람은 열심이 특별합니다. 어느 민족도 따라가지 못해요. 한국 민족만이 가지고 있는 이런 열심을 하나님이 귀하게 사용하십니다. 그런데 늘 아쉬운 건 하나님의 지시와 계시를 먼저 받고 하나님의 때가 되었을 때에 예루살렘을 두 번째 방문했던 바울과는 달리 지나치게 앞서서 일을 저질러놓고 본다는 것입니다.

바울은 달랐습니다. 명백한 하나님의 계시를 받고 두 번째로 올라갔습니다. 올라가서 한 가지 일을 했습니다. 예루살렘 교회 앞에서 자기가 이방인들에게 전했던 복음의 내용이 무엇인가를 설명했어요. 그전에는 베드로를 개인적으로 만나 이야기를 나눴습니다. 그런데 이번에는 다릅니다. 예루살렘 교회는 초대교회의 본산입니다. 교회의 모태라고 해도 과언이 아니지요. 모든 예루살렘 교회 성도들 앞에서 자신이 이방인들을 상대로 전해 왔던 복음이 무엇인가 그 내용을 설명한 것입니다.

그런데 거기서 그치지 않고 한걸음 나아가 "유력한 자들에게는 내가 사사로이 따로 만나 설명을 했다"고 말합니다. 여기 유력한 자들은 누구를 말할까요? 영향력을 끼치는 자들, 힘 좀 쓰는 자들, 그러니까 영적인 지도자들 아니겠습니까? 다시 말하면 예루살렘 교회를 책임지고 있던 사도들과 교회의 지도자들입니다. 그 사람들에게는 따로 시간을 내어 자신이 전해 왔던 복음의 내용이 뭔가를 더 상세히 설명했습니다.

왜 이럴 필요가 있을까요? 여러분, 우리 경험도 그렇지 않습니까? 공적으로 어디 서서 말할 때는 할 말, 안할 말을 좀 가려야 되지 않습니까? 그런데 사적으로 개인적인 자리에서 이야기할 때는 어때요? 속사정도 이야기할 수 있고 전후좌우 설명도 할 수가 있습니다. 무슨 에피소드나 간

증을 겸해서 교회 지도자들에게 말할 수도 있었을 것입니다. 이렇게까지 바울이 애를 쓰는 이유는 무엇일까요? 자신이 과거에 달음질해 왔던 것, 그리고 현재 달음질하고 있는 것 때문입니다. 즉, 과거에 해왔던 사역과 현재 진행형으로 하고 있는 사역이 허사가 되지 않도록 하기 위함이라고 밝히고 있습니다.

　이 말은 그 배경을 이해할 필요가 있습니다. 갈라디아서는 갈라디아 교회의 교인들이 수신자입니다. 그런데 지금 바울은 무엇을 염두에 두고 편지를 쓰는 중입니까? 교회에 가만히 들어와서 복음을 잘 따르고 있던 성도들의 마음을 교란시키고 있는 거짓 선지자들입니다. 이 거짓 교사들이 돌아다니면서 "베드로의 복음과 바울의 복음이 다르다. 두 복음이 모순된다." 이렇게 선전했어요. 사도들의 연합전선을 파괴하려는 것이지요. "베드로는 믿을 만하다. 예수님도 수제자로 인정하지 않았는가? 예수님의 공생애 초기부터 마지막, 부활과 승천까지 전부 다 지켜보았던 증인이다. 베드로가 교회의 수장이다. 그러므로 베드로의 복음은 진짜다. 하지만 바울의 복음은 짝퉁이다." 베드로를 높이는 반면 바울은 낮추는 전략으로 바울의 복음을 폄하했습니다.

　성도 여러분, 예나 지금이나 복음은 공동전선이 필요합니다. 혼자서 모든 일을 다 못합니다. 협력해서 함께 가야 됩니다. 우리 교회 목장을 한 번 생각해 보세요. 목장 모임이 어떻습니까? 목자하고 나하고 두 사람만 덩그러니 놓여 있는 게 아니잖아요? 많으면 10여 명이 함께 모이지 않습니까? 또 목장별로 하는 봉사가 얼마나 많습니까? 교회 일들은 혼자 하는 일이 없습니다. 함께 연합전선을 폅니다. 우리 목회자들 안에도 소그

룹을 담당하는 팀이 있어요. 서너 사람이 모여서 소그룹을 어떻게 하면 좀 더 발전시킬까, 어디를 보완할까 피드백도 받고 기획도 합니다.

행정도 마찬가지입니다. 행정목사가 있지만 혼자서 다 감당하기 어려워요. 행정팀이 있어 함께 협력해서 일을 해나갑니다. 주말이면 생명의 빛 예수마을에서 캠프사역이 진행됩니다. 주말 캠프사역도 혼자 못합니다. 캠프사역을 돕는 팀이 있습니다. 팀으로 공동전선을 펴고 있지요.

하나님께서 예루살렘 무대로 올라가라고 지시하시고 자기를 떠다미실 때 바울이 분명하게 깨달았지요. "아하, 이번엔 하나님께서 이방인을 향한 복음 사역의 효과를 더할 목적으로 나를 올려보내시는구나. 올라가서 예루살렘 교회와 특별히 유력한 자들, 초대교회 지도자들의 인정과 지지를 공적으로 받게 하실 목적으로 나를 올려보내시는구나." 말하자면 이방인 지역에서 복음을 전하든 예루살렘을 중심으로 유대인에게 복음을 전하든 복음에 관한 연합전선을 하나님이 펴게 하신다는 것을 알고 올라갔습니다.

그런데 3절을 보니까 자신과 함께 있던 헬라인 디도에게 억지로 할례를 받게 하는 것은 거절했대요. '나와 함께 있는 헬라인'이라고 일부러 밝히고 있지 않습니까? 이 디도가 할례를 받는 일은 끝까지 거절했습니다. '나와 함께 하는 동역자'라는 말도 되지만 '내가 보호해야 되는 디도' 이런 뉘앙스도 있어요. 지금 예루살렘에 올라갑니다. 거기에는 바울과 그 내용이 일점일획도 전혀 차이가 없는 동일한 복음을 전하는 베드로와 주의 동생 야고보와 12사도만 있는 게 아니에요. 복음을 믿고 받아들이기는 했지만 여전히 행위를 강조하는 행위주의자들이 바울이 올라오기만을 기다리고 있습니다.

예루살렘에 소위 율법주의자들이 있습니다. 교회 안에 들어와서 함께 예수를 믿고 하나님의 백성이 되고 복음을 고백하는 것처럼 보입니다. 그러나 그 사람들 관심은 여전히 율법입니다. 수천 년 동안 조상 대대로 지켜왔던 율법의 행위가 중요하다고 생각합니다. 그래서 율법 준수의 표시로 특별히 할례를 주장했습니다. 압력을 넣었어요. 바울은 이것이 복음을 인정하는 것처럼 보이지만 사실은 뒤로 파괴하는 행위라고 생각을 한 겁니다.

여러분, 가장 중요한 구원에 대해 생각해 봅시다. 유대인들은 수천 년 동안 율법을 지켜 구원을 얻어 보려고 노력하지 않았습니까? 먼저 모세를 통해 두 돌판에 하나님 말씀을 새겨 주셨지요. 또 말씀을 기록해서 언제든 읽을 수 있도록 성경을 주셨습니다. 선지자를 보내셔서 필요할 때마다 하나님 말씀을 설명하고 상기시켰습니다. 이처럼 여러 가지 방편을 동원하셔서 율법을 지킬 수 있도록 도와주셨습니다. 하지만 구약 역사가 실제로 증명한 것은 무엇입니까? 인간은 결코 율법을 완벽하게 지켜서 행위로 구원받지는 못한다는 것 아닙니까?

그러므로 율법은 우리로 하여금 절망하게 만드는 역할밖에 못합니다. 우리는 오직 믿음으로만 구원을 얻습니다. 이것이 복음의 핵심이에요. 그 핵심을 바울이 너무 잘 알고 있었어요. 율법 없는 이방인들에게 다니면서 무슨 내용으로 바울이 복음을 전했겠습니까? 그런데 율법주의자들의 관심은 항상 율법에 있습니다. 바울이 볼 때는 예수를 믿는다고 하면서도 결국은 기독교를 다시 유대교의 수준으로 끌어내리려고 애를 쓰는 겁니다. 그 대표적인 예가 할례 강요예요. "그래, 율법의 그 많은 규정을 다 지킬 필요는 없어. 하지만 하나님이 즈신 거룩한 율법 아닌가? 그래도 조상대대로 물려받은 율법을 존중한다는 의미에서 할례만은 받았으면 좋겠다." 이렇게 할례를 요구하는 겁니다.

그 점을 바울이 알고 있었어요. 디도는 바울이 이방인에게 복음을 전하다 얻은 이방선교의 열매입니다. 그래서 디도를 일부러 데리고 올라갑니다. 이것은 바울의 대단한 도발입니다. 예루살렘에서 자신을 못마땅하게 생각하면서 바울이 전하는 복음을 짝퉁 복음이라고 선전하는 거짓 교사들을 향한 한판 승부의 도전장을 던지는 셈이지요.

예나 지금이나 교회 안에 복음을 믿은 후에도 여전히 율법의 행위를 강조하는 자들이 있지요. 그리스도인으로서 선한 행위를 하지 말자, 사랑의 행위를 하지 말자, 이런 이야기가 전혀 아닙니다. 복음을 믿은 후에도 의로워지는 것과 관련해서 계속 행위를 강조하는 자들이 있습니다. 교회 안에 있지만 사실은 교회를 망치는 사람들입니다. 행위의 감옥에서 이미 은혜로 풀려났건만 자신도 지키지 못한 행위의 감옥 안으로 사람들을 계속해서 밀어 넣으려고 하는 사람들입니다. 행위를 강조함으로써 죄의식의 감옥에 다시 우리를 묶어놓으려고 시도하는 거짓 형제들이 있다는 말입니다.

이런 사람들은 마치 몸 안에 있긴 하지만 몸을 갉아먹는 암세포와 같은 존재들이에요. 지금 막 성장하고 쭉쭉 뻗어나가고 있는 하나님의 교회를 좀먹는 이런 행위주의자들 보란 듯이 바울은 할례에 대한 압력을 거절한 것입니다. "어차피 하나님께서 왜 나를 떠다미시는가? 공적 인정을 받기 위해서다. 좀 더 많은 사람들의 지지를 얻기 위해서다." 이런 생각을 하면 타협하면 좋지 않습니까? 어차피 사람들의 인정을 좀 더 많이 얻어내려면 쉽게 가는 게 좋잖아요? 그걸 믿는 건 아니지만 조상 대대로 내려오는 율법을 존중한다는 의미로 할례 한번 받게 하면 끝나지 않습니까? 그러면 얼마나 일들이 부드럽게 넘어갈까요?

그런데 바울은 그러지 않았습니다. 오히려 반대로 결정을 했어요. 바울이 승부수를 던지는 것이지요. 복음의 진리를 양보하면서까지 내 영향력을 확장시키고 효과적인 사역을 원하지는 않는다는 표시 아니겠습니까? 이것은 대단히 중요합니다. 그저 헬라인 디도 한 사람이 할례를 받느냐 안 받느냐 문제가 아니라 기독교 역사의 분수령이지요. 복음의 자유를 선언하면서 전진할 것인가, 아니면 또다시 행위의 속박에 묶이게 될 것인가? 그걸 공적으로 사도들과 함께 모여 결정하는 일이 여기에 달려 있습니다.

바울은 참 대단한 사람이지요. 예루살렘으로 올라가지만 율법주의자들이 할례를 요구할 것이고, 할례에 대한 압력이 있을 것을 분명히 알았단 말이에요. 그런데 할례 받게 하는 대신 오히려 도발을 하는 겁니다. 올라가되 헬라인 디도에게 할례 받게 하지 않을 작정으로 올라갑니다. 이럴 때 과연 예루살렘의 유대인 사도들이 디도를 형제로 영접해 줄 것인가, 아니면 거부할 것인가? 이방인들에게 전하는 이 바울의 복음을 그대로 승인해 줄 것인가, 거절할 것인가, 아니면 수정을 요구할 것인가? 전혀 알 수 없는 상황 속에서 바울이 올라갑니다.

그런데 사도행전 15장을 보면 예루살렘공의회의 결정이 아주 자세하게 나와 있습니다. 디도는 복음 안에서 형제로 받아들여집니다. 바울의 복음 역시 조금도 수정하지 않고 그대로 받아들여집니다. 바울의 승리로 끝나는 장면이 자세히 기록되어 있습니다.

여러분, 영적인 지도자가 중요한 일을 결정할 때 무엇을 근거로 판단해야 할까요? 교회 일, 목회 일도 사실은 선택과 판단의 연속 아니겠습니까? 중요한 게 뭘까요? 가장 중요하고 또 가장 어려운 것은 사람들의 지지입니다. 이것은 돈을 준다고 살 수 있는 일이 아니잖아요? 사람들의 마음을 얻어야 되지 않습니까? 그래야 사역의 효과가 있지 않겠습니까? 이런 것들이 중요하다는 점을 바울이 잘 알면서도 그것이 복음의 진리보다 중요하지는 않다는 것입니다. 여기에 대해서는 늘 단호했습니다. 사람들 지지가 필요하지만 무엇을 위한 지지인가? 사역의 효과가 중요하지만 도대체 무엇을 위한 효과인가? 이 점을 깊이 생각하게 합니다. 효과보다 진리가 앞서고, 인정보다 진리가 앞서는 것입니다.

이게 뒤바뀐다면 본말이 전도된 것이지요. 그러므로 자신의 영향력을 확대하기 위해 복음의 진리를 희석하거나 타협할 수는 없습니다. 바울이 왜 이처럼 단호할 수밖에 없었을까요? 머물차 보이기도 하고, 어찌 보면 인간적으로 무리수를 두는 것처럼 보이지 않습니까? 그 이유를 바울은 2장 4절에서 이렇게 설명합니다. "이는 가만히 들어온 거짓 형제들 때문이라." 이렇게까지 단호할 수밖에 없었던 이유는 예루살렘에 올라가면 자신이 믿는 것과 똑같은 복음을 지지하는 자들만 있는 게 아니기 때문이었습니다. 이미 교회 안에서 활발하게 활동하고 있는 거짓 형제들 때문이었습니다.

이 사람들은 늘 "가만히" 들어온대요. 예나 지금이나 정정당당한 방법을 취하지 않고 어둠침침한 방식을 선호합니다. 자신을 숨기려고 합니다. 이것이 마귀의 방식이지요. 가만히 들어와서 우리의 자유를 엿봅니다. 이 사람들이 애당초 교회 안에 들어온 목적도 좋은 게 아니에요. 동기부터 좋지 않습니다. 들어와서 그리스도인들이 누리고 있는 자유를 호시탐탐 엿봅니다. 그러다 기회가 되면 다시 율법의 속박 안으로 우리를 끌고 가려고 합니다. 다시 행위의 노예로 만들려고 사람들 안에 가만히 들어와 활동합니다.

당시 노예는 사람이 아닙니다. 인격적인 취급을 받지 못했습니다. 노예는 그저 물건입니다. 마음대로 사고팔고 죽일 수도 있었어요. 바울의 말은 이 거짓 교사들이 궁극적으로 의도하는 것은 우리의 영혼을 위하는 일이 아니라는 겁니다. 우리를 어떻게든 다시 행위로 옭아매 노예처럼 만들어서 멸망 길로 끌고 가려 한다는 것을 바울이 잘 알고 있었기 때문에 양보할 수가 없었지요. 그래서 2장 5절에 보니까 "그들에게 우리가 한시도 복종하지 아니하였으니"라고 말합니다. 할렐루야! 이 거짓 교사들의 말에 한순간도 긍정해 본 적이 없습니다. 그들의 말에 어떤 경우에도 양보해 본 적이 없습니다. 그들이 하는 이야기에 타협해 본 적이 없습니다.

"이거 너무 사람을 잃어버리는 태도가 아닌가?" 그럴 수도 있지요. 그런데 바울이 너무 잘 알고 있었던 사실은 조금이라도 양보하면 결국은 모든 것을 다 잃게 된다는 것이에요. 잠시라도 방심하면 무서운 파괴력으로 영혼을 집어삼키고 개인의 영혼뿐 아니라 교회 전체를 집어삼킨다는 것을 잘 알고 있었지요. 조금 틈을 주고 양보하면 조만간에 모두를 양보하게 되고 말 것이라는 점을 바울이 내다보고 있었습니다.

그러니까 여러분, '기가 막히게 성경을 잘 쪼개고 분석하는 강사가 나타났다. 진짜 복음의 깊은 내용을 설명하는 이 사람에게 가보자. 한두 번 가보는 거야 어떻겠는가?'라고 생각할 수 있습니다. 가지 마세요. 오죽했으면 바울이 이러겠습니까? "한시도 그들의 말에 복종하지 않았다." 그들이 의도하는 바는 우리의 영혼이 더 살찌고 은혜 안에서 더 풍성해지는 게 아닙니다. 다른 목적을 가지고 있어요. 겉으로 별별 감언이설과 그럴듯한 간판을 내세울지 모르지만 그들의 의도는 우리 영혼을 다시 행위의 올가미로 사로잡아 지옥의 멸망 길로 가게 만드는 것입니다.

"하지만 목사님, 교회의 화합이 중요하지 않습니까? 성경이 강조하는 것은 하나됨 아닙니까? 목회자라면 이 사람도 저 사람도 다 품어야 되지 않습니까? 그들 말도 좀 인정해 주면 좋지 않습니까?" 맞는 말입니다. 그런데 지금 바울이 하고 싶은 말은 복음 진리를 양보하면서까지 그들의 마음을 억지로 얻으려고 하지는 않는다는 것입니다. 오히려 그 반대지요. 결코 그들과 관계를 맺지 않았대요. 왜요? 2장 5절 뒤에 명백히 밝히고 있습니다. "이는 복음의 진리가 항상 너희 가운데 있게 하려 함이라."

때로는 매몰차 보이고 사랑이 없어 보이고 인간관계를 스스로 파괴하는 것처럼 보이는 이런 단호한 행동을 하고 무리수를 두는 것처럼 보이는 이유는 한 가지밖에 없습니다. 바울 자신을 위해서가 아니라 "너희 가운데 복음의 진리가 항상 있게 하려 함이라." 바울은 '항상'이라고 말합니다. 이때는 바울의 말을 따라 이렇게 하고, 조금 더 그럴듯한 소리를 하는 사람이 나타나면 거기 귀를 기울여 그 사람을 따라 저렇게 하는 게 아니란 말입니다. 항상 하나님이 우리에게 주신 영광스러운 복음의 진리가 조금도 훼손되지 않도록, 조금도 희석되지 않도록 그들과는 타협하지 않았다는 것입니다.

여러분, 바울의 최대 관심사가 있다면 자기가 끼치는 영향력의 확대가 아니라 복음의 진리입니다. 바울이 예루살렘에 두 번째 올라가면서 갖는 관심사는 좀 더 효과적인 사역도 아니고, 좀 더 많은 사람들의 지지도 아니고 바로 복음 진리의 보존이었습니다. 결국 성도들을 위해서, 하나님의 교회를 위해서 바울은 이런 결정을 했습니다.

성도 여러분, 우리가 신앙생활을 하면서 제일 중요한 게 뭡니까? 역시 관계지요. 하나님 일도 관계가 좋아야지요. 교제도 역시 관계입니다. 그래서 어떤 목사님이 "관계가 전부다"라고 했어요. 목회의 전부는 관계라는 겁니다. 충분히 공감이 가요. 목회를 하면서 성도님들과의 관계가 좋아야 하잖아요? 장로님들과의 관계가 좋아야 하잖아요? 저 혼자 어떻게 일을 다 합니까? 우리 사역자들과의 관계도 좋아야 하잖아요? 정말 그래요. 관계가 전부인 것처럼 보여요. 교회에서 가장 중요하고 가장 어려운 것이 관계입니다.

하나님의 교회에서 관계보다 중요한 것은 딱 한 가지밖에 없습니다. 그것은 바울이 말하는 복음의 진리입니다. 복음의 진리가 관계보다 더 중요해요. 우리는 바울이 이렇게까지 혼신의 힘을 다 바쳐 목숨이라도 내놓는 심정으로 보존하기를 원했고 우리에게 전달해 준 그 복음 진리를 믿고 따르는 사람들입니다. 이런 점에서 우리는 바울의 믿음의 후예들입니다. 믿음의 후예들로서 우리는 어디에 혼신의 힘을 쏟아야 할까요? 어느 작가가 소설 한 권을 쓰기 위해 일생을 다 바쳤던 것처럼 말이지요. 우리는 하나님께 부름 받은 사람들입니다. 하나님이 정해 준 인생의 의미를 안고 살아가는 사람들이지요. 모쪼록 바울의 후예로서 복음의 진리를 보존하고 전달하는 데 혼신의 힘을 다하시는 저와 여러분이 되기를 바랍니다.

같은 복음, 다른 사역, 역사하시는 하나님 (갈 2:6-10)

"유력하다는 이들 중에(본래 어떤 이들이든지 내게 상관이 없으며 하나님은 사람을 외모로 취하지 아니하시나니) 저 유력한 이들은 내게 의무를 더하여 준 것이 없고 도리어 그들은 내가 무할례자에게 복음 전함을 맡은 것이 베드로가 할례자에게 맡음과 같은 것을 보았고 베드로에게 역사하사 그를 할례자의 사도로 삼으신 이가 또한 내게 역사하사 나를 이방인의 사도로 삼으셨느니라 또 기둥같이 여기는 야고보와 게바와 요한도 내게 주신 은혜를 알므로 나와 바나바에게 친교의 악수를 하였으니 우리는 이방인에게로, 그들은 할례자에게로 가게 하려 함이라 다만 우리에게 가난한 자들을 기억하도록 부탁하였으니 이것은 나도 본래부터 힘써 행하여 왔노라."

흔히 어떤 사람을 존경하면 그 사람의 모든 것을 닮고 싶은 마음이 생깁니다. 일전에 어떤 사람이 전철 안에서 여기저기를 돌아다니며 전도

하는 것을 들었습니다. 참 열심히 전해요. 그런데 들어보니까 어느 큰 교회 유명한 목사님의 어투를 그대로 쏙 빼닮았어요. 어투만이 아니라 그 목사님의 제스처까지 그대로 흉내내는 것을 보았습니다. 아마 그 전도자가 그 교회에 다니는 것 같아요. 너무 존경하고 좋아하니까 복음의 내용뿐 아니라 어투와 제스처까지 닮아 있는 모습을 보았습니다.

그런데 이런 현상은 비단 우리나라에만 있는 건 아닌 것 같습니다. 영국의 강해 설교자인 로이드 존스 목사님의 예화에 이런 이야기가 나옵니다. 영국의 웨일스 지방에 한때 유명한 설교자가 있었답니다. 너무 설교를 은혜롭게 잘 했기 때문에 그 지역에 있는 많은 젊은 목회자들이 이 목사님을 흠모했습니다. 이 목사님이 하는 대로 따라가기 시작했습니다. 그런데 이분에게는 한 가지 특이한 버릇이 있었습니다. 설교 도중에 손으로 가끔 머리를 쓸어올리는 것입니다. 웨일스 시골 지역에서 목회하는 어느 젊은 목사님도 이분을 본받으려고 애를 썼습니다. 늘 이분을 모델 삼아 설교하는데, 하다 보니 내용만 아니라 습관까지 따라하게 되었습니다. 이 젊은 목회자도 설교하는 도중에 손가락으로 머리를 쓸어올리는 버릇을 닮게 되었지요. 그런데 문제는 이 젊은 목사는 대머리였다는 사실입니다.

어느 교회는 목사님 말끝마다 성도들 반응이 너무 좋습니다. 무슨 말을 해도 아멘, 아멘 하고 호응을 잘해 줘요. 우스갯소리로 그런 말을 합니다. "목사님이 감기에 걸려서 기침을 해도 아멘 하고 받아 준다." 이렇게 어떤 사람을 따르다 보면 자기가 가지고 있는 내용을 쉽게 버리고 그 사람의 모든 것을 다 닮고 싶어집니다. 왜 이 말씀을 드리는가 하면 지금 저희가 살펴보고 있는 갈라디아서 안에 나타나 있는 바울의 모습은 이와는 전혀 반대이기 때문입니다.

2장 6절을 보면 바울이 "저 유력하다는 자들은 내게 아무 상관이 없다"고 말합니다. 예루살렘 교회를 지도하고 있던 사도들과 영적 영향력을 행세하고 있던 교회 지도자들이 자기와 아무 상관이 없다는 뜻입니다. 언뜻 들으면 이것이 무슨 오만방자한 이야기인가 싶지만 전혀 그런 의미가 아닙니다. 바울은 그들을 예루살렘 교회의 지도자로 인정합니다. 또 하나님이 세운 교회의 사도들로 존경합니다. 그럼에도 불구하고 소위 유명하다는 자들이나 영향력 있는 지도자들의 유명세에 전혀 영향을 받지 않는다는 뜻입니다. 한걸음 더 나아가 그들이 사도들로서 대단한 권위를 가지고 있지만 자신은 그 권위에 압도되지 않는다는 뜻입니다.

그러면서 "하나님은 사람을 외모로 취하지 아니하시나니"라고 말합니다. 하나님은 사람을 보실 때 겉모습을 보지 않으며, 어떤 사람을 세울 때에 그 외모를 기준으로 생각하지 않는다는 말입니다. 실제로 겉모습만 따져보면 바울은 다른 사도들과 비교가 안 되지요. 베드로나 요한은 처음부터 주님과 동고동락했던 제자들이지 않습니까? 또 예루살렘 교회의 기둥인 야고보는 예수님의 육신의 동생 아닙니까? 이런 외적인 조건들로 따져보면 바울보다 훨씬 더 탁월한 사람들입니다.

하나님은 외모로 사람을 취하지 않는다는 말에는 이런 의미가 숨어 있습니다. "나 바울은 과거에 예수 박해자였고 교회 핍박자였다. 맞다. 하지만 하나님이 나를 부르실 때 그것을 문제삼지 않으셨다. 저 사도들과, 저 유력한 자들과 동등한 사도로 나를 부르셨다." 따라서 저 예루살렘 교회의 유력한 자들은 어떤 사람이든지 내게 아무런 상관이 없다고 말하고 있습니다.

여러분, 이 사람은 도대체 왜 이렇게 당당하고 자신만만한 것입니까? 따지고 보면 저 사도들이야말로 초대교회가 다 알아주는 유명한 설교자들입니다. 바울은 어떻습니까? 기껏해야 변방을 돌아다니면서 이방인 대상으로 선교활동을 하고 있는 무명의 설교자에 불과합니다. 그리고 지금 바울이 베드로를 1차 방문하고 14년이 지난 뒤에 2차로 예루살렘을 방문했습니다. 방문한 목적은 그들의 공적인 인정과 예루살렘 교회의 공식적인 지지를 얻기 위해서입니다. 그러면 저 유명한 사도들이나 유력한 사람들 눈치를 좀 보는 게 맞을 것 같은데요. 그런데 눈치는커녕 자기보다 훨씬 더 탁월한 조건을 가진 사람들에게 전혀 위축되지 않는 바울의 모습을 봅니다. 또 올라가면 바울이 오기만을 호시탐탐 기다리고 있는 율법주의자들이 있단 말이지요. 그 율법주의자들이 볼 때 이런 말을 대놓고 하는 바울이 얼마나 얄밉도록 당당했을까요?

바울은 왜 이렇게 자신만만한 것인가? 여기 2장 6절 뒷부분에서 그 이유를 설명합니다. "저 유력한 이들은 내게 의무를 더하여 준 것이 없다." 한글 번역이 좀 아쉽습니다. 바울은 예루살렘 교회 앞에서 자신이 전파해 온 복음의 내용이 무엇인가를 차분하게 다 설명했습니다. 그리고 유력하다는 사도들과 지도자들은 따로 모아놓고 개인적으로 좀 더 소상하게, 전후좌우로 에피소드까지 섞어가면서 설명했습니다.

그러고 난 뒤 사도들의 반응은 무엇이었습니까? "내가 하나님으로부터 직접 계시로 받아 전파해 온 이 복음의 내용에 아무런 수정도 요구하지 않았다"는 것입니다. 설명을 다했는데 사도들이 듣고 난 뒤에 바울이 전파하는 복음의 내용에 새로운 제안을 하지 않았다는 것입니다. 그러므로 나 바울이 이방인들을 향해서 전파해 왔던 이 복음의 메시지에 사도들과 유력한 자들이 아무것도 보탠 것이 없다는 뜻입니다.

다 듣고 난 다음에 이렇게 나올 수 있지 않았겠습니까? "아, 형제 바울이여! 이제야 비로소 형제가 전했던 복음의 내용이 무엇인가를 분명히 알게 되었습니다. 들어보니까 대부분의 내용은 괜찮습니다. 그러나 충분하지는 않습니다. 이걸 좀 보태는 게 좋겠습니다." 그러나 복음의 내용과 관련해서 어떤 것도 바꾸라고 요구하지 않았다는 말입니다. 말하자면 저들이 유대인들을 상대로 전파하고 있는 복음의 내용과 자신이 이방인들을 상대로 전파했던 복음의 내용이 정확히 일치한다는 말입니다.

그렇기 때문에 바울이 당당한 것입니다. 만일 유력한 사도들이 전하는 복음의 내용이 더 낫거나 더 훌륭하다면 문제는 다릅니다. 내가 가지고 있지 않은 무언가를 저 예루살렘 교회의 유력한 자들이 가지고 있다면 내가 배울 필요가 있지요. 그런데 내가 전파하는 복음의 내용과 저들이 믿고 전파하는 복음의 내용이 완전히 동일합니다. 그러므로 어떤 유력하다는 자들도 내게 상관할 것이 없다고 바울은 말합니다.

여러분, 그런데 현실은 어떻습니까? 하나님은 중심을 보시는데 사람은 외모를 봅니다. 그래서 우리가 웃는 말로 그렇게 이야기합니다. "하나님은 중심을 보지만 그래도 사람은 외모를 본다." 이해가 가지요? 인지상정 아니겠습니까? 이러다 보니 사람들은 유명세를 타고 있는 사람이나 권력을 가지고 있거나 명예가 있는 사람 옆에 가면 자기도 모르게 위축이 되지요. 사회적으로 명망 있고 영향력이 있는 사람 앞에 가면 내가 작아진 듯한 느낌을 갖게 됩니다.

언젠가 이런 이야기를 들었습니다. 나이를 웬만큼 먹은 후 동창회에 가 보면 그때 가장 잘 나가고 있는 동창이 항상 식탁 한가운데 좌정한다는 겁니다. 그리고 그 사람 중심으로 화제가 이어지게 되고, 나중에 식사비도 그 사람이 낸다는 것입니다. 그러니까 우리가 이 땅에서 누리고 있는 명예나 권세, 가지고 있는 재물에 따라 서열이 정해진다는 뜻이겠지요.

자, 세상은 그렇다 해도 교회는 달라야 하지 않을까요? 물론 교회는 달라야지요. 그래서 어느 목회자가 이런 이야기 하는 걸 참 인상 깊게 들었습니다. 돌아가신 장인어른께서 목회자이셨답니다. 평소에 사위 되는 젊은 목사에게 충고하기를 "자네는 목회를 하거들랑 절대로 교회 안에서 사람 차별하지 말게." 참 지혜로운 조언을 해 주셨다는 생각이 듭니다. 여러분, 어떻습니까? 서울 시내 이름난 큰 교회, 유명한 교회에 나가는 교인이라면 교인들끼리 모여 있을 때 좀 떳떳하게 이야기하지 않겠습니까? "나는 이런 교회에 나갑니다. 나는 그 교회의 직분자입니다."

그렇다면 바꾸어서 만일에 전혀 이름도 없는, 어디에 붙어 있는지도 잘 모르는 시골의 어떤 교회를 섬기는 사람이라면 어떨까요? 위축된 채로 조심스럽게 자신은 어느 교회를 다니노라고 이야기를 해야 맞을까요? 그건 아니지 않습니까? 교인 숫자나 헌금 액수나 아니면 교회의 인지도 같은 것들이 그리스도인으로서 우리의 정체성을 결정하면 안 된다고 생각합니다. 그렇다고 우리가 큰 교회에 다니고 거기서 일하는 사람들을 일부러 미워할 필요는 없습니다. 그것은 열등감의 또 다른 표현입니다.

지금 바울이 "아무리 유력한 자들, 유명세를 타고 있는 자들, 힘이 있어 보이는 지도자들이라고 할지라도 나와 전혀 상관할 게 없다. 나는 거기에 영향 받지 않는다. 그들의 권위나 유명세에 나는 압도당하지 않는다. 나는 내가 받은 복음을 열심히 전파해 왔다"고 말할 수 있는 이유는 자신의 사역이나 자기 자신을 하나님의 관점으로 보기 때문입니다. 저들이 전하는 복음과 내가 전한 복음이 일점일획도 틀림없이 동일합니다. 그러니까 위축될 필요가 없단 말이지요.

하나님은 이렇게 말씀하실 겁니다. "야야, 위축되지 마. 저 큰 교회, 유명한 교회, 유명한 사람이 중요한 것처럼 나에겐 네가 소중해. 작은 교회에서 너 스스로 하잘것없는 사역이라고 폄하할지 몰라도 그 작은 사역이 내게는 똑같이 중요해." 인간적인 관점에서, 세상적인 관점에서 바라보기 시작하면 늘 비교 의식이 생깁니다. 조금 일이 잘되면 교만해지고 조금 일이 안 되면 쉽게 낙심해 버립니다. 그러나 바울처럼 우리 자신을 하나님의 관점에서 바라볼 때 당당할 수 있습니다.

그러면 저 유력하다는 예루살렘의 교회 지도자들과 바울의 다른 점이 뭘까요? 복음의 내용에 관해서는 똑같습니다. 일치합니다. 그럼 무엇이 달라요? 복음을 전파하는 대상이 다르지요. 그게 2장 7절 이하에 나와 있는 내용입니다. 바울은 무할례자에게로 가서 복음을 전하고, 베드로는 할례자에게 가서 복음을 전했답니다. 동일한 하나님이 두 사람을 다르게 세웠대요. 그래서 베드로는 유대인에게 보내시고, 바울은 이방인에게로 보내셨대요. 여러분 하나님은 위대하신 분입니다. 하나님은 한 교회만의 하나님이 아닙니다. 하나님은 한 사람만 데리고 일하지 않습니다. 하나님

나라를 건설하기 위해서는 많은 사람들이 필요합니다. 많은 사람들에게 다양한 은사를 주시고 그들을 동시다발적으로 사용하십니다.

이렇게 본다면 베드로는 유대인 사역에 집중하는 게 충성하는 겁니다. 바울은 반대로 이방인 사역에 전념하는 게 맡은 사명이에요. 만일에 베드로가 '그래, 이제 유대인은 웬만큼 전도했으니까 나도 저 멀리 바다 건너 이방인들에게도 가서 복음을 전해야 되겠다'라고 생각한다면 하나님의 관점에서 볼 때 손해라는 겁니다. 바울 역시 '그동안 고생하면서 이방인들을 찾아 변방을 돌아다녔던 세월이 얼마였던가? 이제 충분해. 이만하면 나도 예루살렘 교회 안에서, 성도들 수가 많고 안정된 교회 시스템 안으로 들어가서 복음을 가르쳐봐야겠다'라고 생각하면 애당초 하나님께서 바울을 세우신 목적에 어긋난다는 것입니다.

그래서 우리에게 중요한 질문은 이것입니다. 하나님이 나를 어디로 부르셨는가? 하나님이 나를 어떤 사역으로 부르셨는가? 내게 무슨 일을 맡기셨는가? 이것을 알아내는 게 중요합니다. 착각하면 하나님이 원치 않는 사역에 나의 시간과 노력과 에너지와 인생을 다 쏟아버리고 낭비해버릴 수 있습니다. 성도 여러분, 하나님은 여러 사람을 세웁니다. 한 사람에게 모든 것을 다 맡기지 않습니다. 교회 안에도 어떤 사람은 말씀의 은사를, 어떤 사람은 기도의 은사를, 어떤 사람은 구제를, 어떤 사람은 바나바처럼 사람을 격려하고 세워주는 위로의 은사를 가지고 있습니다. 봉사의 은사, 행정의 은사를 갖고 있는 사람이 또 우리 안에 있습니다.

하나님이 각각 다양한 사람을 일으키셔서 다양한 사역을 맡기셨습니다. 그러니까 서로 비교할 필요가 없어요. 내게 주신 하나님의 은사 따라서 내게 주신 사역에 최선을 다하면 됩니다. 여러분, 심지어는 단체 음식을 아주 맛있게 만들어내는 은사가 있는 사람이 있어요. 물론 성경에는 안 나와 있습니다만 저는 그것도 은사라고 생각합니다. 이제 이번 주부터 우리 중고등부, 청년부가 수련회를 가지 않습니까? 지금이야 어딜 가도 식당이 있고 음식 만들어 주는 사람이 있으니 얼마나 편해요? 저희 어렸을 때만 해도 수련회 가면 여전도회나 권사회가 따라왔어요. 솥가마 들고 다니면서 삼시세끼 밥을 해서 아이들 먹이는 겁니다. 얘들이 몇십 명, 몇백 명 되는데 어렵지요. 그런데 그분만 들어가면, 그분 손만 거치면 삽시간에 그 많은 반찬과 재료와 밥과 식탁이 제자리를 딱 잡고 정리가 되는 거예요. 어느 교회나 이런 은사를 가지고 있는 사람이 한둘은 꼭 있어요. 그것도 은사라는 겁니다.

하나님이 나를 어디로 부르셨습니까? 모든 것을 다 하려고 해서는 안 되고 그럴 수도 없어요. 하나님은 그걸 원치도 않습니다. 여러분, 우리의 인생을 가장 효율적으로 사용하기 위해서는 내가 못하는 것보다 잘하는 것에 집중할 필요가 있습니다. 내가 못하는 게 여러 가지 있습니다. 나도 압니다. 그런데 그 못하는 것은 애당초 못하게 되어 있기 때문에 아무리 노력해도 한계가 있어요. 그 이상으로 올라가지 않아요. 하나님이 내게 주신 것 중 95퍼센트 정도는 다른 사람들이 갖고 있는 것과 비슷하대요. 그러니까 우리가 가지고 있는 것 95퍼센트는 다른 사람과 비교해도 도토리 키 재기래요. 그런데 마지막 남은 5퍼센트, 이것이 특별한 은사요, 하나님의 소명이에요. 이것이 하나님이 나를 부르신 이유예요.

그러니까 바울은 이방인에게 전념해야 되고, 베드로는 유대인에게 전념해야 됩니다. 이것이 자신을 향한 하나님의 요구라는 것을 바울이 알았지요. 하나님 관점에서 바라보면 바울의 복음이나 베드로가 전하는 복음이나 동일합니다. 그런데 복음의 대상이 달라요. 각각 다른 목적으로 부르셨어요. 제가 나왔던 신학교도 학과가 2개 있습니다. 하나는 신학과인데 나중에 목회할 사람이 다닙니다. 하나는 선교학과로 나중에 선교사 될 사람이 공부합니다.

그러니까 신학교 들어갈 때부터 학과가 달라요. 배우기는 같이 배워도 결국 하나님이 주신 소명 따라서 어떤 사람은 목회로, 어떤 사람은 선교로 나가게 되지요. 어떤 신학생은 목회에 대한 자질이 다분해요. 그래서 함께 동역하자고 요청했습니다. 그런데 이 사람이 기도해 보더니 아니라는 겁니다. "목사님, 나는 애당초 선교 소명을 받았습니다. 나는 선교사로 나가야 할 사람입니다. 주님이 나를 그쪽으로 부르셨습니다"라고 이야기하면 놓아 주어야 됩니다. 하나님이 그 사람을 그렇게 쓰시겠다고 애당초 세우셨는데요. 그걸 위해서 훈련시켰는데요. 제가 뭐라고 그 사람의 앞길을 막겠습니까?

베드로는 유대인에게로, 바울은 이방인에게로 가게 돼 있어요. 그렇다면 중요한 건 복음의 연합전선입니다. 서로의 사역을 인정할 필요가 있어요. 그래서 2장 9절을 보면 의미 있는 이야기가 등장합니다. "또 기둥 같이 여기는 야고보와 게바와 요한도 내게 주신 은혜를 알므로 나와 바나바에게 친교의 악수를 하였으니 우리는 이방인에게로, 그들은 할례자에게로 가게 하려 함이라." 여러분, 지금 바울이 올라가서 야고보, 베드로, 요한 그리고 또 다른 사도들을 다 만났어요. 자신이 전하는 복음의 내용을 설명했어요. 그런데 조금도 거기에 보태거나 뺄 것이 없었대요. 하지만 복음의 대상이 달라요.

그러니까 이 유력한 예루살렘 교회 지도자들이 들어보더니 '아하, 우리 형제 바울을 통해서 하나님이 이방인들에게 은혜를 베푸시는구나' 하였습니다. 바울의 사역 위에 기름 부어 주시는 하나님의 은혜를 알게 되자마자 이 유력한 예루살렘 지도자들이 주저하지 않고 교제의 악수를 내밀었답니다. 손을 먼저 내밀어 친교의 악수를 했습니다.

이런 점에서 교회 지도자 역할이 대단히 중요합니다. 교회의 앞날을 좌우하는 결정을 지도자들이 하지 않습니까? 지도자가 어떤 결정을 하느냐에 따라서 교회의 방향이 달라지지 않습니까? 그러니까 선박 맨 뒤에 작은 키가 붙어 있어서 커다란 배의 방향을 이리저리로 움직이게 하는 것처럼 교회의 영적 지도자의 결정이 중요하다는 것이지요.

우리가 알다시피 예루살렘 교회는 초대교회의 본체입니다. 이때는 기독교회가 처음으로 세워져 불일 듯 부흥하고 성장하던 때였습니다. 베드로가 한번 설교할 때 3천 명이 회개하고 돌아옵니다. 그날 다 세례를 받습니다. 한 번에 또 남자만 5천 명이 은혜를 받습니다. 아마 예루살렘 교회에만 벌써 수천 명이 모여서 함께 예배를 드리는 상황이었을 것입니다. 그런데 초대교회는 아직 이방인 선교에 대해서는 미적거리고 있었습니다. 예수께서 애당초에 "너희가 성령으로 권능을 받으면 예루살렘과 유대와 사마리아와 땅 끝까지 이르러 내 이름을 전하라"고 했지만 이때까지만 해도 초대교회는 교회 자체의 부흥과 은혜로움에 취해 있었지 이방인 선교에 대해서는 별로 관심이 없었어요.

그런데 형제 바울이 올라와서 설명하는 복음의 내용을 듣고 세 사도가 무슨 액션을 먼저 취했는가 하면 이방인 선교사인 바울에게 친교의 악수를 내밀었다는 겁니다. 이것이 중요합니다. 그래서 초대교회에 비로소 이방인 선교의 본격적인 물꼬가 트이기 시작합니다. 여러분, 중요한 것은 하나님의 관점입니다. 유대인 사역이 물론 중요하지요. 거기서부터 복음이 시작되었으니까요. 돌봐야 할 수많은 사람들이 예루살렘 교회에 모여 있습니다.

그러나 이방인 선교사인 바울 형제의 사역에 하나님께서 기름 부으시는 모습을 확인하자마자 지도자들이 거기에 순종합니다. 그렇습니다. 그동안 별로 관심 갖지 않고 나와 상관없었던 사역이라 할지라도 하나님의 은혜가 그 사람과 그 사역 위에 부어지고 있다는 것을 확인하면 즉시 우리는 마음을 바꿔야 합니다. 생각을 바꿔야 합니다. 어떤 사역 위에 임하는 하나님의 은혜의 손길과 축복을 보면서도 여전히 자신의 사역만 중요하게 여긴다면 미숙한 사람입니다.

물론 자신이 하고 있는 사역이 중요합니다. 자기가 하고 있으니까 꽉 붙들고 놓지 않습니다. 더 단단한 울타리 방벽을 치지요. 자기 사역만이 가장 중요한 것처럼 고집하는 미숙함이 우리 안에 있을 수 있습니다. 그러나 성도 여러분, 그렇지 않습니다. 하나님은 나만을 쓰시는 게 아니란 말이지요. 내 사역이 중요한 것처럼 저 사람의 사역도 중요합니다. 우리 교회가 훌륭한 일을 하는 것처럼 다른 교회도 훌륭한 일을 하고 있습니다. 그래서 하나님의 관점에서 보면 복음은 항상 연합전선을 펼 필요가 있다는 것입니다. 동의하십니까?

우리 교회가 전통적으로 재정의 약 60퍼센트 정도를 바깥으로 다 내보내지 않습니까? 구제와 선교와 봉사로 섬기는 데 사용합니다. 그러면 이런 질문이 있을 수 있지요. "아니, 발등에 떨어진 불부터 꺼야 되지 않습니까? 우리 먹을 것부터 챙겨야 되지 않습니까? 우리가 불편을 감수하고 남을 도와준다는 건 말은 좋지만 순서를 바꿔야 되지 않을까요?" 또 이렇게 말할 수도 있습니다. "연해주를 우리가 몇 년 도와주었던 건 참 좋습니다. 그런데 할 만큼 했다고 생각합니다. 꼭 중등학교를 위한 중등관까지 건립을 해야 되겠습니까? 그저 복음을 전하기만 해도 되지 않습니까?"라는 질문이 있을 수 있지요. 일리가 있습니다.

그런데 여러분, 하나님의 관점에서 보자는 것이지요. 그러면 이 복음 사역이라는 것은 대단히 다양하고 광범위하다는 겁니다. 하나님이 바울도 세우시고 베드로도 세우시고 야고보도 세우시고 스데반도 세우십니다. 여러 사람들에게 다양한 은혜와 은사를 주셔서 광범위한 사역을 하게 하십니다. 이렇게 복음 사역의 다양하고 광범위한 스펙트럼을 이해하지 못하면 우리가 가지고 있는 복음이 대단히 왜소하고 초라해질 수 있습니다.

그래서 바울이 2장 10절에 이런 이야기를 합니다. "다만 우리에게 가난한 자들을 기억하도록 부탁하였으니 이것은 나도 본래부터 힘써 행하여 왔노라." 여러분, 이 구절이 중요합니다. 예루살렘 교회의 유력한 지도자들이 전했던 복음과 바울이 이방인들에게 전했던 복음의 내용이 정확하게 일치합니다. 복음의 내용에 대해서는 아무것도 수정을 요구받지 않았대요. 그런데 예루살렘 교회 지도자들이 딱 한 가지 요구를 했답니다. 여기는 '부탁'이라고 나왔어요. 명령이라기보다 이걸 좀 기억해 달라는 뜻이지요. 바로 가난한 교회의 교인들을 기억하는 것입니다. 그들을 구제하는 일입니다.

이 이야기를 하면서 바울이 뭐라고 합니까? "이게 중요한 줄 안다. 이것이 복음 사역에 중요한 부분이라는 것을 나도 처음부터 생각했기 때문에 지금까지 힘써서 구제 사역을 행해 왔다." 이렇게 말하고 있습니다. 나중에 실제로 바울이 이방인 교회를 다니면서 헌금을 거두지 않습니까? 헌금을 거둬다가 예루살렘에 큰 흉년이 들었을 때에 예루살렘 교회를 돕지요. 그렇습니다. 여러분, 복음은 연합전선을 펼 필요가 있습니다. 이렇게 가난한 사람들을 구제하고 사회적인 봉사를 하는 것은 복음 사역에서 처음부터 중요한 일부였습니다. 다 필요해요. 말로 복음을 전해야 합니다. 하지만 학교를 세우고 병원을 세우고 가난한 자들 구제하는 것도 동시에 함께 가야 된다는 뜻입니다.

연세대학, 이화대학 또 배제학당, 이 학교들이 처음에 어떻게 생겼습니까? 서양 선교사들이 한국에 와서 복음을 전할 때에 복음과 동시에 학교를 세우지 않았습니까? 지금은 우리나라에서 유명한 대학들이 되지 않았습니까? 우리가 그 교육 혜택을 받지 않습니까? 신촌에 있는 세브란스 병원이라든가 전주에 있는 예수병원 역시 서양 선교사들이 피땀 흘려 세운 병원들이에요. 예수병원 옆에 선교사들의 묘지공원이 있습니다. 자신의 조국을 떠나와서 혼신의 힘을 다해 사역하다가 이 땅에서 순교한 분들입니다. 어떤 분은 여기서 세 자녀를 다 잃어요. 병원을 위해서 일하다가 자기 남편도 떠나보냈어요. 자기도 이 땅에서 죽습니다. 그분들의 이런 사역이 있었기 때문에 지금 우리나라가 이만한 혜택을 누리고 있는 것 아니겠습니까?

그러니까 여러분, 둘 다 필요합니다. 하나님이 저 사역도 세우셨지만 이 사역도 세우셨습니다. 하나님께서 우리로 하여금 고려인들에게 복음을 전파하는 것도 부탁하셨지만 저들을 위해 학교를 짓는 것도 부탁하셨다는 뜻입니다. 다른 교회에는 그런 부탁 안 하십니다. 다른 교회는 다른 일을 하겠지요. 이 일은 우리 남서울은혜교회에 부탁하신 일입니다. 95퍼센트 정도는 우리 교회나 다른 교회나 비슷할 겁니다. 그러나 장애우를 섬기는 사역, 은퇴하는 선교사님들을 위한 집을 마련하는 일, 연해주의 고려인들을 위하는 일, 거기다가 국제학교를 건립하는 일, 굿윌 사역을 통해 장애인들에게 일자리를 만들어 주는 일, 이런 건 다른 교회들이 아직 생각하지 못하고 있습니다. 이런 일이야말로 하나님께서 우리 교회에 주신 마지막 5퍼센트입니다.

그저 말로 전하는 복음 사역만 중요시하고 우리가 지금까지 해왔던 이런 일들을 외면한다면 아마 남서울은혜교회도 머지않아 동네 교회로 전락해 버릴지 모릅니다. 절대로 그렇게 되도록 내버려둬서는 안 되겠지요. 사랑하는 성도 여러분, 그래서 이 모든 일에 하나님의 관점이 우선입니다. 하나님의 관점으로 볼 때는 유대인 사역도 필요하지만 이방인 사역도 필요합니다. 하나님 관점으로 볼 때는 전도 사역도 필요하지만 구제 사역도 필요합니다.

여러분은 저 유력한 자들, 저 유명한 자들과 같은 복음을 가지고 있습니까? 믿는 복음의 내용이 같습니까? 전하는 복음의 내용이 같습니까?

그렇다면 바울처럼 자신 있게 당당해지시기 바랍니다. 동시에 다른 사람이 하고 있는 사역에 지금까지는 관심이 없었고 속으로 무시하는 생각도 있었지만 은혜가 저 위에도 머물러 있다는 것을 깨닫게 되었다면 인정을 해 주셔야 됩니다. 하나님이 저 사람도 세우셨습니다. 나처럼 사용하신다는 것을 인정하고 복음의 연합전선을 펼칠 필요가 있습니다.

왜요? 결국 따지고 보면 바울도 우리의 형제요 베드로도 우리의 형제요 기도로 초대교회를 섬겼던 야고보도 우리의 형제이기 때문입니다. 나와 전혀 다른 지역에서 다른 사역을 하는 내 형제입니다. 우리 교회 울타리 안에서 나와 전혀 다른 은사를 가지고 다른 사역으로 섬기고 있는 분들이 많습니다. 상대의 사역도 하나님께서 세우신 사역으로 인정해 주세요. 결국 나나 그 사람이나 우리 모두는 동일하신 하나님을 섬기는 종에 불과합니다. 이렇게 하나님의 관점으로 자신을 바라보시고 위축되지 않았으면 좋겠습니다. 또 다른 사람의 사역을 볼 때도 그걸 인정해 주고 복음의 연합전선을 펼쳐 함께 협력해 가는 여러분 되시기를 바랍니다.

복음의 진리를 실천합시다 (갈 2:11-16)

"게바가 안디옥에 이르렀을 때에 책망받을 일이 있기로 내가 그를 대면하여 책망하였노라 야고보에게서 온 어떤 이들이 이르기 전에 게바가 이방인과 함께 먹다가 그들이 오매 그가 할례자들을 두려워하여 떠나 물러가매 남은 유대인들도 그와 같이 외식하므로 바나바도 그들의 외식에 유혹되었느니라 그러므로 나는 그들이 복음의 진리를 따라 바르게 행하지 아니함을 보고 모든 자 앞에서 게바에게 이르되 네가 유대인으로서 이방인을 따르고 유대인답게 살지 아니하면서 어찌하여 억지로 이방인을 유대인답게 살게 하려느냐 하였노라 우리는 본래 유대인이요 이방 죄인이 아니로되 사람이 의롭게 되는 것은 율법의 행위로 말미암음이 아니요 오직 예수 그리스도를 믿음으로 말미암는 줄 알므로 우리도 그리스도 예수를 믿나니 이는 우리가 율법의 행위로써가 아니고 그리스도를 믿음으로써 의롭다 함을 얻으려 함이라 율법의 행위로써는 의롭다 함을 얻을 육체가 없느니라."

저희 믿는 사람들이 가장 마음 아픈 일 중 하나는 이런 것입니다. 한 교회에서 오랫동안 함께 신앙생활을 해오다가 무슨 일로 서로 갈라지는 경우입니다. 형제이고 자매였는데 서로를 이방인처럼 대할 수밖에 없습니다. 참 마음이 아프지요. 만나면 그렇게 좋고, 보기만 해도 사랑스러운 사이였는데 말입니다. 이제는 소가 닭을 쳐다보는 것처럼 바라본다면 얼마나 마음 아픈 일이겠습니까? 한걸음 더 나아가 마치 원수처럼 서로 노려보면서 으르렁댄다면 얼마나 비극이겠습니까?

성경은 한 교회 안에 한 형제 자매들끼리 서로를 비난하는 일, 또는 배척하는 일을 결코 가볍게 취급하지 않습니다. "하나님께서 하나 되게 하신 것을 힘써 지키라!"(엡 4:3)고 명령합니다. 하나 되게 하는 것은 우리가 못해요. 하나님이 하셨대요. 그러므로 성령께서 이미 하나 되게 하신 것을 우리는 힘써 지켜나갈 의무가 있습니다. 그런데 이 의무조항에 단 한 가지 예외가 있습니다. 우리가 늘 서로 용서하고 화해하고 하나 되기를 힘써야 되는데 하나 되지 못할 때가 있다는 것입니다. 진리 문제가 걸려 있을 때는 예외가 됩니다.

베드로 사도가 안디옥 교회를 방문했습니다. 그게 오늘 말씀의 발단입니다. 안디옥 교회는 유대인이 아닌 이방인들로만 구성되어 있는 교회입니다. 순수하게 이방 교회지요. 초대교회에 유명한 두 교회를 들라면 하나는 예루살렘 교회요 또 하나는 안디옥 교회입니다. 그 정도로 잘 알려져 있는 교회지요. 안디옥 교회는 최초로 이방인 선교를 본격적으로 시작했던 교회입니다. 바울과 바나바를 나중에 선교사로 파송하지 않습니까? 그런가 하면 이 안디옥 교회에서 신자들이 맨 처음 영광스러운 별명을 얻지 않습니까? 교회밖에 있는 사람들에 의해서 저들은 '그리스도인'이라는 별칭을 얻습니다. 저 안에서 무슨 일이 벌어지고 있는지 잘 모르겠지만 그리스도를 믿고 따르고 늘 그리스도를 이야기하는 사람들이었습니다. 생활 현장 속에서 그리스도의 닮은꼴로 사는 사람들이었습니다. 그래서 그리스도인이라는 별명을 얻게 되지요.

베드로 사도가 바로 그 유명한 안디옥 교회로 내려갔대요. 그런데 11절을 보니 사건의 발단이 이렇습니다. 바울 사도가 베드로 사도를 대면하여 책망하였다는 것입니다. 이 말은 바울이 베드로 사도의 얼굴을 마주보면서 여러 사람들이 보는 가운데 공개적으로 그를 비난하고 책망했다, 꾸짖었다는 뜻입니다. 여러분, 한번 상상을 해보세요. 초대교회의 대표적인 두 사도입니다. 두 사람이 공개적인 장소에서 공개적으로 충돌을 했답니다. 이 얼마나 긴장되는 사건이겠습니까?

이 이야기를 글자로만 읽고 아무 느낌도 없이 넘어가 버리면 속에 감춰져 있는 깊은 의미를 알기 어렵습니다. 한 사람은 유대인을 대표하는 사도입니다. 한 사람은 이방인 선교를 대표하는 사도입니다. 사도행전의 전반부는 베드로가 이야기를 끌고 갑니다. 사도행전의 후반부는 어떻습니까? 바울이 사도행전의 이야기를 끌고 가고 있습니다. 하나님이 둘 다 세우시고 두 사람 다 강력하게 사용해 오셨습니다. 이 두 사도가 공개적으로 안디옥 교회에서 부딪힌 것입니다.

지난번에 살펴본 것처럼 바울이 14년 만에 다시 예루살렘을 방문했을 때 베드로는 바울을 환대했지요. 바울이 복음을 설명하는 걸 듣고 난 다음에 "아하, 이방인의 사도인 바울 형제가 하고 있는 이방인 사역 위에 하나님의 기름 부으심이 있구나, 은혜가 있구나!" 이걸 깨닫자마자 먼저 교제의 악수로 손을 내민 사람이 베드로입니다. 지난번에 예루살렘 올라갔을 때 베드로는 바울에게 이런 호의를 보여주었습니다. 그런데 오늘 안디옥 교회에서는 정반대 현상이 벌어졌습니다. 베드로가 안디옥 교회에 와 있을 때 바울이 그를 많은 사람들 앞에서 공개적으로 책망했다는 것입니다

도대체 왜 그랬을까요? 궁금하지 않을 수 없습니다. 바울이 베드로를 무시한 것은 절대 아닙니다. 베드로가 교회의 기둥이라는 사실을 인정합니다. 하나님이 베드로를 유대인들의 사도로 세우셨다는 것과 그가 유대인들에게 복음 전파하는 일을 맡았다는 것을 잘 알고 있습니다. 그리고 자기보다 먼저 사도가 된 대선배라는 것도 익히 알고 있습니다. 이런 걸 다 알면서도 본문의 분위기를 보면 바울이 베드로를 공개적으로 책망하는데 전혀 주저하는 빛이 없습니다. 책망하기 전에 이렇게 하는 게 좋은가를 고민한 흔적도 없습니다. 조금도 망설이지 않고 공개적으로 베드로를 비난한 것처럼 보입니다.

유대인 교회와 이방인 교회를 대표하는 두 사도의 충돌이기 때문에 두 사람이 부딪히면 밖으로는 내부 분열처럼 보일 게 뻔합니다. 그걸 모를 리 없는 바울이 내부 분열이 밖으로 드러나는 것을 피하지 않으면서 공개적으로 베드로를 비난한 것입니다. 여러분, 또 교회에 무슨 일 생기기만을 바라는 사람도 있을 수 있잖습니까? 조금이라도 불미스러운 일이 생기면 침소봉대하는 사람들도 간혹 있는데, 바울이 그걸 모를 리 없지요. 대사도인 베드로와 바울이 정면으로 충돌하면 사람들이 손가락질할

것 아닙니까? "저 지도자들 하는 꼬락서니 좀 봐! 교회 안에서 품위 없이 꼴사나운 충돌을 보이다니!" 이런 비난을 감수하면서도 바울이 베드로를 대면하여 책망한 것입니다.

왜 그랬을까요? 혹시 바울의 성격 때문일까요? 갈라디아서에 나타난 바울의 성미가 어떤 것 같습니까? 유순하고 고분고분한 사람처럼은 안 보이잖아요? 혹시 급하고 과격한 바울의 성깔이 나온 것 아닌가? 이런 생각을 하는 사람도 있을지 모릅니다. 갈라디아서를 쭉 읽어 보면 바울이 대단히 논쟁적이고 과격한 면이 있습니다. 그렇다면 논쟁을 좋아하는 사람이 이런 행동을 통해서 자기 과시를 하는 것으로 볼 수도 있습니다. 아니면 그동안 말은 안 했지만 속으로 대사도인 베드로를 자신의 라이벌로 생각하고 있었던 것 아닐까? 그러다 베드로를 공개적으로 망신 줄 수 있는 절호의 기회를 포착하자 주저없이 비난한 것 아닌가? 베드로를 깎아내릴 기회로 본 것은 아닌가? 이렇게 추측할 수도 있습니다.

이런 생각들이 가능한 이유는 우리의 삶의 현장에 종종 이런 일들이 벌어지기 때문입니다. 여러분, 예수님의 12제자들을 생각해 보세요. 예수님을 따르기는 하지만 종종 자기들끼리 부딪히잖아요? 싸우잖아요? 그런데 다툴 때 보면 다투는 제목이 늘 똑 같아요. 무엇 때문에 싸웁니까? "우리 중에 누가 제일 크냐? 누가 대장이냐?" 꼭 어린애들 같아요. 그런데 나이만 먹고 덩치만 커졌지 어른들도 마음속은 비슷합니다.

바울 사도가 로마 감옥에 갇혀 고생하고 있을 때 그 틈새를 노리고 빌립보 교회의 다른 지도자들이 어떻게 나왔습니까? 바울이 없을 때 우리가 교회의 주도권을 잡아야 되겠다고 생각해서 안간힘을 씁니다. 여러분, 교회 안에 여성들이 얼마나 많은 봉사와 헌신을 합니까? 그런데 초대 교회에 잘 알려져 있던 유명한 여성 지도자 두 사람, 유오디아와 순두게에 대한 이야기를 성경이 어떻게 기록하고 있습니까? 한 교회 안에 두 사람의 특출한 여성 지도자가 있었습니다. 그런데 문제는 이 두 여성 지도자가 늘 다퉈요. 교회의 헤게모니를 자신이 얻으려는 싸움입니다. 오늘날도 교회 안에서 여전히 벌어지고 있는 일입니다.

대표적인 두 여성 지도자가 교회 안에서 싸우고 있으면 교회가 무슨 꼴이 되겠습니까? 교회에 치명적인 타격을 주기 마련입니다. 그래서 바울이 "내가 유오디아를 권하고 순두게를 권하노니 주 안에서 같은 마음을 품으라"고 권면합니다. 여러분, 우리 교회가 부흥되기를 바라십니까? 이건 우문이지요. 우리 안에 이 교회가 발전하고 부흥하기를 바라지 않는 사람이 어디 있겠습니까? 우리 모두 간절히 바랍니다. 그런데 교회 공동체가 정말로 부흥하려면 전제 조건이 있다는 말씀입니다.

그게 공동체의 결속력입니다. 공동체가 하나가 되어야 합니다. 그런데 교회 안에 너무 똑똑한 사람들만 모여 있으면 이것이 어렵습니다. 서로 모여 있으면 찰흙처럼 인절미처럼 붙어야 됩니다. 친밀감이 생겨야 됩니다. 그런데 저마다 똑똑한 사람들만 모여 있으면 모래알 같아요. 모아지지가 않습니다. 버스러져요. 손위에 올려놔도 금방 손가락 사이로 다 빠져나가 버립니다. 우리 옛말에 있듯이 사공이 많으면 배가 어디로 가겠습니까? 교회 안에서도 나보다 더 유명한 사람, 나보다 더 인기 있는 사람, 나보다 더 실력 있는 사람을 견디지를 못하는 것입니다. 너나 할 것 없습니다. 그런 사람들과 함께 사역하기는 보통 어려운 일이 아닙니다.

인간이 가지고 있는 연약한 본능입니다.

   그렇다면 바울 사도마저도 그런 것일까요? 알게 모르게 열등감에 사로잡혀 있다가 기회가 오자 인정사정 볼 것 없이 베드로를 깎아내리는 그런 장면일까요? 전혀 아닙니다. 왜냐하면 바울이 본문에서 이렇게 밝히고 있어요. "베드로가 안디옥에 왔을 때에 책망받을 일이 있었다." 사심에 사로잡혀서 책망한 게 아니에요. 구체적인 어떤 사건을 지금 지적하고 있습니다. 일부러 베드로의 위신을 깎아내리려고 이런 일을 한 게 아닙니다. 책망받을 어떤 중요한 일이 있었다는 것입니다.

   베드로가 안디옥 교회에서 공개적으로 어떤 실수를 했습니다. 그런데 몰라서 하는 실수도 있잖아요? 하지만 그런 실수가 아닙니다. 베드로도 알아요. 알면서도 실수를 했습니다. 그러므로 공개적으로 베드로를 비판하지 않을 수 없게 됐대요. 그게 무엇입니까? 여러분, 베드로 사도의 속마음은 이방인 신자들에 대해서 열려 있습니다. 그러니까 안디옥에서 이방인 그리스도인들을 만났을 때 서로 교제하는 데 전혀 거리낌이 없지요. 우리가 교제를 하다 보면 같이 식사도 하게 되잖습니까? 따라서 종종 함께 먹으면서 식탁의 교제를 나눴던 것 같습니다.

   그렇게 함께 먹으면서 교제를 잘 하고 있었는데 어느 날 문제가 발생했습니다. 그날도 평소처럼 안디옥 교회의 다른 이방인 신자들과 함께 식사를 하고 있었습니다. 그런데 갑자기 전갈이 왔어요. 예루살렘 교회의 리더인 야고보에게서 온 어떤 자들이 곧 도착한다는 소식을 들었습니다. 그 소식을 듣자마자 베드로가 갑자기 주춤거리더니 일어나 먹던 자리에서 떠나버렸습니다. 이것이 사건의 발단입니다.

도대체 대사도 베드로를 식사하던 자리에서 도중에 일어나 도망치듯 떠나버리게 만들었던 이 '야고보에게서 온 자들'은 누구입니까? 우선 야고보 사도가 안디옥 교회에 공식적으로 파견한 사절단은 아닙니다. 야고보가 일부러 보낸 사람들이 아닙니다. 당시 예루살렘 교회의 수장은 예수님의 동생이었던 야고보였습니다. 그리고 베드로는 지금 안디옥 교회를 방문하고 있는 중입니다. 이들은 야고보 사도가 지도하고 있던 예루살렘 교회에 소속되어 있던 바리새파 사람들로 보입니다. 예루살렘 교회에 몸은 담고 있지만 여전히 바리새인으로서 율법의 중요성을 강조하는 사람들입니다. 특히 할례의 필요성을 목소리를 높여 주장하던 일단의 바리새파 무리들입니다.

"예수를 믿는 것은 좋다. 그러나 그것만 가지고는 안 된다. 기본적으로 수천 년 동안 하나님의 백성이 되는 표시로 유대인들이 행해 온 할례를 받아야 된다." 이것이 이 사람들의 주장입니다. 그런데 수가 얼마 안 될지 몰라도 대단히 강경하고 대단히 목소리가 높았습니다. 그래서 만일에 어떤 사람이 이방인으로 예수를 믿지만 할례를 받지 않았다면 그 사람과 함께 식탁의 교제를 나누는 것은 유대인으로는 금물이라고 믿고 있던 사람들입니다.

이 사람들의 주장이 사도행전 15장 1절에 요약되어 있어요. "너희가 모세의 법대로 할례를 받지 아니하면 능히 구원을 받지 못하리라." 교회 밖에 있는 사람들이 아니에요. 교회 안에 들어왔어요. 이 사람들 행태로 봐서는 봉사도 열심히 했겠지요. 아마 교회에서 주도적인 세력을 이루고 있었을 게 자명해 보입니다. 바리새인 자체가 열심이 특심한 사람들이니까요. 그리고 목소리가 높은 사람들이에요. 그러니까 이 사람들이 주장하는 내용이 옳아서가 아니라 이 사람들에게 잘못 보이면 재미없다, 좋은 것 없다, 이런 생각이 베드로 마음속에 들어온 것이지요.

바울이 이렇게 말합니다. 그 사람들이 왔다는 소식을 듣고 베드로가 할례자들을 두려워하여 떠나 물러갔다는 것입니다. 대사도 베드로가 마치 죄나 지은 사람처럼 비실비실 밥 먹던 자리에서 일어나더니 도망치듯 휑하니 사라지고 말았어요. 여러분, 지난번에 바울이 14년 만에 예루살렘에 올라갔을 때 친교의 악수로 먼저 손을 내밀었던 사람이 누구예요? 베드로입니다. 바울 형제가 설명한 복음의 내용을 다 듣고 확신이 생겼습니다. "아하, 우리가 유대인에게 전하는 복음이나 바울이 이방인들에게 전하는 복음이나 복음의 내용이 정확하게 동일하구나. 거기에 더 추가할 게 없다. 이대로 괜찮다."

단지 한 가지, 가난한 교인들을 돌아봐 달라는 구제의 사역만을 부탁하지 않았습니까? 바울의 복음을 공적으로 인정하면서 손을 내밀었던 장본인이 베드로였습니다. 그런데 지금 안디옥 교회에서 베드로가 사적으로 그걸 부인하고 있는 셈입니다. 성도 여러분, 여기 복음이 무엇인가를 분명히 알고 있는 한 사람이 있습니다. 복음이 무엇인가를 말씀으로 선포하고 설교하는 한 사람이 있습니다. 그러면서 동시에 자기의 행동으로는 복음을 거부하고 있는 한 사람이 있습니다. 이유가 뭐예요? 사람에 대한 두려움 때문에. 그게 사건의 실상입니다.

베드로가 어떤 사람입니까? 이방인에게 최초로 복음을 전했던 사람은 바울이 아니라 베드로입니다. 로마의 백부장 고넬료 사건을 여러분 알고 있지 않습니까? 고넬료는 로마 사람이에요. 그런데 어쩌다가 유대 땅으로 왔습니다. 100명의 군사들을 거느리고 유대 지역을 통치하던 백부장이었습니다. 그런데 이 사람이 유대교를 믿게 되었어요. 구약의 하나님을 믿고 있었는데 고넬료가 워낙 경건하고 열심히 기도하니까 하나님께서 어느 날 천사를 보냅니다. 고넬료에게 직접 지시를 하지요. "욥바에 머물고 있는 베드로라는 사람을 청해서 그 사람의 말을 들어라." 즉시로 베드로에게 사람을 보냅니다.

그때 베드로는 옥상 위에 올라가서 기도하고 있었습니다. 기도 중에 환상이 보이는데 하늘이 열리더니 큰 보자기 하나가 내려와요. 그 보자기 안을 보니까 각종 짐승이 우글거리는데 구약 율법이 먹지 말라고 금지한 짐승들이에요. 소리가 나기를 "베드로야, 일어나 잡아먹어라!" 하는데 베드로가 거절합니다. "주여, 그럴 수 없나이다. 나는 어려서부터 지금까지 율법이 금지하고 있는 음식을 먹은 적이 없습니다." 그런데 똑같은 환상이 세 번 반복되더니 마지막에 이런 음성이 들립니다. "내가 깨끗하게 한 것을 네가 속되다 하지 말라." 그러고는 보자기가 다시 하늘로 올라갔어요.

"이게 무슨 뜻일까?" 베드로가 의아해하고 있는데 바로 그때 고넬료가 보낸 종들이 도착했지요. 성령께서 베드로에게 직접 말씀하십니다. "내가 보낸 사람들이니까 의심하지 말고 따라가라." 가보니까 고넬료가 자기의 가족뿐 아니라 자기 친구들, 일가친척들까지 다 모아놓고 하나님의 말씀을 들으려고 기다리고 있습니다. 베드로가 그것을 보고 그제야 깨닫게 됩니다. "내가 이제야 참으로 하나님은 외모를 보고 사람을 취하지 아니하신다는 것을 알았도다"라고 하면서 복음을 전합니다. 복음을 전하는 그 순간에 유대인들이 성령을 받았던 것처럼 성령이 그들에게 임하십니다. 그리고 그날 모두 세례를 받습니다.

여러분, 이런 베드로예요. 최초로 이방인에게 자신의 입으로 복음을 전했던 사람입니다. 하나님이 유대인과 이방인을 차별 없이 믿음으로 다 받으셨다는 것을 아는 사람입니다. 그 복음을 전파하고 설교하는 사람이에요. 이 보자기 환상을 베드로가 잊을 리 있습니까? 자신이 믿고 선포해 왔던 신학을 바꿨을 리가 있습니까?

그러나 지금 이 순간, 안디옥 교회에서 몇 사람의 바리새파 압력 집단에 압도되어서 소심해지고 두려워하고 있는 베드로의 모습을 봅니다. 사실 오래전에 베드로에게는 아픈 기억이 있지요. 주님이 잡히시던 그날 밤, 자기는 죽음까지 불사하고 끝까지 주님을 쫓겠다고 호언장담했습니다. 하지만 작은 계집종 앞에서까지 자기 입으로 스승을 부인했습니다. 그런데 오늘 안디옥 교회의 이방인들과 식사하는 자리에서 또다시 자신의 입으로 전했던 복음을 자기의 행동으로 거절하고 있는 베드로의 모습을 봅니다. 복음의 진리를 믿기는 하지만 복음의 진리를 행동으로 실천하는 데는 실패하고 있는 베드로 사도의 모습을 봅니다.

성도 여러분, 신구약성경에 가장 많이 등장하는 말이 뭐라고 생각하세요? 서로 사랑하라? 아니에요. 복음을 전하라? 아니에요. 많이 기도하라? 아니에요. 다 좋은 명령들이지만 신구약성경을 통틀어서 제일 많이 등장하는 명령은 '두려워하지 말라!' 입니다. 어떤 사람이 세어 보니까 이것이 365번 나오더래요. 그러니까 날마다 우리가 기억해야 할 말씀이 '두려워하지 말라' 는 명령입니다. 그만큼 두려움이라는 감정은 모든 인간에게 보편적인 것입니다. 우리가 쉽게 빠질 수 있는 감정의 늪은 사랑의 감정이 아니고 바로 두려움의 감정입니다.

예수님께서도 자기를 따르는 사람들에게 종종 이런 말씀을 하십니다. "두려워 말고 믿기만 하라!" 인간이 얼마나 두려움에 쉽게 시달리는지 종종 그런 부탁을 하세요. 여러분, 인간은 모두가 두려워합니다. 하나님을 두려워하면 좋은데 그게 아니라 사람을 두려워해요. 하나님의 눈치를 보는 게 아니라 사람의 눈치를 보지요. 진리가 뭘 말하고 있는가 하는 것보다 다른 사람이 나를 어떻게 생각하는가? 날 어떻게 보나? 여기에 신경을 씁니다. 그래서 사람들 입방아에 오르내리지 않으려고 애를 씁니다. 좋은 소리만 듣기 원합니다. 사람들 앞에 완벽해 보이려고 애를 씁니다. 그래서 모든 사람을 다 내 편으로 만들고 싶어합니다.

본능적으로 그래요. 다른 사람 마음 상하게 해서 좋을 게 뭡니까? 특별히 우리 지도자들은 더하지요. 목회가 돈 주고 하는 일입니까? 사람들 마음을 얻어야 되지요. 사람들 마음을 얻으려면 우선 저 사람을 내 편으로 만들어야지요. 그러다 보면 지도자가 쉽게 빠질 수 있는 함정입니다. 모든 사람들의 마음을 얻고 다른 사람과 부딪히지 않으려고 연출을 합니다.

어떤 유명한 목사님이 그랬어요. "목회는 연출이다." 일리 있는 말이에요. 때로는 필요하겠지요. 그런데 연출만 하고 다른 사람들에게 나쁜 소리를 듣지 않으려고만 한다면 조만간 값비싼 대가를 치르게 될 것입니다. 결국 베드로처럼 믿고 선포하는 진리를 버리고 맙니다.

머리로는 이것을 아는데 실천은 쉽지 않습니다. 기독교 진리는 실천이 특징입니다. 내가 믿고는 있는데 내가 믿는 이 진리가 나를 움직이게 하지 못한다면 아직 필요충분한 진리가 아니에요. 진리라고 고백하고 따르긴 해도 그 진리가 실제로 내 삶의 현장에서 나를 움직이지 못하고 행동하게 하지 못한다면 성경이 말하는 진리는 아닙니다.

문제는 이 사건이 베드로 한 사람에게만 국한되는 게 아니라는 겁니다. 오늘 성경을 보니까 베드로가 이렇게 외식하는 모습을 보고 옆에서 먹고 있던 다른 유대인들도 그 외식에 영향을 받은 거예요. 여러분, 생각해 보세요. 대사도 베드로가 무슨 죄나 지은 것처럼 그 전갈을 듣고 당황하는 기색이 역력해지더니 식사하던 자리에서 숟가락을 놓고 일어나서 나가버리는 것입니다. 그러자 다른 유대인들도 이 외식에 영향을 받습니다. 심지어는 바나바까지도 그 외식에 유혹을 당하였다는 것입니다. 지도자 한 사람의 결정이나 행동이 얼마나 큰 파급효과를 가져오는가를 여실히 보여주는 것이지요.

여러분, 바나바가 누구입니까? 바울과 바나바, 바울의 이방선교 사역에 처음부터 동행했던 그 바나바까지도 대사도 베드로의 외식에 마음이 흔들릴 정도였다 이 말입니다. 자, 이 모든 상황을 바울 사도가 바라보고 있습니다. 어떤 마음이 들었을까요? 당장 자기라도 공개적으로 반대 입장을 취하지 않으면 기독교가 자칫 유대교로 역류할 수도 있겠구나 하는 위기의식을 느낀 것이지요. 아니면 한 교회 울타리 안에 유대인 교회와 이방인 교회가 따로 분리될지도 모른다는 위기감을 느끼지 않았겠습니까? 이것이 사소한 문제가 아니라는 걸 바울이 직감했지요. 이 문제가 안고 있는 신학적인 원리가 치명적이고 심각하다는 것을 바울이 알았습니다.

여러분, 우리가 믿고 있는 기독교 진리 중에 가장 중요한 게 뭘까요?

역시 복음 진리 아니겠습니까? 바울이 그토록 보존하기를 원했던 복음 진리의 내용이 뭡니까? 하나님의 심판 아래 갇혀 있던 죄인들이 자기의 행위나 공로에 근거하지 않고 오직 하나님의 아들 그리스도 예수의 죽으심에 근거하여 죄 사함을 얻고 하나님의 자녀로 받아들여진다는 것, 이것이 복음 진리의 핵심입니다. 다시 말하면 우리가 하나님으로부터 의롭다 함을 받는 것은 행위가 아니고 오직 믿음이라는 것입니다. 율법이 아니고 은혜라는 것입니다. 오직 믿음, 오직 은혜, 이것이 바울이 목숨을 걸고서라도 사수하기를 원했던 복음 진리의 내용입니다.

그렇기 때문에 지난번에 예루살렘에 올라갔을 때도 일부러 할례받지 않은 디도를 데리고 올라갔잖아요? 유대주의자들이 호시탐탐 기회를 노리면서 바울을 위협했지만 어땠습니까? 보란 듯이 그들의 요구를 거절하지 않았습니까? 그러면서 하는 말이 "저들의 요구에 한시도 우리가 복종하지 않았다"고 하지 않았습니까? "조금도 저들의 말에 긍정하지 않았다." "저들에게 조금도 복음과 관련해 틈을 주지 않았다." 그렇게 한 이유가 무엇입니까? 복음의 진리가 항상 교회에 머물 수 있도록, 복음의 진리가 항상 성도들과 함께할 수 있도록 하기 위해서였습니다.

예루살렘에서 사방으로 적들에게 둘러싸여 있는 상황이었지만 조금도 굴하지 않고 복음 진리를 사수했던 바울입니다. 안디옥에서도 사랑하고 존경하지만 대사도인 베드로를 공개적으로 망신시키면서라도 복음을 변호하기로 결심한 것이지요. 성도 여러분, 누가 이런 일을 할 수 있을까요? 아마 인간관계를 먼저 생각했다면 못했을 것입니다. 지난번에 내게 크게 호의를 베풀어준 베드로 사도인데 어떻게 사람이 호의를 이처럼 비난으로 갚을 수 있겠습니까? 인간관계를 생각한다면 바울은 지금 최악의 선택을 한 셈이지요.

그러나 이 사람에게는 인간관계보다 진리가 앞섭니다. 하나님이 오직 십자가에 못박힌 그리스도를 믿는 믿음 외에 어떤 행위도 우리에게 구원의 조건으로 요구하시지 않았다면 그 누구도 예수 그리스도를 믿는 믿음 위에 어떤 행위를 더할 수 없다는 말이지요. 그리고 하나님이 그리스도 안에서 이방인과 유대인을 차별 없이 받으셨다면 우리가 누구라고 한 교회 울타리 안에서 어떤 사람을 거부할 수 있겠습니까? 하나님이 자신의 교제권 안으로 이미 받아들인 사람을 내가 누구관대 거절할 수 있겠느냐는 말입니다.

여러분, 암살당한 흑인 목사 마틴 루터 킹이 유명한 연설을 하지 않았습니까? "나에게는 꿈이 있습니다. 저 앨라배마주에서 흑인과 백인이, 서로 원수처럼 등을 돌리고 사는 저 미시시피주에서 우리 백인 아이들과 흑인 아이들이, 손에 손을 맞잡고 흑인 영가를 함께 부르는 자유의 날을 나는 꿈꾸고 있습니다." 성도 여러분, 이미 하나님께서 그리스도 예수를 믿는 그 믿음으로 인하여 자신의 자녀로 받아들이셨지만 나는 이런저런 이유를 덧붙여 교제를 꺼리고 있는 사람이 혹시 없습니까? 우리 안에 있는 장애인 형제와 비장애인 형제가 함께 손에 손을 맞잡고 하나님 앞에 나아가는 모습을 꿈꾸어 보는 것은 어떨까요? 우리 안에 있는 탈북 그리스도인과 남한의 그리스도인들이 함께 마음을 합하여 손을 맞잡고 한 하나님 앞에 찬송을 부르며 나아가는 모습을 꿈꾸어 보는 것은 어떨까요?

나는 어떤 사람이었습니까? 그냥 내버려뒀다면 행위라는 감옥에 갇히고 율법이라는 덫에 갇혀서 지옥의 자식처럼 허우적대다가 결국은 멸망 길로 가고 말았을 사람이었습니다. 다행히 하나님이 나를 불쌍히 여기셔서 은혜로 건져 주시지 않았습니까? 해방시켜 주시지 않았습니까? 그렇다면 그리스도 예수를 믿는 믿음만 갖고 있다면 그가 누구든지 간에 형제로서 교제의 손을 내밀지 않을 이유가 어디 있습니까? 입으로는 복음 진리를 고백하면서 내가 고백하는 그 복음의 진리를 행동으로 거절하지는 말아야 되겠습니다.

성도 여러분, 유대인들이 믿는 복음이나 이방인들이 믿는 복음이 동일합니다. 베드로는 두려움에 압도당하여서 유대인과 이방인을 자기도 모르는 사이에 차별했습니다. 그러나 우리 하나님은 흑백 인종차별이 없으십니다. 빈부귀천의 차이가 없으십니다. 남녀노소 구별하지 않습니다. 하나님은 누구든지 그리스도 예수를 믿는 믿음 안에서 차별 없이 받으십니다. 만일 하나님이 자신의 교제권 안으로 부른 사람이라면 우리도 그를 내 교제권 안으로 품어야 마땅하지 않겠습니까? 행위에 대한 믿음의 승리를, 율법에 대한 은혜의 승리를 여러분의 행동으로 보여주시기 바랍니다. 우리가 믿고 따르는 복음의 진리를 말로만이 아니라 행동과 실천으로 보여주는 여러분 되시기를 주님의 이름으로 축원합니다.

믿음으로 의롭게 됨(갈 2:16)

"사람이 의롭게 되는 것은 율법의 행위로 말미암음이 아니요 오직 예수 그리스도를 믿음으로 말미암는 줄 알므로 우리도 그리스도 예수를 믿나니 이는 우리가 율법의 행위로써가 아니고 그리스도를 믿음으로써 의롭다 함을 얻으려 함이라 율법의 행위로써는 의롭다 함을 얻을 육체가 없느니라."

사람에게 가장 어려운 것이 있다면 역시 자기 자신을 객관적으로 평가하는 것, 이게 참으로 어렵다는 생각을 합니다. 왜냐하면 너나 할 것 없이 모든 사람은 본능적으로 자기중심이기 때문입니다. 자기 입장에서 생각하고 또 자기 입장에서 행동을 합니다. 이러다 보면 결국 자기의 생각, 자기의 행동이 옳다고 확신을 해버리지요. 그리고 만일 여기에다가 어떤 종교적인 신념까지 더해진다면 그때는 정말 아무도 못 말립니다.

구원에 관해서 유대인들이 가지고 있는 생각이 그랬습니다. 유대인들은 "하나님이 우리에게 주신 율법을 잘 지키고 하나님이 요구하시는 행위를 하기만 하면 구원은 문제없다." 이렇게 다들 믿었으니까요. 십계명과 모든 구약의 규례를 잘 지키고 나아가 도덕법을 지키고, 예배를 통하여 하나님께 영광을 돌리며 시시때때로 금식하는 것 등을 그저 열심히 수행하기만 하면 결국 하나님의 표준에 이를 수 있다고 믿었습니다. 한마디로 "하나님이 요구하신 것들을 하고, 하나님이 금지하는 것들을 하지만 않으면 우리는 의로워질 수 있다"고 철썩같이 믿고 있었습니다.

여러분, 이게 유대인들만의 이야기가 아닙니다. 사실은 오늘 우리가 살고 있는 이 세상에 많은 종교들이 있지만 그 모든 종교들의 원리가 똑같습니다. 인간 세상의 질서를 유지하기 위해 도덕법을 우리가 자꾸 만들지 않습니까? 도덕법의 원리도 따지고 보면 이것과 일치합니다. "조금만 더 분발하세요. 조금만 더 애쓰고 노력하면 결국 당신은 구원을 얻는 데 성공할 수 있습니다." 그렇게 주장을 하는 셈이지요.

그리고 혹자는 이런 이야기가 성경에도 이미 나와 있다고 말합니다. 어디에 그런 예가 있습니까? 하나님이 노아를 보시고 '당대의 의인'이라고 불렀다는 거예요. 실제로 성경에 그렇게 기록되어 있습니다. 그런데 이렇게 하나님이 불러주신다고 해서 노아가 정말로 아무 흠도 없는 사람일까요? 완전무결하고 완벽한 사람이라는 뜻일까요? 노아가 살았던 시대의 배경을 보면 이야기가 달라집니다. 홍수로 온 세상이 멸망을 당하기 직전입니다. 하나님께서 인간이 어려서부터 생각하는 게 항상 악할 뿐임을 보시고 사람 지은 것을 한탄하셨습니다. 하나님께서 근심하실 정도의 시대상에 비춰볼 때 노아가 상대적으로 의로운 사람이라는 뜻이지요. 노아는 그래도 하나님을 생각하고 하나님께 순종하는 사람이었으니까요.

그 노아가 언젠가 술을 먹고 만취 상태가 되었습니다. 그만 아랫도리를 벌거벗은 채 잠이 들었으니 참 수치스러운 일이지요. 그런데 술에서 깨고 난 다음에 어떻게 행동합니까? 한 아들이 아버지의 수치를 덮어주는 대신 사람들에게 알렸다는 이유로 그 아들을 저주하지 않습니까? 아니, 실수는 자기가 해놓고 자기 자식을 대대손손 저주하는 아버지를 어떻게 완벽한 사람이라고 할 수 있습니까?

아브라함은 또 어떻습니까? 하나님께서 아브라함을 '나의 벗, 나의 친구 아브라함'이라고 불렀다는 거예요. 실제로 성경에 보면 하나님께서 그렇게 불렀어요. 그렇다면 아브라함을 '나의 친구'라고 부른 것은 아브라함이 하나님과 같은 수준에 이르렀다는 뜻일까요? 하나님과 동등한 수준이라는 의미일까요? 전혀 아니지요.

아브라함의 행위를 보고 '내 친구'라고 부른 게 아닙니다. 아브라함의 믿음을 보고 '내 벗이다, 친구다' 이렇게 불러주신 것이지요. 아브라함이 어떤 사람입니까? 부인 사라가 나이를 먹었지만 너무 예뻐요. 그래서 적국의 왕이었던 아비멜렉이 혹시 자기를 처치해 버리고 사라를 가로채지 않을까 두려워합니다. 그래서 아비멜렉 앞에서 두 번씩이나 자기 부인을 자기 누이라고 속이지 않습니까? 인간적으로 참 치사한 사람입니다.

우리 주변을 보면 그야말로 법 없이도 살 사람이 있지 않습니까? 그런 사람 한두 사람 정도는 생각나시지요? "저 사람은 정말 법 없이도 살 사람이야." 이런 사람들이 있지 않습니까? 그런가 하면 성인군자 소리를 듣는 사람들도 있어요. 자, 그렇다고 해서 그런 사람들이 과연 하나님의 눈으로 볼 때에도 완벽할까요?

아시시의 유명한 성인 프랜시스의 제자 한 사람이 언젠가 비몽사몽간에 천국을 갔답니다. 환상 중에 천국에 끌려갔는데, 여러 개의 빛나는 보좌가 쭉 나열되어 있더래요. 그런데 맨 가운데 보좌가 제일 크고 빛이 나는 거예요. 그래서 천사에게 물었답니다. 이 가운데 보좌는 누구의 것입니까? 그랬더니 천사가 말하기를 "이 보좌는 이 세상에서 가장 겸손한 사람 바로 프랜시스의 것입니다" 라고 했어요. 그 말을 듣고 이 제자가 갑자기 질투심이 생겼습니다. 그러고는 환상에서 깨어났지요.

그리고 곧장 자기 스승 프랜시스에게 달려가서 물어보았습니다. "선생님. 선생님은 자기 자신을 어떤 인물이라고 생각하십니까?" 그랬더니 프랜시스가 대답하기를 "나는 내가 이 세상에서 가장 악한 사람이라고 생각한다네." 이 제자가 그 말을 듣고 "옳구나. 때는 이때다" 싶어서 자기 스승을 공격하기 시작했습니다. "아니 선생님. 그 말이야말로 가장 위선적인 말처럼 들립니다. 온 세상 사람들이 선생님을 성자 중에 성자라고 칭송하고 있는 이 마당에 그게 무슨 말씀입니까? 지금 우리가 살고 있는 이 세상에 얼마나 많은 살인자들과 강도들이 널려 있는데 선생님 같은 사람이 '내가 이 세상에서 가장 악한 사람'이라고 말한다면 그거야말로 겸손을 가장한 위선 아닙니까?" 라고 꼬집었습니다.

그러자 프랜시스가 미소를 지으면서 이렇게 대답했습니다. "아닐세. 그건 자네가 내가 누군지를 아직 몰라서 그러네. 나는 정말로 이 세상에서 가장 악한 사람일세. 그나마 하나님께서 나에게 큰 은혜를 베풀어주셔서 지금의 내가 존재하게 된 것이네. 만일 하나님께서 똑같은 은혜를 다른 사람에게 베풀어 주셨다면 그 사람은 지금 나보다 훨씬 더 훌륭한 사람이 되어 있을 걸세."

여러분들은 어떻게 생각하십니까? 우리가 하나님의 요구를 외적인 행위로 지킬 수 있습니다. 그런데 내적으로는 어떻습니까? 하나님은 중심을 보신다고 했는데 우리의 마음속은 어떻습니까? 우리의 생각, 우리의 동기, 우리의 감정까지도 하나님 앞에 '내로라' 하고 완벽하게 지킬 수 있는 사람이 있을까요? 그래서 의롭다 함을 받을 수 있는 사람이 있겠느냐는 말이지요.

예수님께서 율법의 요구가 진정으로 무엇인가, 하나님께서 어떤 의미를 담아서 요구하시는가를 말씀해 주셨지요. "십계명에 살인하지 말라는 말을 너희가 들었다. 그 말의 진정한 의미를 풀어서 설명하면 이런 것이다. 형제를 보고 어리석은 놈이라고 욕을 하면 그는 이미 그 형제를 살인하는 것이다. 여자를 보고 마음에 음욕을 품으면 이미 그 여자를 간음한 것이다." 이렇게 율법의 진정한 의미를 정의해 주셨어요.

여러분, 십계명 중 맨 마지막 열 번째 계명이 무엇인가요? "네 이웃의 것을 무엇이든지 탐내지 말라." 탐심을 지적하셨습니다. 탐내지 말라는 것은 마음속으로 탐내지 말라는 뜻이에요. 그러니까 열 번째 계명은 분명히 우리 마음속을 지적하고 있습니다. 바로 이 열 번째 계명에 사도 바울이 걸려서 넘어졌습니다. 회심하기 전에는 바울이 당당했습니다. "나는 율법의 의로 따지면 흠이 없는 사람이다. 율법의 잣대로 비춰보면 나는 완벽한 사람이다." 이렇게 선언했던 사람입니다. 바리새인 중에 바리새인이었고 율법을 행하는 데 누구보다도 앞장서서 열심이었으니까요. 그런데 회심을 하고 난 뒤에 하나님의 거룩한 빛이 양심을 비춰주었습니다. 양심이 눈을 뜨니까 비로소 자기가 어떤 존재인가 드러나게 되었어요. 그전에는 몰랐어요.

특별히 마지막 열 번째, 탐심을 지적하는 계명에 바울이 부딪히고 말았습니다. 로마서 7장 이야기예요. 바울이 이렇게 말합니다. "전에 율법을 깨닫지 못했을 때는 내가 살았더니 계명이 이르매 죄는 살아나고 나는 죽었도다." 전에는 그저 멋모르고 외적으로 열심히 율법 수행만 하면 다 된 줄 알았어요. 그러다가 열 번째 마지막 계명이 내 겉껍데기 행동을 지적하는 말이 아니라 내 마음속 가장 깊은 생각과 동기를 지적하고 있다는 것을 깨닫고 난 뒤에 바울이 하는 처절한 고백입니다.

그 본문의 분위기는 아주 처절한 고백이에요. 전에 "내가 율법을 깨닫지 못했을 때"는 내가 살았대요. 하늘 높은 줄 모르고 한없이 교만했지요. 그러다 계명이 이르게 됩니다. 말씀이 마음에 와서 닿게 되고, 그 말씀을 깨닫게 되자 "죄는 살아나고 나는 죽었도다." 그러니까 자기 기준으로 보면 아무 문제 없고 괜찮은 사람이에요. 그런데 하나님의 기준으로 보면 철저한 죄인입니다.

성도 여러분, 모든 하나님의 요구에 특별한 열심을 발휘했던 사도 바울이 이런 고백을 하고 있다면 도대체 누가 하나님의 말씀을 제대로 다 지킬 수 있겠습니까? 비단 유대인들만의 이야기는 아니지요. 저는 오늘 우리의 이야기라고 생각합니다. 하나님을 믿기 전에는 하나님이 우리에게 무엇을 요구하시는지 잘 모르고 관심도 없어요. 하나님과 나의 관계가 단절되어 있기 때문에 하나님 말씀을 모릅니다. 당연하지요. 아무리 옆에서 "하나님, 하나님" 해도, 하나님 소리를 수없이 들어도 하나님에 대한 감각이 없어요. 하나님의 임재의식이 없습니다.

그러다가 하나님의 생명을 얻으면 영혼이 살아납니다. 영혼이 살아나면 그때 양심도 살아납니다. 그 양심을 우리는 신앙 양심, 거듭난 양심이라고 불러요. 물론 예수님 오시기 전에도 양심은 있었습니다. 그런데 그때하고 하나님의 생명을 얻고 난 뒤에 내가 새롭게 경험하게 되는 양심이 전혀 다릅니다. 말 그대로 신앙 양심이에요. 그러니까 내가 하나님의 생명을 얻었다는 사실이 스스로에게 감지되는 현상이 무엇인가 하면 내 양심이 이전과 달라지는 거예요.

예를 들어 그전에는 애들이 말 안 들으면 막 함부로 소리를 질러댔습니다. 그런데 어느 날인가부터 교회 나가고 신앙생활 시작하면서 그게 마음에 걸리는 거예요. 전에는 아무렇지도 않았는데 말이지요. 직장에 나가서 동료들하고 나도 모르게 작은 거짓말을 많이 하게 되지 않습니까? 그런데 그 점이 걸리는 거예요. 이웃 앞에서 거짓말하는 게 걸리는 거예요. 어쩌다 예배 빼먹고 골프장 가는 것도 꺼려집니다. 예전에는 그저 관행으로 알고 주고받던 촌지도 언젠가부터 마음에 걸리기 시작합니다. 직장생활하면서 술, 담배 물리치기가 쉽습니까? 회식자리에 가서 잘 못하면 왕따 되기 십상이지요. 그래서 술, 담배를 해왔는데 그것이 걸리기 시작합니다.

참 이상한 일이지요. 별개 다 걸려요. 전철을 타고 가다가 나이 지긋한 어르신이 탑승을 했는데, 나는 자리에 앉고 그분은 서 있었습니다. 전철에서 내리고 난 뒤에 계속 마음에 걸리는 거예요. 이상하지요. "내가 왜 이렇게 소심해졌나? 별개 다 걸리는구나." 마치 뭔가 눈에 보이지 않는 존재가 계속 나를 따라다니면서 나를 감시하는 것처럼 느껴집니다. 계속해서 하나님의 눈치가 보이기 시작합니다.

이는 이상한 일이 아니라 정상입니다. 예수를 믿고 나면 하나님이 우리에게 선물을 주십니다. 은혜를 베풀어 주십니다. 그래서 우리 마음에 평안이 있지요. 전에는 경험해 보지 못한 그런 평안입니다. 세상에서 내가 잘나가고 돈 많이 벌고, 얻고 싶은 바를 얻을 때도 이런 평안은 없었습니다. 종류가 달라요. 영적인 평안이 있습니다. 영적인 기쁨이 있습니다. 영혼 깊은 곳에서 솟아나는 기쁨이 있어요.

그런데 하나님이 주신 영적인 평안과 마음의 기쁨을 누리면서 동시에 매우 불편해지기 시작합니다. 왜요? 하나님께서 모든 거듭난 자녀들에게 요구하는 게 있기 때문에 그렇습니다. 드디어 하나님의 요구에 본격적으로 맞닥뜨리게 됩니다. 전에는 그게 무슨 소리인 줄도 몰랐고 관심도 없었어요. 전에는 교회 울타리 밖에 있었습니다. 그런데 이제는 은혜의 울타리 안으로 들어오게 되었습니다. 이제야말로 본격적으로 하나님의 말씀에 정면으로 부딪히기 시작합니다.

예수 믿은 지 얼마 안 되는 초신자라고 해도 마찬가지입니다. 하나님의 말씀이 뭔지 깊이 있게는 잘 모르지만 이상하게 계속해서 자신의 양심에 하나님의 음성이 들리기 시작합니다. 하늘로부터 들려오는 하나님의 목소리지요. 그러니까 교회 나오고 신앙생활 시작하면서 한편으로는 마음에 은혜를 받기 시작합니다. 또 한편으로는 마음에 대단한 부담을 갖기 시작합니다. 이것이 동시에 같이 갑니다. 이전에는 없던 현상이에요. 은혜가 무엇인지 몰랐고 마음에 별별 것들이 다 걸리는 부담도 없었고요.

성도 여러분, 우리가 은혜를 받으면 자연히 그 은혜를 갚고 싶은 마음이 들지 않습니까? 보답하고 싶지 않습니까? 은혜 베풀어 주신 게 너무 감사해서 나도 보답을 해드리고 싶어집니다. 그게 뭐겠어요? 하나님이 말씀하신 것을 따라 가는 것이지요. 하라는 것을 하고, 하지 말라고 하는 것은 안 하고. 하나님이 순종을 제일 기뻐하신다고 하지 않습니까? 그래서 하나님을 기쁘시게 하기 위해 순종해 보려고 열심히 노력하지요.

술, 담배도 끊으려고 애를 써보고요. 안 볼 걸 안 보고 안 갈 데를 안 가고 피할 걸 피하려고 갖은 노력을 다해 봅니다. 그런데 하나님 말씀대로 살아가는 게 쉽던가요? 마음먹은 대로 잘 되던가요? "내가 이렇게 해야지" 결심한 대로 되던가요? 어떻습니까? 작심삼일이에요. 아니, 3일도 못 가요. 3일은커녕 하루도 못 가고 몇 시간도 못 갑니다. 바로 얼마 전에 다시는 안 하겠다고 하나님 앞에 회개했습니다. 그리고 굳게굳게 결심했던 그 일을 돌아서서 다시 하고 있는 자신을 발견하게 되지요.

다들 아닌 것 같은 얼굴로 저를 바라보시니 저만 그런 것 같아요. 그래서 우리는 당황합니다. 전혀 예상하지 못했던 내 모습에 당황해요. 그래도 명색이 내가 배울 만큼 다 배운 사람인데 말이지요. 내가 그래도 교양이 있는 사람이요, 지성인이요, 이 사회에서는 인정받고 칭찬받는 사람인데 말입니다. "도대체 이게 무슨 꼴인가?" 하나님이 말씀하시는 그 요구를 실천해 보려고 애를 쓰면 쓸수록 더 처절하게 실패해 가는 자기 자신을 확인하면서 절망감에 빠지게 됩니다.

'이게 나인가? 도대체 뭐가 잘못된 것인가?' 예전에 전혀 몰랐던 자기 자신을 발견하면서 당혹감을 감출 수가 없습니다. 이상해요. 이해가 안 돼요. 내가 이렇게 나쁜 사람이 아닌데, 내가 이렇게 약한 사람이 아닌데 말이지요. 하나님의 말씀을 지키려고 애를 쓰고 손발을 움직여보고 실천을 시도해 보아도 늘 실패해요. 그래서 우리는 깊은 좌절을 경험하게 됩니다.

여러분, 이것은 이상한 일이 아닙니다. 정상적인 그리스도인의 여정이에요. 딴 사람이 아니고 나 자신 맞습니다. 내 모습 맞는데 전에는 몰랐을 뿐이지요. 하나님 믿지 않았을 때는 하나님 없이 내 기준대로 살았습니다. 그때는 내 기준 가지고 나를 보니까 내가 괜찮은 사람이에요. 그 기준으로 나를 평가하니까 걸리는 게 별로 없어요. 그런데 지금은 접근이 완전히 달라졌어요. 하나님의 기준입니다. 하나님의 말씀대로 살아보려고 애를 씁니다. 그러자 본격적으로 하나님의 요구 앞에 내가 어떤 사람인가가 드러나기 시작합니다. 영적인 내 위상이 어디인가, 내 진정한 본색이 드러나기 시작하는 거지요.

성도 여러분, 하나님께서 우리로 하여금 예수 믿게 하시잖아요? 예수 믿은 후 하나님께서 맨 처음 하시는 작업이 바로 이것입니다. 하나님을 믿기 시작하면 은혜를 받습니다. 평안도 주십니다. 기쁨도 주십니다. 기도 응답도 물론 주십니다. 이런 것들을 안 주시면 자기 백성들이 따라오지 않을 것을 아세요. 그러니까 우리 수준에 맞게 주십니다.

이런 좋은 선물들을 주시면서 예수 믿자마자 하나님이 동시에 시작하시는 첫 번째 작업이 하나님의 말씀의 요구 앞에서 내가 계속 무너지게 만드는 겁니다. 실천해 보려고 하고, 지켜보려고 애를 쓰고 안간힘을 다해 봅니다. 말 그대로 발버둥을 쳐도 여전히 하나님의 엄격한 요구 앞에서 계속 처절하게 실패하고 있는 자신의 모습을 내 두 눈으로 똑똑히 확인케 하시는 일이에요. 다시 말하면 하나님의 말씀 앞에서 나로 하여금 절망하게 만드는 일입니다. 그래서 내가 하나님의 말씀 앞에서 얼마나 무능력한 자인가를 스스로 인정하게 하십니다.

이게 다 하나님이 벌이시는 일이에요. 그래서 "오호라 나는 곤고한 사람이로다"라는 바울의 탄식은 우리의 탄식이 됩니다. 그 마지막 지점까지 우리를 끌고 가십니다. 내 안에 있던 자기 의와 자기 신뢰의 티끌 하나도 남기지 않고 버리게 만드십니다. 어떻게요? 하나님의 말씀과 요구 앞에서 처절하게 실패하고 또 실패하게 하심으로써 말입니다. 열 번 결심하고 백 번 결심해도 여전히 그 말씀을 지키지 못하고 있는 나를 보게 하십니다. 나중에는 하나님이 나를 지옥 가장 밑바닥에 보낸다 해도 "하나님이여, 나는 입이 백 개라도 할 말이 없는 사람입니다"라고 고백할 정도가 됩니다.

"오호라 나는 곤고한 사람이로라 이 사망의 몸에서 누가 나를 건져내랴"(롬 7:24). 이게 우리의 고백이 아니고 바울의 고백입니다. 율법의 선봉장으로 모든 열심을 다해 하나님의 요구를 철저히 지키려고 갖은 애를 썼던 그 사람이 이렇게 탄식하고 있지 않습니까? 여러분, 하나님은 거룩하신 분입니다. 우리는 죄인입니다. 그리고 죄인과 거룩한 분 사이에는 단절이 있습니다. 불화가 있습니다.

지구상의 모든 인간들이 겪고 있는 온갖 곤경과 어려움의 이유는 궁극적으로 물질의 부족 때문이 아닙니다. 정치적인 문제 때문이 아닙니다. 환경이 나빠져 가고 있습니다마는 그러나 환경 문제도 아니에요. 교육? 우리가 교육에 그렇게 신경을 많이 쓰지만 교육의 문제도 아니고 나아가서 도덕과 윤리의 문제도 아니에요. 인간이 지금 겪고 있는 문제의 종류는 다양합니다. 하지만 모든 곤경의 궁극적인 원인과 이유는 하나님과 인간 사이의 관계의 문제입니다. 그 관계가 뒤틀리고 어그러져 있어요. 다시 말하면 영적인 문제입니다.

그런데 더 큰 문제는 아무리 내가 애를 써도 내 행위로는 하나님 앞에 나갈 수 없다는 거예요. 깊은 어둠의 심연이 있는데 하나님 앞으로 내가 나가지 못해요. 하나님이 나를 받지 않으십니다. 죄인은 하나님께 가까이 갈 수 없습니다. 그래서 어떻게 하셨나요? 하나님이 죄인 쪽으로 내려오셨습니다. 하나님의 아들이 이 땅에 오셨지요. 그리고 하나님께서 요구하신 모든 율법을 남김없이 안팎으로 다 지키신 오직 유일한 분인 하나님의 아들 예수 그리스도가 십자가에 달려 죽으십니다. 그분은 죽을 필요가 없어요. 그분은 죄를 지은 분이 아니에요. 완벽하고 무흠하고 전혀 죄가 없으신 그분이 자신 때문이 아니라 나 때문에 죽으셨습니다. 내가 십자가에 못 박혀야 했는데 하나님의 아들이 내 죄를 대신 짊어지시고 십자가에서 못 박혀 죽으셨어요. 그리고 그것을 믿으라고 하나님께서 말씀하십니다.

우리가 읽었던 16절 한 구절 안에 의롭게 된다는 표현이 세 번이나 등장하고 있습니다. 강조하기 위해 한 구절 안에서 세 번이나 바울이 반복해서 사용하고 있어요. 영감 받은 사도 바울이 단어 하나 말 한마디도 함부로 기록할 리가 없지 않습니까?

의롭게 된다는 이 헬라어 표현은 동사가 수동태입니다. 의롭게 되는 것은 능동적으로 우리가 어떤 행위를 해서 되는 게 아니래요. 인간이 아무리 애를 쓰고 노력해도 스스로 의로움을 획득할 수는 없다는 것입니다. 의로움은 수동적으로 받을 수 있을 뿐이지 능동적으로 성취할 수 있는 게 아니래요. 하나님 눈으로 볼 때 의로워지는 것은 오랜 수양과 고행을 통해서 하나님이 요구하시는 표준에 이르는 게 아니라는 말씀입니다. 애당초 그것은 불가능해요. 율법이 우리에게 가르쳐 주는 것은 인간의 절망성입니다. 인간의 무능력입니다.

그래서 의롭게 되는 것은 은혜로 받는 겁니다. 하나님이 주시면 수동적으로 선물로 받는 것입니다. 행위를 강조하는 것은 인간 승리를 의미합니다. 믿음을 강조하는 것은 인간의 항복을 의미합니다. 행위에 집착하기 시작하면 인간의 능력이 드러나고, 믿음에 집착하면 인간의 무능함을 발견하게 됩니다. 행위를 부추기는 것은 하나님의 은혜를 배척하는 일이요, 믿음을 부추기는 것은 하나님의 은혜를 아멘으로 수용하는 것입니다. 그래서 성경이 자꾸 믿음과 행위를 서로 반대되는 명제인 것처럼 소개하고 있습니다.

2장 15절에서 바울이 이렇게 말합니다. "우리는 본래 유대인이요 이방 죄인이 아니로되" 16절에 "사람이 의롭게 되는 것은 율법의 행위로 말미암음이 아니요 오직 예수 그리스도를 믿음으로 말미암는 줄 알므로 우리도 그리스도 예수를 믿나니." '오직' 입니다. 다른 방법은 없어요. 지금 사도 바울은 사도요 복음 안에서 형제 된 베드로를 염두에 두면서 이것을 기록하고 있습니다. "우리는 본래 유대인이요…… 우리도 그리스도 예수를 믿나니" 여기서 '우리'는 베드로와 바울을 말합니다.

"베드로 형제여, 당신도 나도 본성은 유대인이지만 우리가 어떻게 의롭다 함을 얻었는가 알지 않느냐? 의롭다 함은 어떤 인간의 행위와 노력으로 되는 일이 아니요, 복음이 그게 아니라는 것을 당신이 알지 않느냐? 하나님이 우리에게 주신 소명이 바로 이 복음을 온 세상에 전하는 것임을 당신이 알지 않느냐? 아니, 알 뿐만 아니라 우리가 그것을 믿지 않았는가?"라고 호소하고 있습니다.

지난주에 살펴본 것처럼 베드로는 이 복음을 알고 있었습니다. 이 복음을 이방인 고넬료의 가정에 먼저 전했던 사람이에요. 이 복음을 실천하고 있던 사람입니다. 그가 이방인 교회인 안디옥에 내려와서 이방인과 함께 자유롭게 교제를 나누고 있었습니다. 밥 먹는 자리에서 야고보가 보낸 어떤 유대인들 소식을 듣습니다. 바리새인이요 율법주의자들이요 행위주의자들입니다. 여전히 할례 행위를 더해야 구원이 온전해질 수 있다고 주장하는 사람들입니다. 이들이 곧 도착한다는 소리를 듣고 대사도인 베드로가 식탁에서 당혹감을 감추지 못합니다. 조금 있다가 숟가락을 놓고 일어나서 비실비실 그 자리를 떠나버리지 않습니까?

지금 그 베드로를 염두에 두면서 말합니다. "사랑하는 형제 베드로여, 당신과 나는 사람이 의로워지는 것은 스스로의 행위와 노력으로 되는 것이 아님을 알지 않느냐? 오직 예수 그리스도를 믿는 믿음으로 된다는 것을 알았을 뿐만 아니라 그것을 믿지 않았느냐? 믿었을 뿐만 아니라 우리는 그것을 온 세상에 다니면서 전하는 사람이 아니더냐?"라고 반문하는 것입니다. 소수의 압력 집단에 눌려 두려움에 밀려서 복음 앞에서 위선을 보였던 베드로를 안타까운 마음으로 격려하고 있는 내용이지요. 베드로에게 다시 한 번 복음의 진수를 상기시키는 장면입니다.

여러분, 베드로도 바울도 우리 모두도 믿음으로 의로워졌습니다. 행위가 필요 없다는 무율법주의를 지금 이야기하는 게 아닙니다. 구원 얻는 일에 관한 한 어떤 인간도 하나님 앞에 자신의 행위로 의롭다 함을 받을 수 없어요. 이 사실을 모르고 여전히 행위의 끈을 놓지 않고 있다면 그 사람은 죄송하지만 아직 기독교에 입문하지 못한 것입니다.

구원에 관해 바울이 목숨을 내어놓고 보존하길 원하는 이 복음 진리의 핵심은 우리 모두에게 동일하게 적용되는 구원의 원리입니다. 의롭다 함은 행위로 되는 것이 아니라 믿음으로 되는 것입니다. 이 자리에 아직 그런 분이 있다면 행위의 끈을 이제 그만 놓아버리십시오. 대신 믿음의 끈을 굳게 붙드시기 바랍니다.

돌아올 수 없는 다리 (갈 2:17-19)

"만일 우리가 그리스도 안에서 의롭게 되려 하다가 죄인으로 드러나면 그리스도께서 죄를 짓게 하는 자냐 결코 그럴 수 없느니라 만일 내가 헐었던 것을 다시 세우면 내가 나를 범법한 자로 만드는 것이라 내가 율법으로 말미암아 율법에 대하여 죽었나니 이는 하나님에 대하여 살려 함이라."

여러분, 오늘 설교 제목을 보셨습니까? '돌아올 수 없는 다리' 이것이 설교 제목입니다. 이 제목을 보시고 무슨 영화 제목 같다고 생각하실지 모르겠습니다. 예전에 유명한 영화 〈콰이강의 다리〉를 연상하신 분들도 있을지 모르겠습니다. '돌아올 수 없는 다리' 혹은 '돌아오지 않는 다리'를 인터넷에 검색해 보면 다음과 같은 내용이 나타납니다. 판문점 공동경비구역 안에 남북군사분계선을 가로지르는 다리가 하나 있습니다. 이 다리가 일명 '돌아오지 않는 다리'입니다.

1953년 한국전쟁 말기에 바로 이 다리를 통해서 포로 송환이 이루어졌습니다. 한번 저쪽으로 건너가면 다시는 이쪽으로 돌아올 수 없다고 하는 데서 유래된 이름이 바로 '돌아오지 않는 다리'입니다. 우리는 이 표현을 요즈음도 가끔씩 듣습니다. 쌍방 혹은 양측이 관계가 완전히 단절되어 버렸을 때, 그래서 더 이상 소통이 불가능하게 되었을 때 "서로 돌아올 수 없는 다리를 건느고 말았다"는 말을 합니다. 요즈음 여야가 계속 대치 국면이지 않습니까? 그래서 뉴스에서 "여야가 다시는 돌아올 수 없는 다리를 건넜다"는 표현을 합니다.

제가 오늘 특별히 이 표현을 설교 제목으로 붙인 것은 이런 이유 때문입니다. 율법 행위가 아닌 믿음으로만 의롭다 하는 이 진리를 '이신칭의'라고 하지 않습니까? 기독교의 가장 핵심적인 진리입니다. 복음의 진수가 되는 내용입니다. 행위의 영역에 있다가 이제는 믿음의 영역으로 옮겨졌다는 뜻입니다. 그리고 한번 옮겨졌으면 다시는 돌아갈 수 없다, 또 돌아가서도 안 된다는 의미에서 '돌아갈 수 없는 다리'입니다.

그런데 문제는 바울이 주장하는 예수 그리스도를 믿는 믿음으로만 우리가 의로워진다는 이신칭의에 대한 반론이 만만치가 않습니다. 행위주의자들 또는 율법주의자들이 이 말을 듣고 "아멘, 그렇소이다. 바울 선생, 오랫동안 그런 진리를 기다리고 있었습니다." 이렇게 마음을 열고 받아들일 리가 없지요. 바울의 주장에 대해 할 수 있는 모든 비난을 다 하려고 들 겁니다. 거기에 대해 사도 바울이 어떻게 대처하고 있는가를 오늘 살펴보려고 합니다.

여러분, 우리는 지금 갈라디아서를 통해 사도 바울이 주장하는 내용뿐만 아니라 자신의 생각이나 사상을 전개해 나가는 방식도 보고 있습니다. 설교도 마찬가지입니다. 같은 본문인데 설교자에 따라서 설교의 맛이 완전히 다릅니다. 본문은 똑같은데 어떤 사람은 아주 굵직하게 설명하고 어떤 사람은 섬세하게 설명합니다. 바울이 자신의 생각을 전개하고 설명하고 설득해 나가는 방식은 우리가 봤던 것처럼 절대로 애매모호하지 않습니다. 두루뭉술하지 않습니다. 대단히 정확합니다. 또 논리적입니다. 바늘 한 땀씩을 떠가는 것처럼 아주 치밀하고 논리적인 그물로 얽어서 자신의 주장을 전개해 나갑니다. 바울 서신 대부분이 이런 식으로 전개되고 있습니다.

저는 언뜻 저인망 어선이 생각났습니다. 그물로 고기를 잡되 바닥까지 그물을 내려서 바닥부터 싹 훑어버리는 게 저인망 어업입니다. 바울의 사고방식이 마치 저인망식 사고방식처럼 느껴져요. 바울은 생각할 수 있는 모든 경우의 수를 죄다 생각합니다. 심지어는 내가 이런 주장을 펼치면 나를 반대하는 행위주의자들이 어떤 반론을 제기할 것인가를 미리 내다보고 자신이 먼저 그것을 질문 형식으로 꺼내놓습니다. 그리고 거기에 대한 대답도 본인이 내립니다. 이런 장면을 바울 서신 곳곳에서 볼 수 있습니다.

그 대표적인 예가 오늘 읽었던 2장 17절 말씀입니다. "만일 우리가 그리스도 안에서 의롭게 되려 하다가 죄인으로 드러나면 그리스도께서 죄를 짓게 하는 자냐 결코 그럴 수 없느니라." 그러니까 바울은 알고 있었지요. 내가 믿음으로만 의롭다 함을 얻는다고 주장하면 당장에 행위주의자들이 어떤 반론을 제기할 것인가를 내다보면서 미리 하는 말입니다.

예를 들면 이런 겁니다. "뭐라고? 믿음으로 의로워진다고? 말은 좋은데 그렇다면 행위가 전혀 없어도 구원을 얻는다는 말인가? 참, 이거야말로 의롭게 살아보려고 하는 선한 동기를 아예 처음부터 말살시키는 이론 아닌가?" "사람이란 목표가 있어야 움직이게 되어 있다. 내가 이런 행위를 하면 어떤 보상이 주어질 것인가를 미리 내다보아야 성취 동기가 생기는 것 아니겠는가? 그런데 믿음으로만 의로워진다는 말은 어떤 행위를 아무리 보여도 구원 얻을 수 없으니 행위를 아예 포기하라는 말인데, 그렇다면 어떤 악한 행위를 한다 할지라도 그저 믿기만 하면 된다는 이야기 아닌가? 그야말로 악을 부추기는 이론 아닌가?"

어떻습니까? 이런 반론, 일리가 있지요? 한걸음 더 나아가서 이렇게 반문할 수도 있습니다. "이런 이론을 따를 때에 인간사회의 질서는 어떻게 되겠는가? 사람이란 그나마 이런저런 행위 규범들이 있기 때문에 자기를 절제하고 그걸 지켜보려고 애쓰는 것 아닌가? 그러면서 이 사회의 질서가 유지되는 것 아닌가? 인간은 행위를 더 잘해 보려고 노력을 거듭하면서 성숙해 가고 발전해 가는 것 아닌가? 그러면서 더 건강한 사회가 되어가는 것 아니겠는가? 그렇다면 바울의 믿음으로만 의롭다 함을 얻는다는 교리는 말은 좋지만 실제로 이 이론을 따라가면 행위는 필요 없다는 이야기 아닌가? 결국은 아무렇게나 살아도 된다는 해괴망측한 결론에 이르게 되지 않는가? 이렇게 보면 바울의 주장은 반율법적일 뿐만 아니라 반도덕적이요 반사회적인 이론에 불과하다. 사람들로 하여금 죄짓는 것을 부추기는 이론이 될 것이다. 따라서 그리스도로 하여금 죄짓는 것을 방조 내지는 범죄 교사자의 역할을 맡기는 것 아니겠는가?"

거기에 대해서 바울은 단호하게 말합니다. "그럴 수 없느니라!" 그래도 마치 먹이를 물면 놓지 않는 들개처럼 행위주의자들은 바울을 놓아주지 않지요. "이런 반행위주의는 하나님의 의도가 아니라 바울의 개인적인 의견일 뿐이다." 바울의 주장이 가지고 올 결론들을 보면 그럴 수가 없다는 거예요.

여러분 어떻습니까? 상당히 일리가 있지요? 들어보면 설득력이 있지 않습니까? 귀가 솔깃해지는 내용들이 있습니다. 이것이 비단 바울 당시의 반론만은 아닙니다. 오늘날도 이와 비슷한 논리로 행위를 주장하는 분들이 있습니다. 이렇게 이야기를 하지요. "자, 눈이 있다면 한국 교회의 오늘날 현실을 보라! 지금까지 너무 싸구려 구원을 남발해 온 결과가 아니겠는가?" 결국 믿음을 빙자해서 모든 행위 규범을 쓸데없는 것으로 용도 폐기하고 말았다는 거예요. 그리스도인의 자유라는 미명으로 자유가 아니라 방종의 삶을 살도록 길을 열어놨다는 거예요.

"만일 중요한 행위규범들이 예전 율법처럼 존중받고 지켜졌더라면 오늘날 한국 교회는 이런 수치와 타락을 겪지 않았을 것이다. 한국 교회의 작금의 형편없는 타락은 바로 믿음으로만 의로워진다는 이신칭의 교리를 지나치게 강조한 결과다. 지금은 믿음을 강조할 때가 아니라 오히려 행위를 강조할 때다. 그러므로 이제는 바울의 목소리에 귀를 닫고 행위를 강조하는 야고보 사도의 목소리에 귀를 기울일 때다." 여러분, 그럴듯 하지요? 그러면서 행위 강조의 당위성을 이야기합니다. 마치 이런저런 행위를 하면 구원 얻을 수 있는 것처럼, 행위가 구원의 조건인 것처럼 이야기합니다.

한걸음 더 나아가 이런 주장들을 하지요. "자, 소위 당신네 보수 정통 그리스도인들은 이렇게 주장하지 않는가? 그저 그리스도 안에만 있으면 안전하다. 그리스도 안에만 있으면 우리가 구원을 얻는다. 믿음이 전부라고 계속해서 말하고 있지만 그 결과를 봐라! 그렇게 주장해서 어떤 현상이 생겼는가? 믿기만 할 뿐 전혀 변하지 않은 많은 신자들, 예수쟁이들, 여전히 죄 된 행위를 일삼고 있는 수많은 종교인들, 신앙이 아니라 그저 교회를 왔다갔다하는 교인들을 만들어내지 않았는가? 결국 믿음을 빙자해서 모든 행위를 면제시켜 준 결과 그들의 범죄를 방조한 것 아니겠는가? 그러므로 행위 없이 의로워지기 위해 믿음만을 강조한다는 것은 마치 가이드 없이 광야로 사람을 내모는 것과 같다. 믿음으로만 의로워진다는 것만을 자꾸 내세우는 것은 망망대해로 항해를 시키면서 아무런 나침판도 손에 쥐어주지 않는 것과 같다. 왜 모르는가? 인간은 이처럼 너무 수준 높은 믿음, 너무 수준 높은 자유를 감당할 수 없다는 사실을! 그러므로 행위주의자들처럼 오히려 예수를 믿는 믿음 위에 필요한 몇 가지의 행위라도 구원의 필요조건으로, 아니면 충분조건으로 강조하는 것이 더 건강한 그리스도인을 만드는 일 아니겠는가? 그저 믿는 것이 전부인 양 믿음, 믿음하면서 믿음 말고는 아무것도 안 하려는 것은 스스로 가짜 믿음에 속고 있을 뿐이다."

이런 주장들입니다. 여러분, 일리가 있지요? 이런 반론을 제기할 만하지 않습니까? 그런데 바울이 이런 반론을 미리 짐작하고 있었다는 말입니다. 이건 바울 당시만이 아니라 역사상 모든 인류에게 중요한 논란거리가 되고 갈등의 불씨가 되었던 내용들입니다. 러시아의 문호 도스토

옙스키의 《카라마조프의 형제들》이라는 소설이 있습니다. 거기에 '대심문관'이라는 대목이 나옵니다. 카라마조프 가문의 아들들 중에 반골기질을 타고난 아들이 있습니다. 이반이라는 아들인데 대단한 상상력과 창의력을 가지고 있습니다. 자기의 상상력을 동원해서 대서사시 하나를 썼어요. 이를테면 소설 속의 작은 소설이지요. 그 제목이 '대심문관'이에요. 여기 대심문관은 로마의 추기경입니다. 그 소설에 등장하는 대심문관은 산전수전 다 겪은 나이가 90세 되는 추기경이에요.

배경은 16세기입니다. 예수 그리스도의 이름으로 이단들 100여 명을 한꺼번에 처형했습니다. 처형한 바로 그 장소에 처형 다음날 그리스도가 나타나십니다. 아직도 피비린내가 진동하는 이단의 처형장에 예수 그리스도가 직접 등장합니다. 대심문관은 그분을 보자마자 이분이 누군가를 알아봅니다. "아이고, 주님 오셨습니까? 기다리고 있었습니다." 그렇게 반갑게 맞이해 주는 게 아닙니다. 보자마자, 누군가 알자마자 맹공격을 하면서 그리스도를 비난하기 시작합니다. 대강 이런 이야기를 합니다.

"그리스도여, 왜 다시 이 땅에 내려왔는가? 당신은 이 땅에 다시는 내려올 필요가 없고 내려와서도 안 되는 사람이다. 우리는 당신이 무슨 말을 하려고 하는지 이미 다 알고 있다. 당신은 이 땅에 와서 사람들에게 너무 많은 자유를 제공했다. 당신의 치명적인 실수는 사람을 과대평가했다는 것이다. 대부분의 사람들은 당신이 주려고 했던 그 너무 많은 자유를 감당할 수가 없다. 당신이 요구했던 너무 높은 수준의 요구를 지킬 수가 없다. 사람들은 그것을 지켜보려고 애를 쓰다가 절망하고 실패만을 거듭하게 되었다. 그래서 당신이 떠나고 난 다음에 우리는 당신의 이름을 빌려 사람들이 지킬 수 있는 행위규율들을 만들어 주었다. 그 행위 규율들로 당신을 따르고자 했던 많은 사람들을 다시 속박했다. 그래서 당신이 주고자 했던 그 자유는 잃어버렸을지 모르지만 대신에 그들은 안정과 평안을 얻었다. 예수의 이름으로 만족을 누리고 있는 많은 사람들을 왜 다시 교란시키려고 하는가? 당신은 이 땅에 있으면 안 된다. 당신이 계속 이 땅에 머물려 한다면 나는 내일 아침에 당신을 저 화형장의 화형틀에 매달고 말 것이다."

이렇게 으름장을 놓습니다. 여러분, 우리는 믿음으로 영혼의 자유를 얻었습니다. 그리스도의 영이 있는 곳에는 자유함이 있습니다. 그러나 자유를 얻고 난 다음 우리는 동시에 이런 요구를 받습니다. "왼뺨을 맞으면 오른뺨을 돌려대라! 속옷을 달라면 겉옷까지 내어주라! 어떤 사람이 오 리를 가자 하면 십 리를 가라!" 도무지 우리가 감당할 수 없고 지킬 수 없는 요구들입니다. 과연 누가 그리스도가 요구하는 행위들을 그대로 지킬 수 있단 말입니까? 없습니다. 계속 시도해 보다 절망할 뿐이에요. 그래서 대심문관은 지킬 만한 행위규범들을 구체적으로 만들어 놓고 그 안에 사람들을 다시 옭아맸다는 거예요. 그리스도의 이름으로 자유를 박탈하고 대신 안정을 줬다는 것이지요. 사람들 스스로 만족하면서 종교생활을 영위하고 있는데 왜 다시 사람들의 안정을 박살내려고 하는가? 나는 그걸 도저히 용납할 수가 없다. 이런 이야기입니다.

성도 여러분, 우리가 지금 주일마다 QT에 대한 강의를 듣고 있지 않습니까? 그리고 2학기에는 전교회가 QT를 해보려고 생각 중입니다. 그런데 매일묵상인 QT를 계속하다 중도에 그만 멈춰버리는 경우들이 있습니다. 여러 가지 이유가 있겠지요. 그 이유 중 하나는 이런 것입니다. 우리가 매일 말씀을 읽습니다. 말씀을 깨닫습니다. 그 말씀을 적용합니다. 실천해 보려고 애를 쓰지요. 적용한 내용을 노트에다가 기록까지 했어요. 다 적혀 있어요. 그런데 하루 지나고 난 다음, 밤에 생각해 보면 한 번도 내가 적은 실천사항을 지키지 못했어요. 그러니까 매일 말씀을 묵상하고, 매일 적용하고, 매일 실천할 것을 결심합니다. 그리고 매일 실패하는 겁니다. 양심에 가책이 오고 너무 괴로워요. 그래서 그만두는 겁니다.

이 양심의 가책을 벗어나기 위해 지킬 만한 행위규범을 만들기 시작합니다. 새벽기도 가기 위해 매일 5시에 일어나기는 힘드니까 적어도 일주일에 사흘 월, 수, 금은 참석하리라는 규범, 예배에 관한 규범, 주일성수와 십일조에 관한 규범을 만듭니다. 그리고 내가 이번 학기에는 어떤 봉사든지 하겠다는 봉사규범을 만듭니다. 이런 것들을 만들고 지켜나가면서 만족을 얻습니다.

여러분, 주일성수, 십일조, 교회 봉사, 이것이 다 기본적인 내용들 아닙니까? 다 중요한 이야기들이지요. 그런데 문제는 하나님 앞에서 의로워지기 위해 이런 행위규범들을 만들어 지켜나가기 시작하면 결국은 나의 양심의 가책을 벗어나기 위한 심리적인 도피성의 구실을 하는 것에 불과하다는 것입니다. 기본적으로 우리가 수행해야 할 것들인데 동기가 문제입니다. 만일에 이걸 행하는 동기가 하나님 앞에서 점수를 얻기 위한 것이라면 복음과는 애당초 맞지 않는다는 것이지요.

성도 여러분, 이렇게 말씀드릴 수 있습니다. 의로워지기기 위해 더 이상 하나님께 잘 보일 필요가 없습니다. 아니, 이것이 무슨 풍딴지같은 소리인가? 생각할 분들도 있을 겁니다. 잘 보일 필요가 없다는 것은 우리가 이미 하나님의 자녀라는 뜻이지요. 이미 저 전지전능하신 창조주의 사랑을 한몸에 받고 있다는 이야기입니다. 여러분, 만일 내 8살 난 초등학생 아들이 열심히 아빠 구두를 닦아요. 구두만 닦는 게 아니라 아빠 뒤에서 토닥토닥 안마도 해줘요. 이것이 웬일인가? 아이가 온갖 심부름을 다하는 겁니다.

그러면서 이 아이가 계속 같은 질문 하나를 반복하는 거예요. "아빠, 나 이제 아빠 아들 맞지? 이렇게 착한 일 했으니까, 아빠가 하라는 대로 다 하고 있으니까 이제 내가 아빠 아들 맞지?" 여러분, 어떻게 반응을 보이시겠습니까? 아직 8살밖에 안 된 아이가 온갖 착해 보이는 행위는 다 하면서 확인하기를 원하는 것은 한 가지 사실입니다. "자, 이제는 내가 아빠 아들 맞지?"라고 계속 물어본다면 어떤 대답을 주시겠습니까? 우리가 할 수 있는 대답은 한 가지예요. "애야, 이렇게 안 해도 괜찮아. 이런 일 안 해도 너는 내 아들이야." 이렇게 대답을 할 거예요.

그런데 문제는 이 아이가 아빠의 말을 듣고도 그 말이 와 닿지를 않는 거예요. "이거 안 해도 너는 내 아들이야." 이 말이 느껴지지 않는 거예요. 믿음으로만 의로워진다, 더 이상 어떤 행위도 필요 없다, 오직 믿음이다. 좋단 말이에요. 그런데 믿음으로만 의로워진다는 이 은혜의 원리가 와 닿지 않고 느껴지지가 않아요. 대신 우리한테 훨씬 가까운 건 따로 있습니다. 내가 행위로 원인을 심고 거기에 따라 결과도 내가 맛보는 것. 아니, 내가 아무것도 한 게 없는데 어떻게 해서 의로워진단 말입니까? 나는 아무것도 심은 게 없는데 어떻게 구원을 얻는단 말입니까?

세상 이치를 보자는 말이지요. 세상 이치가 다 이런 것 아닙니까? 심은 대로 거두는 것 아닙니까? 콩 심은 데 콩 나고 팥 심은 데 팥 나는 것 아니냐고요. 세상 이치뿐입니까? 자연의 이치가 그걸 말해 주고 있지 않습니까? 봄이 되면 씨앗을 뿌려야 가을 되면 거두는 게 자연 이치 아닙니까? 세상의 모든 이치가 우리에게 가르쳐주는 건 아무 원인도 심지 않았는데 결과를 얻을 수 있는 일은 없다는 것입니다.

그런데 이 은혜의 원리가 그렇거든요. 나는 아무것도 한 게 없는데 그저 열매만 따먹는 것입니다. 구원이라는 열매, 의로워짐이라는 열매를 내 것으로 갖는 거래요. 이해가 안 되지요. 어려서부터 우리가 경험적으로 체득한 건 은혜의 원리가 아니라 인과응보의 원리요 행위의 원리입니다. 그래서 은혜의 원리를 머리로는 아는데 와 닿지는 않아요. 느껴지지는 않는 것입니다. 그러니까 자꾸 행위로 돌아가려 하고 다시 행위에 집착하게 되지요.

여러분, 이런 반론과 갈등이 있을 것을 바울이 알고 그것을 지금 다루고 있는 것입니다. 그래서 2장 19절에 이렇게 선언합니다. "내가 율법으로 말미암아 율법에 대하여 죽었나니 이는 하나님에 대하여 살려 함이라." 우선 내가 율법에 대해서 죽었다고 선언합니다. 이 앞에서는 바울이 주어를 '우리'라고 했습니다. 기억나시지요? "우리는 원래 유대인이지만." 이때 말하는 우리는 사도 바울과 베드로를 포함한 것이었습니다. 이방인들과 함께 교제를 나누다가 야고보에게서 온 어떤 행위주의자들이 곧 온다는 소리를 듣자마자 두려움에 휩싸여 그 자리에서 일어나 도망가 버린 베드로를 염두에 두면서 하는 말입니다. "우리는 원래 유대인이지만 당신과 나 바울은 오직 예수 그리스도를 믿는 믿음으로만 하나님 앞에서 의로워진다는 사실을 알게 되지 않았느냐? 알 뿐만 아니라 믿지 않았느냐? 믿을 뿐 아니라 그것을 전파하는 사도가 아니더냐? 말씀 사역자가 아니더냐?"라고 바울이 이야기를 끌어왔어요.

그러다가 2장 19절에 와서는 갑자기 주어를 바꿉니다. '내가' 율법에 대해서 죽었도다! "나"라는 1인칭을 일부러 사용하는 것이지요. 이 말은 지금 자신의 경험을 바탕에 깔고 하는 이야기라는 것입니다. 19절은 자기의 경험담이에요. "내가" 율법에 대해서 죽었대요. 그러니까 바울은 과거에 회심하기 전 율법과 행위에 극도로 집착했던 적이 있었다는 말입니다. 행위에 집착했더니 경험상 두 가지 결론이 나타났습니다. 하나는 자기 자랑으로 자기 의에 취하게 되는 것입니다. 아니면 자꾸 행위에 집착하면서 하나님의 요구를 만족시키지 못한 나머지 계속 좌절과 절망을 경험하는 것입니다. 이 둘 중에 하나래요.

그런데 바울은 지금 1인칭으로 자기고백을 하는 것입니다. "이 모든 율법의 요구를 그리스도가 죽음으로 다 충족시키셨다. 그러므로 이제 나는 율법과 행위 원리에 대해서 죽었다. 인과응보 원리에 대해서 죽었다. 한번 죽었으니 완전히 끝난 일이다. 나는 다시는 돌아갈 수 없는 다리를 건너온 사람이다. 그건 과거형이다. 그러므로 행위와 나, 율법과 나 사이의 관계는 전면 폐지되었다. 인과응보의 원리는 영원히 사라져버렸고 나는 행위에 대해서 영원토록 돌아선 것이다." 이런 의미입니다.

성도 여러분, 이렇게 보면 복음은 절대로 도덕이 아닙니다. 더 구체적으로 복음은 도덕 행위가 아니라는 말씀이지요. 예수를 믿는다는 것은 내가 지금 가지고 있는 도덕 수준을 조금 더 낫게 개선하는 정도가 아니라는 것입니다. 그 정도 가지고는 어림없습니다. 한없이 부족합니다. 하나님 앞에서 의로워진다는 것은 무슨 의미입니까? 성경은 하나님 앞에서 우리가 의로워진다는 것은 원래 내가 가지고 있던 도덕 수준이나 윤리 수준에서 훨씬 더 발전되고 개선된 높은 단계에 이르게 된다는 뜻이 아니래요. 하나님 앞에서 의로워진다는 것은 하나님과 나 사이의 관계가 이제야 비로소 있어야 할 자리에 놓이게 되었다는 뜻입니다.

다시 말씀드리면 하나님과 끊어졌던 생명적인 관계가 비로소 시작이 된다는 이야기입니다. 도덕적인 잣대와 행위의 잣대를 가지고 나를 바라보면서 하는 이야기가 아니라 하나님과의 관계의 문제입니다. 여러분, 하나님과 내가 바른 관계에 놓이는 것, 의로워지는 것, 이건 일단 처음부터 행위로 되지 않는다는 것입니다. 오히려 반대로 행위에 대해서 죽어야 된대요. 둘 중 하나를 붙잡아야 된대요. 믿음도 붙잡고 행위도 붙잡고 그렇게 갈 수는 없어요. 의로워지기 위해서 행위냐 아니면 믿음이냐, 둘 중에 하나를 선택해야 된답니다. 하나님과 바른 관계에 놓이기 위해서 일단은 당신이 의로워지기 위한 그 행위에 대해서 완전히 죽어야 한답니다. 그게 바로 바울이 "내가 율법 행위에 대해서 죽었다"라고 말하는 의미입니다. 행위에 대해서 죽어야 돼요.

성도 여러분, 제가 지금 무율법주의에 대한 이야기를 하는 게 아닙니다. 우리가 예수 믿는 사람으로서 아무런 행위가 없어도 괜찮다는 이야기가 아니에요. 지금 의로워지기 위한 방편이 뭐냐, 하나님 앞에 가까이 나가기 위한 통로가 뭐냐, 우리가 구원받기 위해 하나님이 정하신 방법이 뭐냐는 것입니다. 예수 믿고 난 뒤에 우리가 어떻게 살아야 될 것인가는 바울이 다음에 이야기해요. 하지만 의로워지기 위한 방법은 내가 정하지 않습니다. 하나님이 정하신 방법은 하나님의 아들 예수 그리스도를 믿는 것입니다. 행위에 대해서 완전히 죽는 것입니다. 우리는 지금 두 가지 중 한 가지를 선택해야 하는 기로에 서 있습니다.

행위가 아니라 믿음을 선택해야 합니다. 하지만 그럼에도 불구하고 대심문관이 아주 강렬한 논리로 다시 등장한 예수 그리스도를 공박했던 것처럼 내가 만들어 놓은 행위규범에 여전히 집착할 수 있습니다. 아마 그렇게 행위를 수행해 나가면 만족이 있을 겁니다. 그렇게 스스로 만족하면서 하나님과는 여전히 단절된 상태에 머물 것인지, 아니면 반대로 행위에 대해서는 완전히 죽음을 선포하고 하나님을 향해서 살기를 원하든지, 여러분 둘 중에 어떤 걸 원하십니까? 계속 행위에 집착하면서 그 행위를 수행해 나갈 때 다른 사람이 나에게 칭찬의 박수를 보내주는 것을 즐겨할 것입니까? 스스로에게 만족하지만 여전히 하나님과 나와의 관계가 바른 위치에 놓여 있지 못한 이런 상태에 머물러 있겠습니까?

아니면 바울의 말처럼 의로워지기 위한 모든 시도 대신 이렇게 말하겠습니까? "하나님이여, 나는 구원받기 위한 모든 인간적인 노력과 수고를 그치겠습니다. 하나님이 정하신 방법을 아멘으로 받아들이겠습니다." 바울의 말처럼 믿음으로 행위에 대한 죽음을 선포하고 하나님 쪽으로 돌아서시겠습니까? 율법에 대해서 죽었다고 할 때, 여기 율법은 단지 구약의 율법만 말하는 게 아닙니다. 인간이 하나님 앞에 나가기 위한 모든 행위를 총망라한 단어입니다. 그러므로 우리는 바울처럼 "내가 의로워지기 위한 모든 행위에 대해서 완전히 죽었나니 이는 하나님을 향하여 살려 함이라." 이런 고백을 드릴 수 있기를 바랍니다.

그리스도가 사는 삶(갈 2:20)

"내가 그리스도와 함께 십자가에 못 박혔나니 그런즉 이제는 내가 사는 것이 아니요 오직 내 안에 그리스도께서 사시는 것이라 이제 내가 육체 가운데 사는 것은 나를 사랑하사 나를 위하여 자기 자신을 버리신 하나님의 아들을 믿는 믿음 안에서 사는 것이라."

교회 다니는 사람을 크게 보면 두 종류로 나눌 수 있지 않을까 생각합니다. 우선 예수를 믿는 게 좀 무거워 보이는 사람들이 있습니다. 이를테면 세상의 모든 고민을 나 혼자 짊어지고 있는 것 같은 사람입니다. 자연히 표정이 어두울 수밖에 없지요. 이런 분들은 주로 십자가에 강조점을 많이 두는 것 같습니다. 예수의 죽음이 나누는 이야기의 주제가 되는 경우도 흔합니다. 또 예수께서 죽음에 이르기까지 순종하셨던 것처럼 자신도 죽기까지 이 땅에서 열심히 순종하며 살아야겠다고 생각합니다. 참 좋은 생각입니다.

자, 그러다 보니 아무래도 행위 하나하나를 엄격하게 바라보는 경향이 있지요. 자신의 행위도 엄한 눈으로 바라보고 다른 사람의 행위도 엄격한 잣대로 재게 됩니다. 나도 모르게 행위주의에 빠지기 쉽습니다. 또 남을 비판할 소지도 많습니다. 이런 분들에 따르면 진정한 신앙인이라면 웃으면 안 됩니다. 아직도 죄로 가득한 세상에서 뭐 그리 웃을 일이 많겠습니까? 웃음이 헤프면 안 돼요.

그런가 하면 많이 먹어도 안 좋습니다. 탐식도 죄니까요. 영화관 같은 데 자주 가는 것도 꺼려하는 경향이 있고, 다른 사람들이 영화관 가는 것도 썩 좋은 눈으로 보지 않습니다. 이제 여름 휴가철이 막바지입니다마는 여름휴가를 가도 기도원 같은 데로 가는 것이 가장 바람직하다고 생각하지요.

여러분, 물론 그리스도의 죽음은 우리 신앙생활에 대단히 중요합니다. 신앙의 출발점입니다. 그런데 만일 그리스도의 죽음에만 우리 신앙이 머물러 있다면 반쪽짜리 신앙이 되고 말 겁니다. 신앙에 색깔이 있다고 하면 감사와 기쁨으로 넘치는 밝은 색이기보다 그저 어둡고 무거운 색일 수밖에 없지요.

그런데 우리 신앙에는 다른 측면이 있습니다. 죽음의 측면 말고 바로 부활의 측면입니다. 오늘 본문인 갈라디아서 2장 20절에서 비로소 바울은 신앙의 가장 위대한 명제를 꺼내놓고 있습니다. 그게 무엇입니까? '내가 그리스도와 함께' 이 말의 의미는 내가 그리스도와 이제 하나로 연합되었다는 뜻입니다. 성도 여러분, 그리스도와 우리가 연합됨으로 이제 하나님께서는 우리를 향해 두 가지를 선포하시는 셈입니다.

첫 번째로 너는 내 아들과 함께 죽었다는 것입니다. 그래서 20절 서두에 "내가 그리스도와 함께 십자가에 못 박혔나니"라고 시작합니다. 이는 그리스도와 함께 죽는 측면입니다. 그런데 시제를 보면 과거형입니다. 그리스도와 함께 십자가에 못 박혔다는 것은 완료되었습니다. 이미 끝난 일입니다. 그렇습니다. 그리스도와 함께 내 옛사람은 죽었습니다. 내 죄 문제는 사라졌습니다. 하나님 앞에 나는 의로워졌습니다. 예수께서 십자가에 죽으실 때 나도 그리스도와 함께 죽음으로써 내가 해결하지 못했던 모든 죄 문제는 깨끗이 해결되었습니다. 완전히 씻김을 받았단 말이에요.

자, 그런데 이것이 전부일까요? 그런 건 아닌 것 같아요. 왜냐하면 우리가 죄 씻김을 받았다고 하지만 지금 당장 천국으로 올라가는 것은 아니잖아요? 그렇지 않습니까? 여전히 우리는 이 땅에 두발 붙이고 살아가야 됩니다. 따라서 자연스럽게 나오는 질문은 "그렇다면 우리가 이제 어떻게 하면 그리스도인답게 살 수 있을 것인가?" 하는 것입니다.

여기에 대해 하나님은 두 번째 선포를 하십니다. "너는 내 아들과 함께 살았다." 그리스도와 함께 다시 사는 측면, 바로 부활의 측면입니다. 먼저 "내가 그리스도와 함께 십자가에 못 박혔다"라고 말합니다. 그러나 거기서 끝나지 않습니다. 한걸음 나아가 "그런즉 이제는 내가 사는 것이 아니요 오직 내 안에 그리스도께서 사시는 것이라"고 선언합니다. "그런즉 이제는"이라는 표현은 과거가 아니라 지금 이 순간을 말하고 있습니다. 시제가 현재형이라는 말이지요.

십자가에 못 박혀 죽은 것은 과거형입니다. 끝난 일입니다. 다시 돌이킬 수 없습니다. 그런데 현재는 어떻습니까? 내가 지금 누리고 있는 것은 무엇일까요? 그리스도께서 내 안에서 현재형으로 살아가고 있다는 말입니다. 이것이 우리에게 사실이라는 것입니다. 여기 앉아 있는 우리 모든 신자들에게 이 두 가지가 다 해당이 된다는 뜻입니다.

여러분, 우리 신앙에 죽음의 측면이 있습니다. 그런데 또 하나, 부활의 측면이 있습니다. 이 둘이 균형을 맞춰야 됩니다. 아마 어제 새벽에 잠을 제대로 주무신 분들이 별로 없을 것 같습니다. 새벽에 일어나서 한국 축구가 메달을 따느냐 못 따느냐 응원하느라고 못 주무신 분들도 많았을 겁니다. 또 응원하는 소리에 깜짝 놀라 깨어나서 잠을 못 주무신 분도 있을 것입니다. 저도 자다가 깼습니다. 보고는 싶었지만 토요일을 제대로 컨트롤하지 못하면 주일이 어려워요. 자고 있는데 갑자기 '와!' 소리가 들려서 벌떡 일어났지요. 더우니까 문을 닫고 자진 못하잖아요? 그런데 환호하는 소리를 들어보니까 여자 목소리도 있고 어린아이 목소리도 있어요. 아마 가족이 다 응원을 하는 것 같아요. 그런데 한두 집이 아니에요. 여기저기 사방에서 '와, 와' 하는데 그때가 박주영 선수가 첫 골을 넣을 때입니다.

그래서 "한 골 넣었는가 보다. 우리가 이기고 있는가 보다" 하고 다시 누워 잠을 청하는데 웬걸요. 조금 있다 다시 '와, 와' 소리에 또 깼어요. 여러분들도 그러셨지요? 그때가 구자철 선수가 추가 골을 넣을 땝니다. 2대 0으로 우리가 리드하기 시작할 때입니다. 이래저래 잠을 못 자게 되었습니다. 그런데 여러분, 이번에 영광의 동메달을 걸기 전에 지난번 4강전에서 브라질에게 그만 안타깝게 패하고 말았습니다. 자, 생각해 봅시다. 브라질에게 4강전에서 패했다는 것도 사실입니다. 그런데 그것은 과거입니다. 흘러갔습니다. 돌이킬 수 없습니다. 하지만 올림픽 사상 처음으로 대한민국이 동메달을 목에 걸었다는 것도 사실입니다. 이것이 현재입니다. 그러므로 어제 온 나라가 축하 분위기였습니다. 들썩거리면서 기쁨으로 가득 차지 않았습니까? 이것이 우리가 지금 누려야 마땅한 현재형이에요.

브라질에게 진 것도 사실이지만 숙적인 일본을 누르고 영광스러운 동메달을 목에 건 것도 사실이에요. 그런데 만일 어떤 사람이 브라질에게 아깝게 4강전에서 패한 것 때문에 지금도 여전히 슬퍼만 하고 있다면 어떨까요? 그래서 현재형의 이 기쁨을 누리지 못한다면 어떨까요? 이거야말로 얼마나 우스꽝스러운 일이겠습니까?

마찬가지로 내가 그리스도와 함께 죽은 것은 과거의 사실입니다. 그런데 내가 그리스도와 함께 다시 부활했고 살아났다는 것도 사실입니다. 그리스도와 함께 죽었다는 것은 과거형이요, 그 부활하신 그리스도가 내 안에 살아 계시다는 것은 현재형입니다. 어느 쪽에 초점을 맞추느냐에 따라서 우리 신앙의 분위기는 매우 달라집니다. 하늘과 땅 차이입니다.

사도 바울은 그리스도와 함께 죽었다는 과거에 시선이 머물러 있지 않습니다. 거기에서 한걸음 전진합니다. 부활로 나아가지요. 자, 그렇다면 "이제는 내가 사는 것이 아니요 내 안에 그리스도께서 사시는 것이라" 말했는데 내가 사는 것이 아니라는 말이 무슨 소리일까요? 내가 싹 없어져 버렸다는 소리일까요? 불교에서 말하는 '자아의 소멸'을 말하는 것일까요? 이 못된 '나'라는 인격이 완전히 사라져 버렸다는 말일까요? 이제는 내가 없는 무아의 경지에 이르게 되었다는 의미일까요? 전혀 아닙니다.

여러분, 어느 경우에도 기독교나 성경에는 사람의 인격이 소멸되는 경우가 없습니다. 출애굽기 4장에 보면 아주 흥미로운 장면이 등장합니다. 이스라엘 백성이 애굽에서 나올 때가 되었습니다. 이끌 리더가 필요해요. 그래서 하나님께서 모세를 찾아가지 않습니까? 모세에게 부탁을 해요. 전능하신 하나님, 창조주이신 그분이 인간 모세와 마치 친구처럼 얼굴을 맞대고 이야기하는 장면이 나와요.

모세에게 이스라엘 백성을 이끌라고 부탁합니다. 재미있게도 모세가 여러 번 하나님의 말씀을 거절합니다. "하나님, 저는 못갑니다. 이미 늙었습니다. 애굽을 떠난 지 벌써 40년이 흘렀습니다." 계속 반복해서 거절합니다. 생각해 보면 흥미로운 장면 아닙니까? 아니, 간이 배 밖에 나와도 한참 나왔지, 이분이 누굽니까? 온 세상을 만드신 창조주입니다. 전능하신 그분의 엄위로운 말씀에 먼지에 비유할 수도 있는 이 하찮은 인간 모세가 여러 번 거절한다 이 말씀이지요. 나중에는 이렇게까지 말해요. "하나님, 저는 입이 뻣뻣하고 둔한 자입니다. 그래서 말을 잘 못합니다. 보낼 만한 자를 보내소서." 성경 보니까 하나님이 여기까지 듣고 난 다음에는 화가 나셨대요. 그런데 주목할 것은 화가 났다고 하나님이 당장 하늘로부터 벼락을 때려서 모세를 죽이지 않아요. 오히려 모세의 이야기를 들어주시고 모세를 설득하십니다. 알아듣게끔 말입니다.

"모세야, 너의 형 아론이 있지 않냐? 아론이 말 잘한다는 것을 내가 안다. 그러니 말은 아론이 하게 시키고 너는 뒤에서 총지휘만 하면 된다." 이렇게 말씀하세요. 여러분, 전능하신 그분과 맞대면하는 가장 신비로운 시간이지만 어떻습니까? 인간의 생각이 살아 있고 나의 주장이 살아 있어요. 그런데 이런 장면은 구약에만 있지 않습니다. 신약성경도 마찬가지예요.

사도행전 9장을 보면 다메섹이라는 도시에 '아나니아'라는 주님의 제자가 살고 있었습니다. 그런데 사도 바울이, 그때는 사울이었지요. 다메섹에 살고 있는 예수쟁이들을 잡으러 살기등등 의기양양해서 가고 있었습니다. 가다가 태양보다도 더 밝은 부활하신 그리스도를 만나지요. 그러고는 그냥 땅에 거꾸러지지 않습니까? 그런 다음에 그의 눈이 멀어버려요. 결국 사람 손에 이끌려서 다메섹에 들어가게 됩니다.

사흘 동안 전혀 먹지도 마시지도 않으면서 금식하며 기도하고 있는데 바로 그때 다메섹에 살고 있는 아나니아에게 부활하신 그리스도가 나타나십니다. 그러고는 말씀하세요. "아나니아여, 지금 일어나서 직가라는 거리로 가서 다소 사람 사울을 찾으라. 저가 기도하는 중이니라. 아나니아라는 사람이 들어와서 자기 눈에 안수해서 자기 눈이 뜨게 되는 것을 그가 환상 중에 보았다."

그때 아나니아가 뭐라고 답변을 하지요? "주여, 그럴 수 없습니다. 나 못갑니다." 이렇게 버티는 거예요. "아니, 이 사람이 다메섹에 왜 왔는지 다 아시지 않습니까? 우리 예수 믿는 신자들 잡아다가 예루살렘으로 끌고 갈 목적으로 왔는데, 그리고 이미 예루살렘에서 주의 교회에 적지 않은 피해를 끼쳤다고 소문이 자자한데 이런 사람에게 내가 왜 갑니까?"라고 반대의사를 분명히 표명했어요. 그랬더니 주님이 아나니아를 이렇게 설득하십니다. "가라, 이 사람은 내 이름을 이방인과 임금들과 이스라엘의 자손들에게 전하기 위해서 택한 나의 그릇이라." 성도 여러분, 보세요. 구약이든 신약이든 어느 경우에도 아무리 신비한 영적 체험을 하는 자라고 할지라도 사람의 인격이 완전히 소멸되는 법은 없습니다.

나의 생각도 나의 감정도 나의 주장도 살아 있습니다. 심지어 전능하신 창조주 앞에 내가 함부로 반대 의견을 꺼내 놓을 수 있을 정도로 살아 있다 이 말이지요. 그러니까 그리스도와 함께 내가 하나로 연합되었다고 해서 내 인격은 소멸되어 버리고 내가 로봇처럼 변하는 것은 아닙니다. 그리스도와 연합되었다고 상명하복식으로 하나님이 억지로 나를 몰아붙이는 것도 아닙니다. 연합된 이후에도 지속적이고 인격적인 소통이 있습니다.

그렇다면 도대체 "내가 사는 것이 아니요 오직 내 안에 지금 그리스도께서 사신다"는 것이 무슨 말입니까? 며칠 전에 이런 장면을 TV에서 봤어요. 8·15가 다가오지 않습니까? 아마 우리 정부에서 홍보 차원에서 만든 영상인 것 같아요. 영상도 흑백이에요. 어떤 한 남자가 양말을 깁고 있는 모습이 등장했습니다. 사람 얼굴은 안 보여요. 열심히 뚫어진 양말을 깁고 있는데 조금 있다가 여자 아나운서의 이런 나레이션이 나와요. "깁고 깁고 또 기웠습니다. 이 사람은 임시정부의 주석입니다."

알고 보니까 상해 임시정부 시절에 워낙 가난해서 임시정부의 주석이었던 김구 선생님부터 자기의 양말을 수도 없이 기워서 신었다는 이야기입니다. 그걸 이 시점에 내보낸 이유는 이런 뜻이겠지요. 지금 우리가 얼마나 잘먹고 잘살고 있습니까? 그저 사방팔방에서 늘 듣는 이야기가 살 빼는 이야기, 다이어트 이야기입니다. 하루에도 엄청난 양의 음식이 남아도는 세상을 우리가 살고 있어요. 달라진 세상이지만 이런 김구 선생님 같은 훌륭한 분의 위대한 애국정신, 근면정신을 오늘에 다시 한 번 되살리자는 의미일 것입니다. 우리보다 앞서간 고생 많이 한 선현들의 훌륭한 정신을 오늘 우리의 가슴에 다시 한 번 살아 숨 쉬게 하자는 의도이겠지요.

하지만 바울이 "부활하신 그리스도가 이제 내 안에 현재형으로 살아 계신다"고 말할 때 그 의미는 "아하, 그렇구나. 그리스도의 그 훌륭한 정신이 오늘 이 땅을 살아가는 신자의 마음속에 현재적으로 살아 있어야 된다. 의미상 살아 있다는 말이구나"라고 생각하면 틀린 겁니다. 의미상 살아 있다는 말이 아니라 부활하신 그리스도가 실제로 내 안에 지금 이 순간 살아 숨 쉬고 있다는 뜻입니다. 여러분, 여기 2장 20절 짧은 구절 안에서 바울이 '나'라는 단어를 무려 여섯 번이나 반복하고 있어요. 그게 무슨 뜻입니까? 지금 바울이 말하는 것은 이론이 아니라는 뜻이에요. 어떤 조직적인 신학 체계를 이야기하는 게 아니라 순전히 경험적인 어떤 실제를 말하고 있어요.

자, 그렇다고 해도 내 안에 부활하신 그리스도가 살아계신다고 하는데, 그걸 도대체 우리가 어떻게 증명을 하느냐는 말이지요. 일전에 '세상에 이런 일이'라는 TV 프로그램을 보니까 56세의 남자가 머리가 아파서 병원 가서 엑스레이를 찍어 보니 머리 한복판에 무려 5센티미터나 되는 큰 대못 하나가 박혀 있는 거예요. 그렇게 실제로 물체가 몸안에 있다면 엑스레이를 찍어 보든지 아니면 MRA를 찍어 보면 드러날 거예요. 그러나 도대체 내 안에 그리스도가 계신다는 것을 우리가 어떻게 검증하고 확인할 수 있다는 말입니까?

일단 내 안에 그리스도가 사신다, 더 이상 내가 사는 것이 아니라고 말해도 나라는 인격체가 소멸되는 것은 아닙니다. 대신 나라는 인격이 있는데 거기에 덧붙여서 그리스도라는 새로운 인격체가 들어왔습니다. 그러니까 이전에는 내 안에 나 혼자 살고 있었는데 이제는 내 안에 두 인격체가 공존하고 있는 셈이에요. 이런 현상을 의학적으로는 다중인격, 전문용어로는 해리성 정체장애라고 부릅니다. 아주 고치기 어려운 정신질환입니다.

미국의 캐머런 웨스트라는 심리학 박사가 있습니다. 이분은 실제로 본인 스스로가 이 다중인격을 오랫동안 앓아왔던 사람이에요. 웨스트 박사 몸 안에는 무려 스물네 사람의 완전히 다른 인격체들이 살고 있었습니다. 나이도 각각 달라요. 한두 사람이 아니에요. 스물네 사람이 동시에 한 인격체 안에 살고 있는 거예요. 이건 귀신들린 현상하고 다릅니다. 정신적인 질환이에요.

성격도 각각 다 달라요. 허약한 성격이 있는가 하면 아주 억센 성격이 있습니다. 어떤 인격체는 굉장히 점잖고 온순해요. 미술가, 그리고 시인도 있어요. 그런가 하면 아주 교활하고 쾌락을 좋아하고 폭력적인 사내도 있어요. 웨스트 박사는 본인을 일컬어 말하기를 산산조각난 자아의 파편들이라고 했습니다. 이 말이 정말 맞을 것 같습니다. 그러고는 "나는 지금까지 항상 한 조각의 인간에 불과하다는 느낌을 안고 살아왔다"고 했어요. 그러지 않겠어요? 스물네 사람의 다른 인격체가 어떨 때는 이 사람, 어떨 때는 저 사람이 튀어올라오니까 나는 그저 한 조각의 인간에 불과하다는 느낌을 버릴 수가 없었겠지요. 웨스트 박사는 본인의 이런 경험을 토대로 논문을 써서 심리학 박사 학위를 얻었습니다.

 그런데 이분의 경우와 내 안에 그리스도께서 사신다는 바울의 말은 아주 결정적인 차이가 있습니다. 다중인격은 인격의 분열이에요. 반면 내 안에 그리스도가 사신다는 말은 인격의 통합을 말합니다. 내 인격이 소멸되는 게 아니라 내가 그리스도에게 통합되는 것이지요. 내 인격이 그리스도의 인격에 종속되는 겁니다. 그리스도가 나를 지배하는 거예요. 그러니까 바울이 이제는 더 이상 내가 사는 게 아니라 내 안에 그리스도가 사신다고 할 때 이 말은 소멸의 개념이 아니라 지배의 개념을 말하고 있습니다. 이렇게 말씀드려도 아직 와닿지는 않을지 모릅니다.

 여러분, 내 안에 부활하신 그리스도가 살고 있다는 것을 엑스레이로 찍어서는 알 수가 없지만 이제 그리스도가 내 안에 살게 되면서 나타나는 증거들이 있습니다. 이전에는 전혀 몰랐고 전혀 없었던 새로운 경향들이 등장하기 시작합니다. 며칠 전에 어떤 집사님과 식사를 하는데 그 남자 집사님이 이런 말씀을 하세요. "목사님, 나는 찬양이 너무 좋습니다. 그저 찬양만 하고 싶습니다." 여러분들 중에도 찬양 좋아하시는 분들 많지요? 그래서 이런 생각을 해보는 거예요. 원래부터 이분 성향이 그랬을까? 찬양 좋아하시는 분들, 원래부터 찬양이 은혜롭고 부르기만 하면 하늘문이 열리는 것 같고 마음이 녹아지고 그렇게 좋았습니까?

 아니지요. 안 그랬을 것 같아요. 원래는 노래방이든 가라오케를 가면 마이크 잡고 메들리로 세상 노래를 불렀지요. 나이 드신 분들 같으면 흘러간 옛 노래, 소위 트로트 뽕짝, 이걸 좋아했던 사람들이지요. 다들 아닌 것 같은 얼굴로 저를 쳐다보시네요. 나이드신 40대 50대 같으면 70, 80

년대의 노래, 그리고 요즈음 10대 20대 젊은 아이들 같으면 세계적으로 유행을 타고 있는 케이팝 아이돌 스타들의 노래를 좋아했을 거라고요. 그런데 찬양을 좋아하는 건 전에 없었던 새롭게 나타난 경향이에요. 여기에 주목할 필요가 있습니다.

여러분, 이번 여름에 저희가 처음으로 방학을 이용해서 화요일 아침마다 성경통독 모임을 갖고 있지 않습니까? 지난주 화요일날, 제가 잠깐 들렀더니 의외로 남자분들이 여러 분 계세요. 그래서 제가 "아이고, 날씨도 이렇게 더운데 성경 읽느라고 고생 많이 하십니다" 했더니 남자 성도님이 제게 "아니요. 목사님, 너무 좋습니다. 이런 시간을 만들어주셔서 고맙습니다"라고 했습니다. 여러분, 이분이 원래부터 이런 분이었을까요? 바깥의 온도는 35도 36도를 가리키고 있는 폭염 속에서 일부러 화요일 아침에 나와서 사방이 여자로 둘러싸여 있는 그 한복판에서 읽어야 합니다. 그것도 한두 시간이 아니고 아침 10시부터 오후 1시까지 무려 3시간 동안 성경을 통독해야 합니다. 그런데도 그 말씀이 그렇게 좋다는데, 이것이 원래 이 사람이 가지고 있던 성향이었겠는가 이 말이지요.

지난달에 저희가 추천도서로 엘리제 셰핑, 우리 이름 서서평 선교사님의 《바보야 성공이 아니라 섬김이야》라는 책을 소개해 드렸습니다. 서서평 선교사가 선교부에 쓴 편지에 이런 내용이 나와요. "조선은 왕으로부터 백성에 이르기까지 가난한 나라입니다. 그저 그런 가난이 아니라 정말로 가난한 나라입니다. 조선 천지를 다녀보아도 모두가 가난뿐입니다. (중략) 전도 여정 내내 성인 남녀와 청소년을 가르쳤고 저녁 모임에서는 성경을 읽고 쓰고 찬양을 했습니다. 어떤 모임은 12시나 새벽 1시를 지나서 회중들에게 제발 집으로 돌아가도록 권면해야만 했습니다. 꿀보다도 더 달고 정금보다 더 보배로운 하나님의 말씀에 깊이 빠진 저들의 모습이 보기 좋습니다."

여러분, 거대한 중국땅 한 귀퉁이에 붙어 있는 이름도 없던 조선, 온통 가난과 술과 그리고 도박에 찌들어 있던 나라 아닙니까? 이 나라에 새벽 1시가 되어도 떠날 줄 모르고 꿀송이 빨아들이는 것처럼 하나님의 말씀을 빨아들이는 이런 경향이 원래 있었겠느냐고요? 새롭게 나타난 경향 아니겠습니까? 그리스도가 내 안에 살기 시작하시면 거룩한 생활을 갈망하게 되지요. 이것도 전에 없던 경향이에요. 사랑하고 싶고, 먼저 양보하고 싶고, 그리고 봉사하고 싶어집니다. 여러분, 주일날 우리 교회 6천 명 성도가 어려움없이 이렇게 예배를 드리려면 눈에 보이게 혹은 보이지 않게 많은 성도들이 섬겨주어야 됩니다.

이런 분들 만나면 제가 그렇게 인사를 하지요. "집사님. 너무 수고가 많으십니다. 애쓰십니다." 그러면 종종 이렇게 반응이 돌아와요. "뭘요. 목사님, 내가 좋아서 하는 일인데요." 아니, 이런 봉사한다고 돈이 생깁니까? 밥이 생깁니까? 잘해 봐야 본전이고, 안 그러면 이런저런 불평 듣기가 십상인데, 이 일을 하는 게 좋대요. 이게 원래 이분의 성향이었을까요?

그것만이 아닙니다. 우리 안에 어려움없는 사람이 어디 있겠어요. 하늘나라 갈 때까지 다 문제를 달고 사는 게 인생 아니겠습니까? 그런데 분명히 어려움의 한복판에 있는데 마음이 마치 맑은 호수처럼 편안해요. 내가 나를 생각해도 이해가 안 돼요. 그렇다고 해서 무슨 긍정적인 사고

방식을 시도해 본 것도 아니에요. 그러니까 심리적으로 설명할 수가 없습니다. 알 수 없고 설명할 수 없는 이상한 평안이 내 안에 있다는 말이지요. 이것이 웬일입니까?

또 우리가 신앙생활 잘하다가 넘어질 수도 있고 범죄하는 때도 있잖아요? 그리고 밑바닥으로 내 영혼이 가라앉는 때가 있지요. 이렇게 영적 침체에 빠져 있고 영혼이 짓눌려 있을 때는 봉사도 하기 싫습니다. 신앙생활 자체가 시큰둥합니다. 사람 만나기도 싫고 교회 나오는 것도 싫어요. 그런데 이상하게 어느 순간 나도 모르는 사이에 하나님 보좌 앞으로 와 있어요. 영광스러운 하나님의 얼굴을 바라보면서 내가 울고 있어요. 회개하고 있어요. 내 영혼은 완전히 밑바닥이에요. 그래서 내 힘으로 하나님께 손을 내밀지도 못합니다. 회복을 위해서 내가 아무런 시도를 하지 않았는데 때가 되면 회복됩니다.

제가 몇 가지 단편적인 예들을 말씀드렸습니다마는 여러분, 이 모든 예들이 보여주는 것은 딱 한 가지 사실밖에 없습니다. 이 모든 것은 내가 하는 일이 아니지요. 그러면 뭐예요? 내 안에 살아계신 그리스도께서 주도적으로 하시는 일인 줄로 믿습니다. 그러므로 성도 여러분, 그리스도가 내 안에 산다는 말은 쉽게 생각하면 주인이 바뀌었다는 것입니다. 자, 한번 따라서 해보세요. "이제 주인이 바뀌었다." 주인이 바뀌었어요. 집은 옛날 그대로인데 주인이 바뀐 집을 가본 적이 있습니까? 주인이 바뀌고 나니까 벽지도 커튼도 더 밝고 아름다운 색깔로 바꾸고 인테리어도 새롭게 했어요. 그 집 덩어리는 그대로인 것 같은데 주인이 바뀌니까 완전히 딴 집이 되어버렸습니다.

여러분, 마찬가지로 내 안에 주인이 바뀌니까 내가 딴 사람으로 변했습니다. 예전의 나 맞아요. 그런데 딴 사람이 되어버렸어요. 왜요? 주인이 달라졌으니까. 말하자면 그리스도 주도형의 인간으로 바뀌었습니다. 중국의 유명한 목회자 워치만 니가 한때 여기저기 산속을 찾아다니면서 복음을 전했습니다. 중국은 워낙 방대하잖아요. 그리고 소수민족이나 부족들이 산속 깊은 곳에 흩어져서 살아요. 언젠가 깊은 산속에 살고 있는 작은 부락을 방문했습니다. 그런데 거의 부락민 전체가 문맹인데다 술을 좋아해요. 이 사람들한테 복음을 전했지요. 그 중에 어떤 남자가 복음을 받아들여 예수 그리스도를 영접했습니다. 그런데 이 사람이 늘 술에 찌들어 사는 알코올 중독자예요. 이 사람에게 은혜가 임했어요. 예수 그리스도를 자기의 구세주로 영접했어요.

이제 다른 곳으로 이동해야 되는데, 글자를 모르니 성경을 줘도 알 리가 없고, 계속해서 사역자가 남아서 이 사람을 책임질 수도 없습니다. 아주 난처한 상황이 됐어요. 떠나기 전에 워치만 니가 이 사람에게 한 가지를 당부했습니다. "이제 당신은 그리스도를 당신의 주인으로 모셔들였습니다. 내 말을 잘 들으세요. 앞으로는 당신 안에 있는 그리스도가 두목입니다. 당신이 주인이 아니고 당신 안에 살고 있는 그리스도가 당신의 주인입니다." 알아듣기 쉽게 그리스도를 두목이라고 가르쳐줬어요. 그러고는 그곳을 떠났습니다.

우연히 몇 년 뒤에 다시 그 마을을 방문하게 되었는데 웬걸요? 그전에 복음을 전했던 이 사람이 완전히 바뀌어서 그야말로 거룩한 그리스도인이 되어 있었습니다. 몇 년간 술은 한방울도 입에 대지 않은 거예요. 그래서 너무 놀랍고 의외여서 이 사람에게 물었습니다. "아니, 어떻게 해서 당신이 이런 그리스도인다운 생활을 할 수가 있었습니까?"

거기에 예배당이 있는 것도 아니고 앞에서 끌어갈 영적인 멘토가 있는 것도 아니었지요. 그런데 이 사람이 완전히 거룩한 하나님의 사람으로 바뀌어 있었습니다. 이 사람이 슬며시 웃으면서 이렇게 대답했습니다. "선생님이 떠나실 때에 마지막으로 내게 들려주신 말씀을 기억하시나요? 내 안에는 이제 내가 사는 것이 아니고 그리스도가 사는데 그분이 두목이라고 말씀하셨습니다. 선생님 오실 이때까지 내 안에 계시는 이 두목의 음성을 듣고 살아왔습니다."

성도 여러분, 바로 이것입니다. "이제는 내가 사는 것이 아니요 오직 내 안에 그리스도께서 사시는 것"이라는 말은 바로 내 안에 현재형으로 살아서 내 인생을 움직여 가시는 분, 내 생각과 내 감정을 통제하고 조절하시는 분이 계시다는 겁니다. 그분이 두목이신데 그분 이름이 그리스도입니다. 여러분, 일자무식에 아무런 영적인 도움도 받을 수 없었던 그 사람이 이렇게 변할 수 있다면 저와 여러분도 얼마든지 변할 수 있습니다. 아무리 노력해도 순종의 삶을 살기가 어렵지만 바울은 "오직 내 안에 그리스도께서 사시는 것이라"고 말합니다. 모쪼록 주님의 부활의 능력으로 그리스도 주도적인 삶을 살아가심으로 놀라운 삶의 변화들을 경험하시길 바랍니다.

믿음 안에서 사는 것 (갈 2:20)

"내가 그리스도와 함께 십자가에 못 박혔나니 그런즉 이제는 내가 사는 것이 아니요 오직 내 안에 그리스도께서 사시는 것이라 이제 내가 육체 가운데 사는 것은 나를 사랑하사 나를 위하여 자기 자신을 버리신 하나님의 아들을 믿는 믿음 안에서 사는 것이라."

스무 살 먹은 그리스도인 청년이 있었습니다. 이 청년 혼자 너무 고민을 하다가 본인의 고민을 인터넷에 올려 상담을 요청했습니다. "성적인 문제 때문에 지금까지 하나님 앞에서 가증스러운 짓을 많이 했습니다. 이걸 끊으려고 해도 잘 되지 않습니다. 그래서 거세를 하고 싶은데 우리나라에서는 불가능합니까?" 그러고는 이어서 "장난이 아닙니다. 진심입니다. 그렇게 하고자 하는 이유는 예수님 말씀처럼 천국을 위해서 스스로 고자 되기 위함입니다. 물리적인 거세가 어렵다면 화학적인 거세라도 꼭 하고 싶습니다"라고 했습니다.

여러분, 만일에 이런 상담을 받으셨다면 이 청년에게 어떤 대답을 하시겠습니까? 거기 올라온 댓글과 대답들을 보니까 공통적으로 이런 내용입니다. "그러지 마세요. 거세를 한다고 해도 마음속의 음란을 완전히 벗어나진 못합니다." 들어보면 공감될 만한 내용 아니겠어요? 오죽했으면, 얼마나 견디기가 힘들었으면 이런 생각까지 하게 되었을까요? 성도 여러분, 우리가 신앙생활을 하고 있다고 육신을 벗어나는 것은 아니지 않습니까? 육신을 부정할 수도 없어요. 어차피 이 땅 위에서 살아가는 동안에는 육신 안에서 살아갈 수밖에 없지요.

그래서 진정한 그리스도인답게 살기를 원하는 많은 신자들에게 주어진 커다란 질문은 이것입니다. "도대체 믿는 사람으로서 어떻게 이 육신의 문제를 다루어야 될 것인가?" 이것이 고민거리입니다. 이 문제에 대한 기독교의 전통적인 해답 중 하나는 고행을 선택하는 것입니다. 일부러 내 몸을 괴롭혀서 육체를 절제하는 것이지요. 그 대표적인 사람은 아마 위대한 종교 개혁자였던 마틴 루터일 것입니다.

루터는 회심하기 전에 수도원의 수도사였습니다. 자기 자신에게 매우 엄격한 수도원 생활을 해왔지요. 주변에 있는 사람들이 "제발 건강을 좀 생각하라"고 만류할 정도로 종종 금식을 했습니다. 그것도 가볍게 한두 끼를 하는 것이 아니라 한번 하면 뼈와 가죽만 남을 정도로 금식을 했어요. 그래서 수도원 복도에서 죽은 것처럼 쓰러져 있는 루터를 사람들이 여러 번 발견하고는 했습니다.

그 루터가 이렇게 적고 있습니다. "나는 말로 표현하기 어려운 수도원의 엄격한 규율들을 지켜왔다. 만일에 이런 고행으로 천국을 얻을 수 있다면 나는 분명히 그런 자격이 있는 사람이다. 하지만 이런 일들을 내가 더 계속했다면 나는 고행의 결과로 죽고 말았을 것이다." 루터는 이 정도로 극단적인 형태의 고행을 마다하지 않았습니다. 그러나 이런 고행에도 불구하고 그의 영혼은 결코 평안을 얻지 못했습니다. 영혼의 해방을 맛보지 못했어요. 오히려 반대로 계속 죄책감 때문에 마음이 짓눌려 있는 상태였지요. 그래서 그는 "나는 날마다 지옥을 산다"라고 고백할 정도였습니다.

그러므로 성도 여러분, 육신의 문제를 해결하기 위해 육신 자체를 괴롭히는 것은 바람직한 해결책이 아닙니다. 성경에서도 금욕을 위한 금욕은 오히려 금하고 있는 형편입니다. 성경이 반대해요. 아마 우리 중에 이런 말을 하시는 분들도 있을 거예요. "맞습니다. 이런 게 바로 행위종교 아니겠습니까? 사도 바울이 그토록 반대하던 행함의 종교가 이런 것 아니겠습니까? 우리는 모든 율법적인 행위에서 해방되지 않았습니까? 문제는 내가 뭔가를 해보려고 나서는 것입니다. 내가 앞장 서서 뭔가를 시도해 보고 노력해 보는 것, 이것이 바로 문제를 일으키는 원인입니다. 그러니까 차라리 아무것도 하려 하지 말고 그냥 그 상태에 머물러 있으면서 모든 것을 하나님께 맡기면 족합니다."

들어보면 그럴듯합니다. 마치 세 살밖에 안 된 어린아이가 엄마의 일을 도우려고 나서자마자 사고를 저지르는 것과 같습니다. 엄마를 돕겠다는 기특한 마음은 이해가 되지만, 이 아이가 엄마를 돕겠다고 일어서는 순간 무슨 일이 벌어집니까? 물을 엎지르지요, 그릇을 깨지요, 넘어져서 다칩니다, 사고가 나기 시작합니다. 이처럼 여전히 불완전하고 연약한 우리 인간이 하나님을 위해서 뭔가 해보려고 나서는 순간, 사고를 저지르기 마련입니다. 그러니까 오히려 움직이지 말고 그냥 그 상태 그대로 그 자리에 머물러 있는 것이 하나님을 도와주는 것이라고 생각합니다.

자, 이렇게 생각하니까 아무것도 안 하려고 들지요. 내 편에서 뭔가 해보려고 시도하는 것 자체가 믿음 없는 짓이라고 폄하해 버립니다. 이런 사람들이 좋아하는 표어가 있어요. "나는 죽고 그리스도만." 참 일리있는 말입니다. 얼마나 멋진 말입니까? 오늘 본문에서도 바울이 "이제는 더 이상 내가 사는 것이 아니요"라고 말하고 있지 않습니까? "내 안에 현재형으로 그리스도가 살아계신다. 이 그리스도가 내 인생의 주인이다. 내 안에 내주하고 계시는 두목이다. 그러니까 내가 뭔가 하려고 나서지 말자. 모든 주도권을 그리스도에게 내어드리고 나는 가만히 머물러 있자." 이것이 가장 바람직한 것이라고 주장합니다.

어떻게 생각하십니까? 들어보면 공감이 가지 않습니까? 그런데 여러분, 내가 가만히 있는다고 해서 자동적으로 거룩해지는 것은 결코 아니에요. 오히려 가만히 있다가 잘못하면 영적인 무기력증에 빠질 수도 있습니다. 물론 우리는 그리스도와의 연합을 쉽게 인정할 수 있습니다. "그리스도와 내가 이제 하나로 연합되었다. 그러므로 그리스도의 죽음이 내 죽음이요, 그리스도의 부활이 내 부활이다. 그리스도와 나는 더 이상 둘이 아니라 하나다." 이걸 인정하는 게 뭐 어렵습니까? 그저 고개만 끄덕 끄덕하고 "믿습니다. 아멘입니다." 받아들이고 입으로 고백하면 그만이지요.

그런데 그게 전부이고 더 이상 아무런 행위도 없다면 어떻게 될까요? 성도 여러분, 우리가 예수를 믿고 난 다음에는 순종해야 된다고 늘 듣지 않습니까? 그런데 생각해 봅시다. 과연 이 순종이라는 것이 죄로부터 떠나고 자기를 부인하기 위한 치열한 몸부림 없이 쉽사리 가능한 것일까요? 아무것도 하지 않고 그저 그 자리에, 그 상태 그대로 머물러만 있으면 이것이 가능하겠습니까? 주님을 따르고 섬기는 것이 그런 애씀과 노력 없이 쉽게 이루어지는 일이겠는가 하는 것입니다.

요즈음 어느 광고에 나오는 말처럼 "묻지도 않고 따지지도 않고" 그저 무조건 믿는다고 고백만 하고 거기서 멈춰버린다면 어떻게 될까요? 이야말로 안일하고 맹목적인 믿음만능주의에 빠지는 것 아닐까요? 사람들 비판대로 값싼 은혜요, 싸구려 구원으로 폄하되지 않을까요? 빌립보서에 보면 바울도 "너희가 항상 복종하라. 두렵고 떨림으로 너희의 구원을 이루라"고 말하지 않습니까? 마치 우리가 더 이루어야 하는 것이 남아 있어서 그것을 의지적으로 행해야 하는 것처럼 권면하고 있지 않습니까? 그 자리에 가만히 머물러 있으라고 말하는 것과는 거리가 멀어 보이지 않습니까?

고린도전서에서 바울은 자신에 관해 "내가 복음을 전파한 후에 하나님께 버림을 당할까 두려워 내 몸을 쳐서 복종시키노라"고 말합니다. 여러분, 바울이 어떤 사람입니까? 우리가 알지 않습니까? 복음을 전했습니다. 최선을 다했습니다. 이방인의 사도로서 하나님이 주신 계시의 내용을 남김없이 다 전했어요. 그리고 난 다음에 "난 할 일을 다했으니까 가만히 머물러 있겠다"는 고백이 아니지 않습니까? 복음을 전파한 후에도 내 생활이 하나님 보시기에 좋지 않거나 죄로 물든 생활 속으로 방심하여 빠질까 두려워 내 몸을 쳐서 복종시킨다는 것 아닙니까?

성경을 보면 "하나님이 알아서 다 하니까 너희는 아무것도 하지 마라. 가만히 있어라"는 명령은 없어요. 물론 이스라엘 백성들이 출애굽하여 홍해 앞에 섰을 때 모세가 두려워하는 백성들을 향해 하는 말이 있지요. "너희는 오늘 가만히 있어 여호와께서 너희를 위해서 행하신 구원을 보라." 그런데 이건 예수를 잘 믿고자 하는 사람이 아무런 순종의 행위 없이 그 자리에 그대로 머물러 있어도 좋다는 말이 아닙니다. 믿음이 없어 이미 두려움과 패닉 상태에 빠져 안절부절 못하고 있는 하나님의 백성들을 보면서 하는 말 아니겠습니까? 위대한 구원자이신 하나님을 믿으라고 요청하는 말이지요.

대부분 성경에서 우리를 향한 명령은 '행하라'는 명령입니다. 죽도록 충성하라, 마귀를 대적하라, 힘써 기도하라. 이런 명령들을 우리는 성경에서 종종 만나게 됩니다. 자, 우리는 지금 딜레마에 빠져 있습니다. "그리스도가 내 안에 사신다." "하나님과 내가 하나로 연합되었다." 이런 신비가 어디 있습니까? 이는 체험해 보지 않은 사람은 도저히 알 수가 없는 영적인 깊은 비밀입니다. 이처럼 그리스도가 내 안에 현재형으로 살아계신다는 영적인 신비를 맛보고 있으면서 동시에 육체를 부정할 수는 없습니다. 육체를 초월하거나 벗어날 수도 없습니다. 그렇다고 육체의 문제를 해결하기 위해 육신을 괴롭히는 고행도 바람직한 방법은 아니에요. 또 육신을 움직이지 않고 가만히 그 자리에 머물러 있는 안일한 믿음주의도 정답은 아닙니다.

그러면 이 딜레마를 어떻게 풀어야 될까요? 거기에 대한 대답이 오늘 2장 20절에 나와 있습니다. 우리는 먼저 "그리스도와 내가 함께 하나가 되었다. 함께 죽었다"는 것을 살펴보았습니다. 그리고 그리스도의 죽음과 하나로 연합되었을 뿐 아니라 한걸음 나아가 "그리스도의 부활과 내가 하나로 연합되었다. 그러므로 이제는 그리스도가 내 안에서 주인으로 살아계신다"는 것을 살펴봤습니다. 우리의 질문은 이것입니다. 이렇게 해봐도 안 되고 저렇게 해봐도 안 되는 이 육신에 대한 신자의 해결책은 도대체 무엇인가?

20절 후반에서 바울은 "이제 내가 육체 가운데 사는 것은 나를 사랑하사 나를 위하여 자기 자신을 버리신 하나님의 아들을 믿는 믿음 안에서 사는 것이라"고 말하고 있습니다. 여러분, 육체 가운데 사는 것을 바울이 어떻게 풀어서 해석하고 있나요? 그것은 곧 믿음 안에서 사는 것이래요. 육체 안에서 그리스도인으로 살아가는 것은 그리스도를 믿는 믿음 안에서 사는 것과 똑같답니다. 등식이랍니다.

전제는 우리가 육신을 벗어날 수도 없고 육체를 버릴 수도 없다는 것입니다. 어차피 하늘나라 갈 때까지 육신 안에서 살아가기 마련입니다. 그런데 우리가 이 땅을 육신 안에서 살아간다는 것은 육신을 따라가거나 육체의 욕심을 따라 사는 것과는 다른 이야기라는 겁니다. 사실 이 둘은 완전히 다릅니다. 왜요? 바울이 뭐라고 말했어요? 육체 안에서 살기는 하지만 오늘 내가 그리스도인으로서 육신 안에서 이 땅을 살아가는 것은 곧 그리스도를 믿는 믿음으로, 믿음 안에서 사는 것이래요. 다시 말해 육신 안에서 사는 것과 육신을 따라 사는 것은 완전히 다른 문제입니다. 이는 아주 중요한 선언입니다.

성도 여러분, 혹시 싸이라는 가수를 아십니까? 웃으시는 것 보니까 아시는 것 같아요. 이 싸이라는 가수가 최근에 뮤직비디오 하나를 내놓았습니다. 제목이 〈강남스타일〉이에요. 그런데 온 세계인들이 이 뮤직비디오의 동영상을 접속하고 있습니다. 접속 건수가 현재 약 3600만 건 정도 됩니다. 계속 늘어나는 추세인데 어디까지 늘어날지 모르겠어요. 요즘 케이팝 열풍이 세상을 지배하고 있지 않습니까? 빌보드차트 1위, 그리고 미국과 캐나다 뮤직비디오차트 각각 2위에 올라와 있습니다. 워낙 이 〈강남스타일〉이라는 뮤직비디오가 유행을 타니까 미국의 CNN방송에서 이걸 다뤘어요. 최근에는 미국 타임지에서 월드뉴스 1면 기사로 이 내용을 다뤘습니다.

도대체 뭐가 이렇게 세계인들로 하여금 열광하게 만드는 것일까요? 전문가들의 분석에 의하면 이렇습니다. 이 싸이라는 가수가 보이고 있는 말 타는 것 같은 '말춤' 과 후렴처럼 반복되는 "오빠는 강남스타일, 오빠는 강남스타일" 이 표현이 대단히 흥미롭다는 거예요. 그리고 따라하기가 쉽다는 겁니다. 또 온 세계 사람들이 한국 싸이의 〈강남스타일〉을 패러디해서 만들어 놓은 게 많습니다. 브라질에서도 만들고 스페인에서도 만들고 각국에서 자기 나라말로 만들었어요. 한국말 노래 가사를 자기 나라 언어로 소리 나는 대로 적어 놓고 부르면서 동작을 따라 합니다. 그런 모습들이 유튜브에 올라와 있어요.

참 대단합니다. 그런데 가만히 생각해 보니까 이것이 남의 동네 이야기가 아니잖아요. 여러분들 대부분 강남에 살고 계신 분들 아닙니까? 그리고 우리 교회가 강남 한복판에 자리 잡고 있지 않습니까? 그 가사 내용을 일부분 인용해 보면 이렇습니다. "나는 사나이, 점잖아 보이지만 놀 때는 노는 사나이, 때가 되면 완전히 미쳐버리는 사나이, 근육보다도 사상이 울퉁불퉁한 사나이, 지금부터 갈 데까지 가볼까, 오빠는 강남스타일 강남스타일."

제가 드리고 싶은 질문은 이것입니다. 여기 앉아계신 성도 여러분들도 강남스타일이세요? 아니지요? 우리가 강남 안에 살고 있는 것은 분명히 맞습니다. 그렇다고 강남스타일을 따라 살지는 않지 않습니까? 마찬가지로 우리가 육체 안에서 지금 살고 있는 건 맞습니다. 그렇다고 육체의 욕심을 따라 사는 것은 아닙니다. 이것이 바울이 육체 안에서 살지만 더 이상 육체를 따라서 사는 것이 아니라 믿음 안에서 산다는 말의 의미입니다.

그런데 워낙 믿음이라는 단어를 많이 듣다 보니까 좀 막연하고 추상적일 수도 있습니다. 그러나 여기서 바울이 말하는 믿음은 그냥 말해 볼 수 있는 믿음이 아닙니다. 구체적인 의미가 담겨 있습니다. 그게 뭘까요? 자, 이 '믿음'이라는 단어를 바울이 사용할 때 주목할 것은 그 앞에 뭔가 먼저 나오고 있다는 사실입니다. 다시 들어 보세요. "이제 내가 육체 가운데 사는 것은 나를 사랑하사 나를 위하여 자기 자신을 버리신 하나님의 아들을 믿는 믿음 안에서 사는 것이라."

우리가 믿음 안에서 사는 것은 맞아요. 그런데 이 믿음보다 먼저 나오는 게 있다는 말이지요. 이는 대단히 중요합니다. 뭐가 먼저 나왔어요? "하나님의 아들이 나를 사랑했다." "그분이 나를 사랑하셔서 목숨까지 버렸다." 이렇게 보면 예수의 사랑은 관념이 아닙니다. 예수의 사랑은 죽음으로까지 그분을 몰아가신 사랑입니다. 여기서 중요한 것은 순서입니다. 우리는 믿음 안에서 살아가고 있습니다. 그런데 우리의 믿음 이전에 예수의 사랑이 먼저 있었어요. 말하자면 지금 육신 안에서 우리가 붙들고 살아가는 이 믿음은 내가 만들어낸 믿음이 아니라 예수의 사랑이 만들어낸 믿음이라는 것입니다.

바울이 하고 싶은 말은 "전에는 내가 이 예수의 사랑을 몰랐다"는 것입니다. 알 리가 없지요. 예수의 사랑에 대해 관심도 전혀 없었습니다. 그런데 어느 날 하나님의 아들이 나를 위해서 자기 목숨을 기꺼이 내놓으셨다는 것을 알았을 때 우리 영혼은 충격을 받았습니다. 그리고 바로 거기서부터 인생이 새롭게 출발하게 되었지요. 그때 지금까지 살아왔던 내 인생도 재조정되었습니다. 비로소 인생의 진정한 가치를 발견하게 되었습니다. 삶의 목적이 바꾸어졌습니다. 더 이상 나를 위해 살지 않습니다. 이제는 누가 살라고 해도 내 마음대로 사는 것이 불가능해져 버린 인생이 되었습니다. 비유하자면 강남스타일로 사는 것이 아니라 이제는 예수 스타일로 삽니다.

바로 이것이 바울이 여기서 말하고 있는 믿음입니다. 나를 위해 고난 당하신 그리스도를 위해서 사는 삶을 말합니다. 이것이 바로 바울이 말하는 믿음의 삶이에요. 그전에는 전혀 몰랐던 새로운 삶의 스타일, 달라진 가치관을 가지고 살아가는 것을 말합니다. 바울은 이것을 그리스도를 믿는 믿음 안에서 사는 것이라고 표현하고 있습니다. 여러분, 이런 믿음으로 사는 삶이 어찌 그 자리에서 아무 움직임 없이, 미동도 하지 않고 그저 가만히 머물러 있다고 가능하겠습니까? 이런 믿음의 삶을 살기 위해서 애를 써야지요. 노력을 해야지요.

혹시 《내려놓음》이라는 책을 보신 적이 있습니까? 이용규 선교사가 쓴 책입니다. 베스트셀러가 됐습니다. 이 선교사가 하버드대학교 박사 학위를 받자마자 곧장 몽골 선교사로 자원을 하지 않습니까? 보장되어 있는 미래의 안락을 내려놓습니다. 인간적인 야망도 내려놓습니다. 그러고는 "나는 하나님 한 분만으로 만족합니다" 이런 고백을 남기고 몽골의 광야로 떠나게 되지요. 그런데 이 선교사가 이런 말을 합니다. "'내려놓음'은 내 인생에서 가장 행복한 결정이었습니다." 어떻게 해서 이런 고백이 가능할까요?

이 선교사도 여전히 육신 안에서 살아가고 있는 사람 맞지 않습니까? 어차피 사람인데 오십보백보 아니겠습니까? 사람의 욕망이라는 게 다 도토리 키재기 아니겠습니까? 그 사람 안에도 안락하고 보장된 미래를 붙잡고 싶은 마음이 있었을 겁니다. 세계에서 가장 유명하다는 대학의 박사 학위까지 거머쥐었으니까 자신의 이름을 내보고 싶은 욕심도 있었을 것입니다. 그런데 이 모든 것을 내려놓는 일이 자신의 인생에서 가장 행복한 결정이었다는 것입니다. 왜요? 도대체 어떻게 해서 여전히 육신 안에서 살고 있는데도 불구하고 이런 대단한 포기가 가능하냐는 말이지요.

이 사람뿐이겠습니까? 가끔 주위에서 비슷한 분들 보지 않습니까? 인생의 모든 것을 내려놓은 것처럼 보이는 사람 말이지요. 여전히 육신 안에서 살아가고 있지만 모든 욕심을 내려놓습니다. 모든 명예를 내려놓습니다. 모든 인기를 다 내려놓습니다. 그리고 물질과 소유도 전부 내려놓습니다. 이것이 어떻게 가능하냐고요? 가능합니다. 왜요? 바울이 이렇게 대답을 주고 있지 않습니까? "이제 내가 육체 가운데 사는 것은 나를 사랑하사 나를 위하여 자기 자신을 버리신 하나님의 아들을 믿는 믿음 안에서 사는 것이라."

사는 이유가 달라졌어요. 삶의 목적이 그리스도이기 때문에 가능합니다. 성도 여러분, 우리가 하늘나라 갈 때까지, 하나님이 이 땅에서 생명호흡 유지시켜 주는 그때까지 어차피 육신 안에서 살아갈 수밖에 없습니다. 이 육체를 포기하지 마세요. 고행을 통해 괴롭히지도 마세요. 그럴 필요가 없어요. 지금도 우리는 육체 안에서 살아갑니다. 그러나 더 이상 예전처럼 육체의 욕망과 욕심을 위해 살아가지는 않습니다. 이 육체를 이제는 나를 위해서 목숨까지 버리시고 고난당하신 그리스도를 위해서 기꺼이 내놓습니다. 그분의 영광을 위해 내 육체를 힘껏 활용하시는 우리 모두가 될 수 있기를 바랍니다.

그리스도와 함께(갈 2:20-21)

"내가 그리스도와 함께 십자가에 못 박혔나니 그런즉 이제는 내가 사는 것이 아니요 오직 내 안에 그리스도께서 사시는 것이라 이제 내가 육체 가운데 사는 것은 나를 사랑하사 나를 위하여 자기 자신을 버리신 하나님의 아들을 믿는 믿음 안에서 사는 것이라 내가 하나님의 은혜를 폐하지 아니하노니 만일 의롭게 되는 것이 율법으로 말미암으면 그리스도께서 헛되이 죽으셨느니라."

여러분, KTX가 뭔지 다 아시지요? 한국고속철도, 이것이 KTX입니다. 서울에서 부산까지 2시간 남짓이면 고속철을 타고 갈 수 있지 않습니까? 그런데 KTA가 뭔지 아십니까? 이거 무슨 KTX의 자매 회사인가 이렇게 생각하실 수도 있습니다. 그게 아니라 KTA는 코리아 토일렛 어소시에이션, 곧 한국화장실협회의 약자입니다. 여름이니까 지금 휴가철이잖아요? 휴가를 다니다 보면 재미 중에 하나가 고속도로 가다가 휴게소에 들러서 맛있는 것도 먹고 잠깐 쉬어가는 것입니다.

휴게실 화장실에 가면 벽 앞에 KTA 한국화장실협회에서 뭘 하나씩 걸어놨어요. 저도 몰랐는데 이번에 발견했어요. "화장실은 우리의 얼굴입니다." 그렇게 쓰여 있어요. 참 일리 있는 말이라고 생각합니다. 남들이 보지 못하는 우리의 뒷면, 그게 우리의 진정한 모습이라는 의미라고 이해했습니다. 그리고 스스로에게 질문을 던져보았습니다. "사람들이 보지 않을 때 과연 나는 어떤 사람인가?" "또 하나님 한 분만 지켜보고 있을 때 내 모습은 어떤 것인가?"

교회 제 사무실에 가면 책장이 있고, 그 책장 가운데에 A4 용지 반 정도 크기에 두께는 1센티미터 정도 되는 대리석 조각 하나가 있습니다. 추양재단이 선물로 보내준 거예요. 돌아가신 고 한경직 목사님의 호가 추양(秋陽)입니다. 가을 햇볕이라는 뜻입니다. 우리 교회가 추양재단을 돕고 있어요. 그래서 선물로 대리석 조각 하나를 보내주셨는데 그걸 걸어놨어요. 거기에 한 목사님이 친필로 '네가 어디 있느냐?'라고 쓰셨어요. 창세기 3장 9절 말씀입니다.

아담이 선악과를 따먹고 난 다음 하나님 눈이 두려워 숨지 않습니까? 도망간 아담을 하나님께서 찾으시잖아요? 그때 "네가 어디에 있느냐?" 물어보세요. 아담이 숨어 있는 장소를 몰라 하나님이 물으셨을까요? 그것보다는 너의 현재 영적인 좌표가 어디냐? 이런 질문 아니겠습니까? 바꿔서 생각해 보면 네가 무엇을 알고 있느냐? 이 질문이 아니고 네가 지금 어떻게 살고 있느냐? 그리스도인으로서 우리 삶에 대한 질문이라고 생각합니다.

여러분, 지금 우리는 갈라디아서를 쭉 연결해서 생각해 보고 있습니다. 아마 이쯤에서는 이런 질문이 나올 것 같아요. "오직 믿음으로만 의로워진다. 그거 참 좋다. 아멘이다. 예, 바울 선생, 그 말 이제 알겠습니다. 이제 믿겠습니다. 그런데 질문이 있습니다. 그래서 뭐가 어쨌다는 겁니까? 이신칭의, 즉 믿음으로만 하나님 앞에 의로워진다는 교리를 믿으면 어떤 변화가 있습니까? 예수를 믿기 전과 믿은 후가 뭐가 달라집니까? 만일에 이 교리를 알기만 할 뿐 내 삶이 전혀 변화가 없다면 그거야말로 관념 속의 종교 아니겠습니까? 그건 추상적인 기독교일 뿐이지 생활 속의 기독교는 아니지 않습니까?" 이런 이야기예요.

여러분, 지금 우리에게 필요한 것은 아는 것이 아니라 사는 것 아닐까요? 우리가 신자로서 계속 받는 비판도 요약해 보면 딱 한 가지입니다. "아는 건 많은데 실천은 너무 없다." 이것 때문에 우리가 비판받는 것 아니겠습니까? 여기 앉아 있는 사람들 중에 하나님 앞에서 우리의 삶에 관해서 나는 괜찮다, 나는 떳떳하다고 말할 수 있는 사람이 어디 있겠습니까? 오히려 이 시대에 그리스도인으로서 살아가는 것, 신자로서 대한민국 땅 한복판을 지나간다는 게 부끄럽다고 생각하는 사람들이 많은 것 같아요. 그래서 어쩔 수 없는 경우가 아니면 자기가 교회 나가는 신자라고 밝히지 않습니다. 소심해서 그렇다고 볼 수도 있고 용기가 없어서 차마 드러내지 못한다고 생각할 수도 있지요.

물론 성격의 문제도 있을 겁니다. 그런데 그것뿐일까요? 혹시 내가 지금 살아가는 모습이 신자답지 못하기 때문에 영적인 나의 정체성을 드러내는 걸 꺼려하는 것은 아닐까요? 아무래도 내가 교회 다니는 사람이라는 것이 밖으로 드러나면 무언중 압력이 오지 않겠습니까? 신자답게 살아야 하잖아요? 그런데 그렇게 살 자신이 없는 거예요. 그러니까 밝히지 못하는 건 아닐까요? 아마 우리 안에 무슨 큰 범죄를 저지른 사람은 없을 것입니다. 또 믿지 않는 사람과 비교해서 그저 최하로 생각을 해도 보통 정도는 될 겁니다. 여기 앉아계시는 대부분은 평균 이상으로 살아가는 분들이라고 믿습니다.

그런데 문제는 하나님의 기준이지요. 얼마 전 여수에 있는 손양원 목사님 순교기념관을 다녀왔습니다. 여수엑스포가 있어서 기념관을 훨씬 좋게 단장을 했더군요. 손양원 목사님의 여러 가지 유품들이 유리로 된 전시관 안에 놓여 있어요. 쭉 돌다가 한 장소에서 발걸음을 멈추었습니다. 거기 한동안 머물러 유심히 들여다보았습니다. 바로 손 목사님이 쓰신 헌금봉투예요. 여순반란사건 때 자기 두 아들을 잃어버리지 않습니까? 그것도 아들 친구의 손에 의해서 말이지요. 동인이 동신이를 잃고 난 다음 손 목사님이 다시 교회에 출석해서 하나님께 드린 하얀색 감사헌금 봉투예요.

그 봉투가 거기 놓여 있더라고요. 이제 수십 년 세월이 흘렀으니까 글씨가 뚜렷하진 않지만 분명하게 읽을 수 있을 정도로는 선명해요. 거기에 이렇게 적었습니다. '순교의 두 아달이나 주신 감사의 봉헌금.' 아마 그때 당시는 아들을 표기할 때 아달이라고 썼는가 봐요. 순교의 아들을 둘씩이나 주신 것에 감사하는 마음으로 드리는 봉헌금이라 쓰고 그 옆에다 '순교 이 자의 부 손양원' 이렇게 적었어요. 여기 '이 자'라는 것은 한

자로 두 아들을 말합니다. 두 아들의 아버지 손양원이다. 이렇게 적으셨어요.

그 빛이 바랜 편지봉투 앞에 한동안 망연자실한 심정으로 서 있었습니다. 이런 분들의 삶을 보면 하나님 앞에 죄송하다는 생각이 들고 아직도 할 일을 제대로 하지 못하고 있다는 생각이 어쩔 수 없이 들어요. 순종이라는 것을 시작도 못해 본 것 같은 그런 느낌, 하나님 사랑을 나 같은 사람은 아직 시도도 제대로 못해 본 것 같은 이런 느낌을 갖게 됩니다. "아이고, 목사님. 비교 대상을 잘못 잡은 거 아닙니까? 오르지도 못할 산인데, 우리 같은 보통사람들이 어떻게 손양원 목사님 같은 위대한 분을 따라갈 수 있겠습니까?"

물론 그렇긴 합니다. 그렇다 할지라도 그런 분들의 삶을 접하면서 우리가 감격하고 눈물을 흘리는 이유는 그분들이 살아갔던 발자취가 맞다는 것, 옳다는 것을 알기 때문이 아닐까요? 그래서 그리스도인으로서 어떻게 살아야 할 것인가? 이건 참으로 중요합니다. 진리는 실천해야 진리고, 하나님의 말씀은 그렇게 살라고 우리에게 주어진 말씀 아니겠습니까?

그런데 여러분, 갈라디아서를 처음부터 여기까지 연결해서 보니까 사도 바울이 이야기를 풀어가는 방식이 어떻습니까? 바울은 처음부터 우리의 삶에 대한 이야기를 하지 않아요. 말하자면 "오늘, 여기"로부터 이야기를 출발하지 않아요. 우리 자신으로부터 이야기를 출발시키고 있지 않아요. 제게는 이것이 대단히 인상적으로 느껴집니다. 갈라디아서 1장 1절을 보면 이렇게 되어 있어요. "사람들에게서 난 것도 아니요 사람으로 말미암은 것도 아니요 오직 그리스도와 그를 죽은 자 가운데서 살리신 하나님 아버지로 말미암아 사도 된 나 바울은" 하고 이야기를 시작합니다. 사람이 아니래요, 사람으로 말미암은 것도 아니래요.

바울이 이야기를 시작할 때 보면 다른 서신에서도 마찬가지지만 항상 하나님 아버지로부터 시작합니다. 땅에 관한 이야기가 아니라 하늘에 관한 이야기로부터 시작합니다. 이를테면 하나님의 영광, 하나님의 계획, 하나님이 일하심, 이런 것들에 대해서 먼저 충분히 설명을 하지요. 그러고 난 뒤에 비로소 우리의 삶에 관해 이야기하기 시작하고 자신이 말했던 내용을 우리 삶에 적용하기 시작합니다. 여러분, 만일 이 순서를 바꾸거나 이 순서를 제대로 지키지 못한다면 기독교는 아주 쉽게 도덕화되고 맙니다.

"아니, 목사님, 도덕이 뭐 그렇게 나쁜 겁니까?"라고 말하는 분도 있을 겁니다. 나쁘다는 이야기가 아닙니다. 그럼 왜 그렇게 이 사실을 자주 강조하는 것일까요? 너무 중요하기 때문입니다. 대개 좀 배운 사람들이 합리적이잖아요? 배운 사람, 합리적인 사람들은 기독교를 고상한 도덕이나 이상적인 도덕으로 생각하는 경향이 있습니다. 신앙생활하는 것을 좀 더 건실한 사람이 되는 것으로 생각합니다. 그러다 보니 교회 다니는 것을 보다 고상한 교양을 갖추는 것으로 오해하는 사람들이 있을 수 있습니다.

저희가 살고 있는 강남 지역에는 비교적 많이 배운 사람들, 사회에서 앞장서 나가는 사람들이 많이 거주하고 있습니다. 또 많은 사람들이 고상하게 살기 원하는 착한 마음을 가지고 있습니다. 그런 사람들이 기독교를 선택합니다. 교회를 출석하기 시작합니다. 그런데 교회 나가서 처음 듣는 이야기가 믿음에 관한 이야기, 오직 믿음으로만 의롭다 함을 얻는다는 이신칭의입니다. 문제는 이게 무슨 소린 줄도 모르겠고 굉장히 낯선 단어 아니겠습니까? 이신칭의, 아무리 외쳐봐야 와 닿지 않아요.

그런데 강대상에서 목사님이 "사랑하라" "희생합시다" "먼저 양보합시다" 하면 와 닿아요. 이건 누가 들어도 좋은 이야기 아니겠습니까? 그러니까 나도 모르게 교회 다니면서 복음을 알기 전에 기독교적 도덕을 먼저 배웁니다. 하나님을 인격적으로 만나기 전에 도덕적인 규범을 먼저 만나게 됩니다. 그러고는 거기에 머물러 버려요. 더 큰 문제는 그게 기독교의 전부라고 오해해 버린다는 점입니다. 여전히 영혼은 죽어 있는 상태인데 말이지요.

주변에 가끔 이런 사람이 있습니다. 본인은 교회 안 나가고 불신자예요. 또 교회 나갈 생각도 없어요. 그런데 희한하게도 자녀들은 교회 나가라고 적극 권장하는 불신 부모들이 있습니다. 애가 어쩌다 시험 기간 같은 때 교회를 빠지거나 시간이 늦으면 와서 막 이불을 젖히면서 채근을 하고 다그친대요. 왜 교회 안 가느냐고. 이런 분들이 자기 자식에게 교회 나가라고 적극적으로 권장하는 것은 이것과 같습니다. 부모는 자녀 사랑하는 마음이 다 있지 않습니까? 그러니까 자녀에게 좋은 학원을 추천하는 것처럼 하는 것이지요. 사실 어떤 종교든 상관없어요. 절에 나가자니 절은 너무 멀리 떨어져 있고 또 절에 가는 것보다는 교회 나가는 것이 좀 더 친근하게 느껴져서 그런 것 아닌가 싶어요.

종교를 권장하는 부모의 심정은 이해하지만 이런 분들의 관심이 하나님일 리가 없지요. 하나님의 말씀에는 관심 없어요. 나에 대한 하나님의 생각이 무엇인가? 이건 전혀 관심사가 아닙니다. 반대로 하나님에 대한 내 생각이 뭔가? 이것이 중요합니다. 리처드 도킨스라는 영국 옥스퍼드 대학의 석좌 교수가 있습니다. 그의 전공 분야가 진화생물학이에요. 이 사람이 2006년도에 책 하나를 발표했는데 제목이 《만들어진 신》입니다. 이 책이 나오자 금방 센세이셔널한 반응을 일으켰습니다. 종교계와 과학계가 큰 영향을 받았지요. 뉴욕타임스에 연속 베스트셀러 자리를 차지하게 되었습니다.

이 책에서 리처드 도킨스가 주장하는 것은 이것입니다. "신의 존재를 의심하라! 그리고 인간의 능력에 주목하라! 한 개인이 망상에 빠지면 그건 미친 것이지만 한 집단이 단체로 망상에 빠지면 바로 그것을 종교라고 부르는 것이다. 신은 없다. 단지 신에 대한 만들어진 믿음이 있을 뿐이다." 여러분, 이런 말에 은혜 받으면 안 되겠지요? 이 비슷한 이야기들이 간혹 신문지상에 토픽이 되지 않습니까? 몇 해 전에 나왔던 《다빈치코드》 같은 책에 많은 사람들은 열광해요. "맞습니다. 오랫동안 기다려 왔던 소리입니다. 이거야말로 진리입니다" 하고 하나님 믿기를 원하지 않는 사람들은 확 붙잡지요.

여러분, 이런 상황입니다. 교회가 지금 당면하고 있는 안팎의 상황이 이래요. 교회 출석은 하면서도 신앙을 고상한 도덕 정도로, 아니면 높은 수준의 교양 정도로 생각하는 사람들이 있습니다. 한편 교회 바깥에서 이 시대의 지성을 이끌어가는 소위 지식인들은 "신은 없다. 그것은 인간이 만들어낸 하나의 허구일 뿐"이라고 주장합니다. 이런 상황에서 하나님에 대해서 먼저 충분히 언급하지 않고 그리스도인의 삶을 말하고 도덕을 운운하는 것은 마치 기초를 제대로 다지지 않고 건물을 세우는 일과 같은 것 아닐까요? 우리가 말하는 사상누각이라는 말이지요.

성도 여러분, 기독교는 도덕적입니다. 그런데 도덕이 기독교는 아니에요. 우리가 추구하는 신앙은 생활규범들을 포함합니다. 그런데 생활규범들을 너무 앞세우면 신앙은 쉽게 율법화가 되든지 형식화되고 맙니다. 그러므로 바울은 삶의 문제를 먼저 다루지 않습니다. 의로워지는 것을 먼저 다룹니다. 하나님과의 관계부터 다룹니다. 바울이 목소리를 높였던 것은 이것 때문 아니었습니까? 자기의 목숨이라도 내놓을 정도로 열심을 가지고 바울이 주장했던 것은 "행위로는 안 됩니다. 노력으로는 안 됩니다. 도덕으로는 안 됩니다. 그것은 하나님의 전적인 은혜요 선물입니다"라는 것이었습니다.

이 이야기를 바울은 생각해 볼 수 있는 모든 경우의 수들을 빠짐없이 다루면서 촘촘하게 저인망식으로 설득을 해왔습니다. 그러고 난 다음에 오늘 본문에서 그러면 의로워진 그리스도인은 어떻게 살 것인가를 비로소 다루기 시작합니다. 그게 2장 20절입니다. 같이 한번 읽어볼까요? "내가 그리스도와 함께 십자가에 못 박혔나니 그런즉 이제는 내가 사는 것이 아니요 오직 내 안에 그리스도께서 사시는 것이라 이제 내가 육체 가운데 사는 것은 나를 사랑하사 나를 위하여 자기 자신을 버리신 하나님의 아들을 믿는 믿음 안에서 사는 것이라."

여러분, 이 20절 말씀은 일종의 답변입니다. 바울이 심지어는 내가 이런 주장을 펼칠 때 내 이야기를 듣는 상대방이 어떤 반론을 제기할 것인가까지도 예상합니다. 그 예상 질문을 스스로 먼저 던지고 거기에 대한 답변을 내리고 있습니다. 예상되는 질문은 이런 것입니다. 행위주의자들의 반론이지요. "자, 바울 선생 좋습니다. 아주 고상한 이야기를 하시는군요. 그런데 당신의 논리는 허점이 있습니다. 만일 믿음으로만 의롭게 된다면 이제 의롭게 된 그 사람은 아무렇게나 살아도 된다는 말입니까? 결국 믿음이라는 미명으로 면죄부를 주어서 사람들로 하여금 죄 짓게 만드는 것 아닙니까? 이렇게 되면 당신이 주장하는 복음의 핵심인 예수 그리스도가 사람으로 하여금 죄 짓도록 만드는 죄의 방조자 내지는 죄의 교사범이 되는 것 아닙니까?" 이런 반론입니다.

그런 반론이 있을 줄 바울이 내다보는 것이지요. 그런데 여러분, 오늘날도 비슷한 주장을 하는 사람들이 있습니다. 이단이지요. 이단이라는 게 사실 새로운 점이 아무것도 없습니다. 이미 성경에 그 원리는 다 나와 있어요. 그런데 시대마다 색깔을 바꾸고 간판을 조금 바꾸어서 이렇게 우려먹고 저렇게 우려먹을 뿐이지요. 이단의 모든 원리는 비슷합니다. 이렇게 주장합니다. "일단 구원을 얻었다면 안전합니다. 그런데 우리는 육신이 약한 사람들이잖아요? 약한 사람들이 어쩌다 범죄하고 넘어지는 경우가 있잖아요? 그러나 범죄한다 할지라도 그건 약한 육신이 범죄를 저질렀을 뿐이지 우리 영혼에 지장을 미치지는 않습니다."

우리의 천국 가는 티켓은 이미 보장이 됐습니다. 확보가 되었습니다. 결국 중요한 건 뭐예요? 성경이 강조하는 것은 행위가 아니라 믿음이 아닌가?라고 이야기합니다. 그러니까 적극적으로 "죄를 지으세요!"라고 권면하지는 않지만, 이들의 논리를 따라가다 보면 마치 바울을 향해서 행위주의자들이 반론을 제시했던 것처럼 죄를 지어도 괜찮은 것처럼 말합니다. 논리적으로 따라가다 보면 그런 결론에 도달한다는 거예요. 그러니까 언뜻 들어보면 그럴듯하지요.

논리적으로는 그럴듯한데 이것이 바로 궤변입니다. 그 궤변에 대해 바울이 지난번 우리가 봤던 2장 17절에서 이렇게 이야기했어요. "만일 우리가 그리스도 안에서 의롭게 되려 하다가 죄인으로 드러나면 그리스도께서 죄를 짓게 하는 자냐? 결코 그럴 수 없느니라." 이것이 바울의 단도직입적인 답변이었습니다. 그러고 난 다음 오늘 본문 20절에서 이 내용에 대해 좀 더 설명을 하는 거예요. 그게 우리가 읽었던 내용입니다. "내가 그리스도와 함께 십자가에 못 박혔나니 그런즉 이제는 내가 사는 것이 아니요 오직 내 안에 그리스도께서 사시는 것이라."

성도 여러분, 바로 여기에 바울의 유명한 명제 하나가 등장합니다. "그리스도와 함께." 바울의 모든 신학이 녹아 있는 바울의 위대한 명제 "그리스도와 함께." 이걸 이제야 처음으로 꺼내놓습니다. 이것이 무슨 의미일까요? 그리스도와 함께 십자가에 못 박혔대요. 이 의미는 "그리스도와 내가 하나로 연합되었다. 이전에는 그리스도 따로, 나 따로 두 개의 별도의 인격체였는데 이제는 그리스도와 하나가 되었다"는 뜻입니다. 그러므로 그리스도의 십자가 죽음은 이제 내 죽음이 됩니다. 그리스도가 십자가에 죽을 때 나도 죽었습니다. 내 죄도 죽었습니다. 내 옛 사람도 죽었습니다.

지금 반론은 이것이었습니다. "좋습니다. 아주 고상한 이론입니다. 믿음이 제일 중요하다고 당신이 자꾸 주장하니까 만일 믿음으로만 구원을 얻었다면 이제는 믿음만 붙잡고 내 마음대로 살아도 된다는 이런 결론에 도달하는 것 아닙니까?" 거기에 대해 바울이 내린 대답은 이것입니다. "결코 아닙니다. 당신이 그리스도와 하나로 연합되어서 죄에 대해서 죽은 사람이라면 어찌 죄에 대해서 죽은 당신이 죄 가운데 더 살 수 있습니까? 그리스도와 진정 하나로 연합된 사람이 어찌 내 마음대로 인생을 좌지우지할 수 있겠습니까?"

여러분, 하나님의 선언은 이것입니다. "너는 내 아들이 죽을 때 내 아들과 함께 죽었다." "아니, 목사님 난 전혀 그런 느낌이 없는데요. 내가 언제 하나님께 내 대신 자기 아들 죽여 달라고 요청한 적도 없고. 내가 그 안에 쏙 들어가서 그리스도와 함께 죽었다는 느낌도 전혀 없는데요." 여러분, 저도 느끼지 못합니다. 그런데 이건 하나님의 선포예요. 이는 느낌의 문제가 아니라 믿음의 문제입니다.

오늘 아침에 일찍 일어나서 주일 준비를 하는데 갑자기 사방에서 시끌벅적한 소리가 났습니다. 우리 축구 선수들이 지금 올림픽이 열리고 있는 축구 종주국인 영국에서 시합 중이었습니다. 7만5천 명이 모이는 밀레니엄 스타디움 홈그라운드에서 1대 1로 무승부로 비겼어요. 그런데 연장전까지 가서 승부차기로 5대 4로 이긴 겁니다. 이걸 아침 그 시간에 보려면 새벽 4시 정도는 일어나야 했을 겁니다. 아마 여기에도 새벽 일찍 일어나서 보신 분들이 있을 겁니다. 여기저기서 소리를 지르고 난리가 났어요.

여러분, 유도의 김재범 선수가 안뒤축감아치기로 절반승을 따내고 금메달을 목에 걸었을 때 온 국민이 얼마나 열광했습니까? 저는 양궁의 규

칙을 잘 모릅니다. 그런데 마지막까지 동점으로 가지 않았습니까? 그리고 마지막 한 발 슛오프만 남았습니다. 이제는 누가 더 과녁 중심에 한 발을 가까이 쏘아 맞추는가에 따라 금메달이 결정되는 거예요. 온 국민이 마음을 졸이다가 활 잘 쏘는 기보배 선수가 결국 금메달을 손에 거머쥐었을 때 같이 환호했습니다. 우리 선수들이 환호할 때 우리도 같이 환호했고 눈물 흘릴 때 우리도 눈물 흘리고 그들이 기뻐할 때 우리도 그 기쁨을 함께 누렸습니다.

그런데 가만히 생각해 보니까 김재범 씨하고 나하고 아무 개인적인 연관이 없더라고요. 나는 기보배를 알지 못해요. 그 사람도 물론 나를 모르겠지만. 그런데 왜 이렇게 열광하는 겁니까? 왜 이렇게 좋아하는 겁니까? 이유는 하나밖에 없어요. 대한민국 국민이라는 이름으로 그와 내가 하나로 연합되었기 때문입니다. 대한민국의 정체성으로 기보배 선수와 우리가 하나로 연결되어 있기 때문이지요. 그러니까 그 사람 금메달이 내 금메달인 거예요.

여러분, 이와 마찬가지로 하나님의 은혜라는 이름으로 그리스도와 내가 하나로 연합된 줄로 믿습니다. 그러므로 그리스도의 죽음은 내 죽음이에요. 그리스도의 부활은 내 부활이에요. 요즈음 경제가 어렵다고 다들 말하잖아요? 남자들이 밖에 나가 벌어먹고 살기 위해 애쓰는데 얼마나 어렵겠습니까? 그런데 어쩌다 우리 남편이 승진할 때 부인들이 얼마나 기뻐합니까? 왜 그렇게 기뻐해요? 다른 여자 같으면 그렇게 기쁘겠어요? 오히려 시기나 질투를 할 수도 있겠지요. 그런데 내 남편이기 때문에, 남편과 내가 하나로 연합되어 있기 때문에 기쁘지요.

우리 아이들이 방학만 되면 머리를 긁적이면서 들고 나오는 게 있지요. 성적표입니다. 여러분, 제가 늦은 나이에 초등학생 학부모입니다. 그것도 초등학교 1학년 늦둥입니다. 그 녀석이 1학년 1학기를 마쳤어요. 바야흐로 성적표라고 집사람이 보여주는데, 보니까 괜찮아요. 선생님이 아이에 대해 설명을 쭉 하고 '매우 잘함, 잘함, 잘함, 매우 잘함' 이런 식으로 써 있어요. 그래서 내가 격려해 주려고 "너 천재다. 너 최고다." 그랬더니 나중에 알고 보니까 초등학교 1학년한테는 다 그렇게 써 준대요. 그래도 기분이 좋아요. 왜요? 나하고 생명적으로 연합되어 있으니까.

우리 목회자들이 매일 아침마다 9시에 모여 경건회를 갖습니다. 어제 아침에 모여 기도회를 하는데 갑자기 긴급기도 요청이 왔어요. 요즈음 교회에서 밖으로 여름 수양회를 많이 떠나잖아요? 우리 목회자 한 사람이 여름수양회 인도를 위해 가족까지 데리고 간 모양이에요. 그런데 갑자기 거기에서 작은 아이가 열이 40도가 넘게 펄펄 끓는 거예요. 그러니 사역에 집중이 되겠습니까? 아이 때문에 걱정이지요. 그래서 우리가 모여서 기도했습니다. 여러분, 아이가 아플 때 생각나시지요? 정신이 없지요? 별짓을 다하지 않습니까? 또 아이가 사춘기 지나면서 풀죽어 있을 때 기운 차리게 하려고 얼마나 애를 씁니까? 이메일을 보내고 문자를 보내고. 또 잘 안 먹는 아이들 있잖아요? 아이들이 잘 안 먹으면 엄마들이 숟가락 들고 쫓아다니면서 한 숟가락이라도 먹여보려고 애를 쓰잖아요?

왜 이렇게 애를 쓰는 겁니까? 내 자식 아니면 그러겠습니까? 이유는 한 가지밖에 없어요. 그 아이와 내가 자식과 부모로서 하나로 연결되어 있기 때문입니다. 성도 여러분, 제가 말씀드리려고 하는 건 이것입니다.

진정한 연합은 내가 그 연합을 알고 있을 뿐만 아니라 필요할 때는 곧장 행동으로 옮겨지게 되어 있습니다.

우리가 그리스도인으로서 신자답게 살 수 있는 비결은 도덕적인 노력이 아니에요. 물론 노력이 필요합니다. 그러나 노력은 오래 가지 못합니다. 금방 끝나버려요. 바울이 말하는 대로 우리가 그리스도인답게 살아야지요. 이것이 너무 중요한 명제입니다. 이것 때문에 늘 하나님 앞에 죄송하고 부끄럽지요. 그럼에도 불구하고 우선 기초를 제대로 다지자는 말입니다. 우리가 그리스도인답게 살아갈 수 있는 가장 중요한 기초는 내가 그리스도와 연합되었다는 사실입니다. 그건 느낌이 아니에요. 영적인 사실입니다. 그리스도와 함께 내가 죽었고 그리스도와 함께 내가 다시 살아났다는 이 연합을 진실로 알고 느끼는 사람이야말로 생활 속에서 쉽게 행동으로 옮기게 되어 있습니다.

그러므로 느낌이 안 온다 할지라도 믿음으로 함께 하나님의 선언을 이렇게 선포했으면 좋겠습니다. 저를 따라서 해보세요. "나는 그리스도와 연합되었다. 나는 그리스도와 함께 죽었다. 나는 그리스도와 함께 살았다." 이 그리스도와의 연합을 알고, 믿고, 여기에 사로잡히셔서 죄를 이겨 나가시는 성도들 되시기를 바랍니다.

3장

양자택일(갈 3:1-2)

초지일관(갈 3:3-5)

믿음의 원리, 동일한 원리(갈 3:6-9)

우리를 위하여(갈 3:10-14)

율법과 하나님의 약속(갈 3:15-18)

율법의 역할(갈 3:19-22)

초등교사(갈 3:23-29)

양자택일(갈 3:1-2)

"어리석도다 갈라디아 사람들아 예수 그리스도께서 십자가에 못 박히신 것이 너희 눈앞에 밝히 보이거늘 누가 너희를 꾀더냐 내가 너희에게서 다만 이것을 알려 하노니 너희가 성령을 받은 것이 율법의 행위로냐 혹은 듣고 믿음으로냐."

태풍 볼라벤과 덴빈이 한반도를 할퀴고 지나갔습니다. 볼라벤이 강풍을 몰고 왔다면 덴빈은 많은 비를 가지고 왔습니다. 다행히 서울 지방은 별로 피해가 없었던 것 같습니다. 그런데 전라남도 지방에는 비로 인한 많은 피해가 있었습니다. 특히 목포에는 시간당 30밀리미터의 비가 뿌려졌습니다. 덴빈이 지나가면서 무려 173밀리미터 가량의 비를 목포 지방에 뿌리고 지나갔습니다. 그래서 목포 시내가 완전히 물바다가 되었습니다. 13년 만의 일이라고 합니다. 목포버스공용터미널이 광장인데 비가 내린 지 2시간 만에 어른 허리 정도 높이로 물이 차올랐습니다. 차도 못 다니고 시민들이 큰 불편을 겪었습니다.

언뜻 생각하면 이상한 일입니다. 아무리 억수같이 비가 내린다고 해도 어떻게 2시간 만에 그렇게 말짱하던 광장이 어른 허리 정도의 물높이로 차오를 수 있을까요? 그런데 이유가 있었습니다. 비가 내리면 하수구가 감당을 해 주어야 되지 않습니까? 그런데 많은 비가 한꺼번에 내리니까 하수구가 그 물을 다 수용하지 못하는 겁니다. 오히려 하수구 안으로 밀어닥친 많은 물이 하수구 맨홀 뚜껑을 밀어제치고 역류 현상을 보이게 되었습니다. 마치 분수처럼 콸콸 높이 역류하며 쏟아져 나오는 물줄기를 보면서 안타까운 마음을 가졌습니다.

'물도 순리대로 흘러야 사람에게 유익이 되지 저렇게 역류하니까 오히려 해가 되는구나.' 이런 생각을 했습니다. 여러분, 우리 신앙에도 역류 현상이 있지 않을까요? 지금 바울 사도는 갈라디아 교인들의 신앙의 역류 현상을 바라보면서 그들을 호되게 책망하는 것으로 3장을 시작합니다. "어리석도다 갈라디아 사람들아." 영어 번역본 중에 필립스 성경이 있는데 1절을 이렇게 번역할 수 있습니다. "오, 너희 바보같은 갈라디아인들이여, 너희가 꼭 이렇게 천치같이 굴어야 하느냐?" 그들의 영적인 판단이 아주 흐려져 있음을 지적하는 말이지요. 그런데 좀 심하지 않습니까? "어리석은 사람들아." 왜 이렇게 심하게 비판을 하는 것일까요?

이유가 있습니다. 처음에는 갈라디아 교인들이 바울의 말을 잘 받아들였습니다. 믿음으로 복음을 받았습니다. 그리고 그 후에도 믿음으로 복음을 잘 좇아왔습니다. 그러다 유혹자들이 등장했습니다. 이들이 율법사상을 교인들 안에 집어넣었어요. 이런 행위주의와 율법교리가 침투하자 곧 현혹되고 말았습니다. 바울이 이 편지를 쓰는 시점은 그들 생각이 이제 완전히 바뀐 후처럼 보입니다. 하나님 앞에서 의롭다 함을 받기 위해서는 반드시 행위가 필요하다고 생각을 바꾼 거예요. 소위 행위주의로 역류해 버렸습니다. 바울은 안타까운 마음으로 그걸 바라보면서 이 편지를 쓰고 있습니다.

누군가 이런 질문을 할 수도 있습니다. "아, 목사님, 혹시 갈라디아 교인들이 이방인이라 아직 복음의 내용이 뭔가 잘 몰라서 그런 건 아닐까요?" 그러면 좀 낫겠는데 그게 아닙니다. 복음의 내용을 확실히 알고 있었습니다. 이어서 바울이 이렇게 말하지 않습니까? "예수 그리스도께서 십자가에 못 박히신 것이 너희 눈앞에 밝히 보이거늘." 바울은 눈앞에 선명한 그림을 보는 것처럼 복음을 전했습니다. 갈라디아 교인들은 마치 자신들의 눈으로 직접 복음을 보고, 십자가 사건을 바라본 것처럼 분명하게 십자가를 이해하고 믿었습니다.

여러분, 우리는 어떻습니까? 여기 앉아 있는 저와 여러분, 모두 이 십자가를 믿습니다. 기독교는 십자가로 출발한다는 것을 압니다. 또 우리 신앙의 기초가 바로 십자가라는 것을 믿습니다. 조금도 의심하지 않습니다. 그리고 어떤 가르침이 바른 가르침인지 거짓 가르침인지를 구별하는 유일한 기준도 십자가라고 우리는 믿습니다. 따라서 일단 십자가 신앙에서 벗어나는 것은 우리 신앙에 치명적인 위험을 가져온다는 걸 추호도 의심 없이 믿습니다.

만일에 어떤 분이 "목사님, 방금 언급하신 모든 내용을 저는 다 믿습니다. 그러므로 제 신앙에 대해서 안심할 수 있지 않을까요?"라고 묻는다면 어떻게 대답해야 할까요? 대답은 불행하게도 꼭 그렇지 않다는 것입니다. 십자가 신앙이 확실해도 유혹은 찾아옵니다. 이것이 문제예요. 갈라디아 교인들은 십자가 사건을 분명히 이해했습니다. 십자가의 내용이 뭔지, 의미가 뭔지 분명히 알고 믿고 있었습니다. 이렇게 확실한 믿음을 가지고 있었지만 유혹을 받고 넘어져버렸습니다.

참 안타까운 일은 누구보다 신앙이 바로 서 있던 사람들이 넘어지는 것입니다. 그걸 바라볼 때 참 마음이 안 좋아요. 십자가의 진리를 잘 알던 사람, 예수를 사랑하고 예수를 믿은 지가 오래 된 사람, 심지어 교회에서 다른 사람들에게 성경을 가르쳤던 사람도 넘어집니다. 평신도들에게만 해당되지 않습니다. 신학교를 나온 사람도 예외가 없어요. 그것도 믿을 만한 신학교를 버젓이 졸업했는데 어느 날 이단에 빠져버립니다. 여러분, 선교 단체가 대부분 얼마나 뜨겁습니까? 십자가를 사랑하고 주님을 향한 헌신의 열심이 있지요. 그런데 선교 단체에서 오랫동안 봉사하던 사람이 나중에 보니까 이단에 앞장서고 있더라는 말입니다.

그런 사람을 볼 때 마음에 낙심이 돼요. 왜 저러나? 그리고 이런 의문도 생겨요. "도대체 믿음이라는 게 뭔가?" 아마 이제 막 신앙을 갖기 시작한 초신자 같으면 이런 사람을 보면서 시험에 빠지지 않겠습니까? 그래서 바울이 이어 도전적으로 질문을 던집니다. "누가 너희를 꾀더냐?" 여기 '꾀더냐'라는 단어는 바울 당시에 무당이나 마녀가 주술을 걸어 사람들 정신을 빼앗을 때 사용하던 단어입니다. 흔히 "혼을 빼놓는다"는 표현을 하지 않습니까? 그때 사용하던 단어입니다. 바울이 볼 때는 갈라디아인들의 행태가 참으로 어리석어요. 너무 어리석어서 마치 마술사들이 주문을 걸거나 꾀지 않으면 이런 일이 일어날 수 없는 것처럼 말합니다. 제정신으로는 도저히 이런 일이 일어날 수 없는 것처럼 "누가 저희를 꾀더냐?"라고 질문합니다.

"예수 그리스도께서 십자가에 못 박히신 것이 너희 눈앞에 밝히 보이거늘" 이건 시제가 현재진행형입니다. 지금도 여전히 주님의 십자가 사건이 눈앞에 밝히 명시되어 있는데도 불구하고 제정신을 잃어버렸다는 것입니다. 영적인 의식을 이미 상실해 버렸습니다. 정신이 혼미해져 버렸습니다. 주술가가 주술을 걸어 사람들의 혼을 쏙 빼가버린 것처럼 말이지요. 영적인 의식을 상실하고 어리석은 사람들이 되어버렸다는 것입니다. 그냥 어쩌다 이렇게 된 게 아닙니다. 꾀는 자가 있다는 말입니다.

"누가 너희를 꾀더냐?" 여기 '누가'라는 단어는 복수가 아니라 단수입니다. 이미 갈라디아 교회에 침투해 들어와서 활동을 벌이던 교사들은 여러 명 있었습니다. 그런데 바울은 갈라디아 교인들을 강하게 책망하면서 단수를 사용하고 있습니다. 바로 이 모든 거짓 교사들의 활동 배후에 마귀가 있다는 것을 염두에 두고 쓴 말로 생각됩니다. 여러분, "마귀가 나는 비켜가겠지"라고 안심할 수 없습니다. 내가 교회 중직자일 수 있습니다. 성경을 잘 아는 사람일 수 있습니다. 학기마다 늘 성경 강좌 한두 개를 듣는 사람일지 모릅니다. 기본 교리는 다 마스터한 사람일 수 있습니다. 하지만 안심하지 말아야 합니다. "이 정도로 말씀의 토대 위에 서 있으면 마귀가 나는 비켜가겠지"라고 생각하지 마시기 바랍니다.

여러분, 마귀는 하나님의 아들도 유혹하는 자입니다. 틈이 생기니까 가까이 다가와서 한 번이 아니고 두 번, 세 번 연거푸 유혹하지 않습니까? 하다가 안 되면 잠시 물러납니다. 그러나 곧 또 나타나지요. 마귀는 그런 자입니다. 지금도 두루 다니면서 삼킬 자를 찾습니다. 그러므로 방심은 금물입니다. 마귀가 제일 좋아하는 표적이 누군가 하면 방심하고 있는 자라고 하지 않습니까? "나는 서 있다"고 자신하는 사람, 스스로 교만한 자 말입니다.

성경이 "섰다고 생각하는 자는 넘어질까 조심하라"고 경고하지 않습니까? 이게 특별한 사람에게만 해당되는 소리가 아니에요. 여기 앉아 있는 저와 여러분 모두에게 예외가 없어요. 스스로 섰다고 생각해서 방심할까 봐 하나님이 조심하라고 미리 경고하고 있습니다. 그러므로 제일 좋은 예방책은 그저 겸손해지는 겁니다. 그저 조심하는 겁니다. 신중하게 접근하는 겁니다.

바울은 3장 1절에서 갈라디아 사람들을 어리석다고 강하게 책망합니다. 그런데 여기서 끝나지 않습니다. 2절부터는 그들이 무엇을 잘못하고 있는지, 왜 잘못인지를 조목조목 짚어서 설명하고 있습니다. 이것이 바울의 방식입니다. 지금 사도는 마치 사랑하는 자녀를 안타까운 마음을 가지고 대하듯 서신서를 기록해 가고 있습니다. 우리도 가끔 자녀에게 화날 때가 있잖아요? 말 안 듣는 자녀, 잘못 나가는 자녀를 바라보면서 마음에 안타까움이 있잖아요?

화가 나면 흥분 상태가 됩니다. 그러면 씩씩거리면서 마구 쏟아놓지 않습니까? 그러다 보면 할 말, 못할 말, 해서는 안 되는 심한 말까지 입에서 튀어나올 때도 있지요. 그런데 여러분, 그렇게 하고 난 다음에 어떻게 하십니까? 말하다 보니까 너무 흥분해서 해서는 안 될 말까지 뱉어냈어요. 그런데 주워 담을 수는 없어요. 속으로 '아차, 이런 말을 해서는 안 되는데' 이런 생각이 들지요. 그러면서 뒷수습을 하려고 곤혹스러워집니다. 강하게 아이를 책망한 다음에 그냥 "너 잘했다. 괜찮다" 이렇게 갑자기 태도를 돌변하기 어렵잖아요? 그래서 심하게 책망의 말을 쏟아낸 다음에 끝없이 잔소리를 이어가는 것 아닌가 싶습니다.

교육전문가들이 이럴 때 하는 충고가 있지 않습니까? 감정을 담아서 아이에게 쏘아붙이기만 하면 상처를 받는대요. 종종 어린아이들은 자기가 정말 무엇을 잘못했는지 몰라요. 그냥 행동한 거예요. 그러다 갑자기 엄마나 아빠로부터 심한 책망을 받으니까 마음에 상처가 되지요. 그러지 말고 꾸지람할 때도 아이 차원으로 내려가서 자기가 도대체 무엇을 잘못했는가를 알아들을 수 있게끔 설명해 줄 필요가 있다는 겁니다.

그런 것처럼 지금 사도 바울이 3장 1절에서 어리석은 갈라디아인들을 톤을 높여 강하게 꾸지람합니다. 그런데 거기에서 끝나지 않습니다. 바로 이어 2절부터 그들이 무엇을 잘못하고 있는지, 그게 왜 잘못인지 구체적으로 짚어가면서 설득해 가고 있습니다. 여러분, 바로 이것이 바울의 방식입니다. 바울이 이런 식으로 자신의 주장을 전개해 가는 것을 보는 게 대단히 흥미롭고 인상적입니다. 3장 2절에서 바울이 이렇게 말합니다. "내가 너희에게서 다만 이것을 알려 하노니 너희가 성령을 받은 것이 율법의 행위로냐 혹은 듣고 믿음으로냐?"

그들이 성령을 받았단 말이에요. 그게 "율법의 행위로 된 거냐, 아니면 듣고 믿었기 때문이냐?"라고 도전하고 있습니다. 여러분, 여기 3장 2절에서 바울이 갈라디아서에서는 처음으로 성령이라는 단어를 꺼내고 있습니다. 그런데 2절에만 나오는 게 아니에요. 3절에도 "너희가 이같이 어리석으냐? 성령으로 시작하였다가 이제는 육체로 마치겠느냐?" 또 성령을 언급하고 있습니다. 5절을 보세요. "너희에게 성령을 주시고." 또 성령이 등장합니다.

지금 흘러가는 논조는 뭡니까? 갈라디아 교인들이 믿음에서 행위주의로 다시 돌아가버린 신앙의 역류 현상을 비판하는 것입니다. 그런데 이것과 성령이 도대체 무슨 관련이 있는 것일까요? 본문을 보면 바울이 양자택일을 하라고 다그치는 것처럼 보이지 않습니까? "율법의 행위냐 아니면 듣고 믿었기 때문이냐?" 이런 와중에 왜 성령이 등장하는 것일까요? 성도 여러분, 행위라는 것은 어떻습니까? 눈으로 보이는 것이지요? "나는 속으로만 행동하자!" 이런 사람은 없잖아요? 속으로 행동한다면 그건 생각이지 행동이 아니잖아요? 행동은 밖으로 내가 모션을 취할 때를 말합니다. 손과 발을 움직일 때, 누구나 다 알 수 있게 눈으로 보이는 게 바로 행위입니다.

그러니까 행위는 겉으로 보인단 말이지요. 눈에 보여요. 그래서 훨씬 더 객관적입니다. 검증이 가능합니다. 행위를 했는지 안 했는지 그걸 모르는 사람은 없어요. 행위를 하면 내가 압니다. 다른 사람도 그걸 보고 압니다. 이런 면에서 행위는 훨씬 확실합니다. 믿을 만합니다. 그렇기 때문에 사람들이 신앙생활하면서 흔히 행위에 집착하게 됩니다. 그런데 우리에게 정작 중요한 것은 뭡니까? 바울이 지금 강조하는 것은 믿음이에요. 제가 우문을 드릴 테니까 현답을 해 주세요. 믿음은 눈에 보입니까? 안

보입니까? 안 보이지요. 그러니까 믿음이 가장 중요하다는 것은 알겠는데 믿음이 때로는 긴가민가합니다. 안 보여요. 이것이 진짜 믿음인지 가짜 믿음인지 구별이 어려워요.

"진짜 믿음인가를 알 수 있는 믿음의 진정성을 어떻게 확인할 것인가? 그것을 확인하는 방법이 뭐냐?"라는 질문이 생기게 되지요. 거기에 대해 바울이 3장 2절에서 답변하기를 너희가 성령을 받았다. 성령을 받았다면 그것은 진짜 믿음이라고 말하는 겁니다. 여러분, 바울은 지금 갈라디아 교인들 모두가 다 성령을 받았다는 것을 전제로 말하고 있습니다. 이것이 과거형이거든요. "너희가 이미 성령을 받았지 않느냐?" 이렇게 어필하는 거예요.

여기 앉아 있는 사람들도 진정한 믿음을 가지고 있는 신자라면 다 성령을 받았습니다. 성령을 받지 않고는 진정한 믿음이 생기지 않거든요. 제가 요즈음 일원본동 동사무소를 자주 찾아갑니다. 이유는 인감증명서를 떼기 위해서입니다. 아마 10년 동안 개인적으로 필요해서 뗀 인감증명서보다 지난 6개월 동안 뗀 인감증명서가 훨씬 더 많은 것 같아요. 교회 대표가 되다 보니까 아무래도 교회하고 관련된 서류들이 많잖아요? 그 서류들을 준비하는데 제 인감증명서가 필요하다는 거예요. 여러 번 가다 보니까 이제 절차를 머릿속에 훤히 꿰고 있습니다.

가면 인감증명서를 떼는 코너가 있고, 거기에 담당 직원이 따로 앉아 있어요. 그 사람이 저에게 먼저 주민증을 요구해요. 그럼 제가 주민등록증을 꺼내서 건네주지요. 거기 제 사진이 있잖아요? 내 이름, 생년월일, 살고 있는 주소, 그리고 주민등록번호가 쭉 나와 있습니다. 그리고 뒷면을 돌려보면 거기에 뭐가 찍혀 있습니까? 내 오른손 엄지 지문이 찍혀 있어요. 자, 이 직원이 저를 보고 얼굴이 같은지 확인합니다. 제가 뭐 그렇게 나쁜 짓을 할 사람처럼 생기지 않았잖습니까? 그러면 확인하고 증명서를 다시 주면 좋은데 안 줘요. 한 가지를 더 요구해요. 그 사람 책상 위에 지문인식기가 따로 있어요. 오른손 엄지를 거기 대라는 거예요. 이걸 대면 주민증에 나와 있는 엄지손가락 지문과 지금 내가 대고 있는 엄지손가락 지문을 대조합니다. 그걸 확인한 다음에 인감증명서를 떼어줘요.

흥미로운 건 요구하는 게 거기까지입니다. 이것이 확인되면 더 이상 요구는 없어요. 더 이상 의심은 없어요. 마찬가지로 이것이 진짜 믿음인지 가짜 믿음인지 나도 잘 모를 때가 있습니다. 애매할 때가 얼마나 많습니까? 바울의 주장은 당신이 성령을 받았다면 더 요구할 필요가 없다는 것입니다. "성령을 받은 사람이라면 그 사람의 믿음에 대해 더 확인해 볼 필요가 없다. 진짜다." 이런 이야기입니다.

여러분, 그래서 이것을 "성령의 도장"이라고 부르지 않습니까? 하나님께서 성령의 도장을 우리 영혼에 꽝하고 찍으시면 더 이상 다른 검증이 필요없대요. 제일 확실하대요. 전통적으로 이것을 '성령의 인침'이라고 부르지 않습니까? 지금 바울이 갈라디아 교인들에게 하는 이야기가 그것입니다. 너희가 이미 성령을 받았지 않느냐? 성령의 도장을 받지 않았느냐? 이것은 이론이 아니지 않느냐? 너희가 경험한 사실 아니냐? 중요한 것은 지금 바울이 그들이 경험했던 분명한 사실을 근거로 해서 주장을 전개하고 있다는 것입니다.

"아, 목사님. 나는 방언을 해본 적도 없는데요? 제가 듣기에는 성령이 내려오실 때는 방언을 해야 한다고 들었는데 저는 방언을 받지 못했습니다." 이렇게 말하는 사람도 있을 겁니다. 물론 초대교회 대부분 성도들이 성령을 받을 때 방언 현상이 일어났던 것으로 보입니다. 그뿐인가요? 예언 현상도 일어났지요. 바울이 갈라디아 교인들 모두가 성령을 받았다는 것을 전제하고 이 말을 할 때 아마 방언 현상을 염두에 두고 말했던 것으로 저는 생각합니다. 자, 그런데 방언 없이도 성령 받는 경우가 얼마나 많은지요? 하나님께서 성령을 주시는 방법은 굉장히 다양합니다. 방언은 하나님이 성령을 주시는 수많은 방법 중의 한 가지에 불과해요.

중요한 것은 어떤 식으로 성령을 받았든 성령 받은 사람은 내가 받았다는 것을 분명하게 압니다. 왜요? 이것은 경험이니까 내가 알아요. 그리고 이것을 검증해 볼 수도 있습니다. 예를 들어서 여러분, 성경이 말하기를 누구든지 성령이 아니고는 예수를 주라고 고백할 수 있다고 했습니까, 없다고 했습니까? 분명히 없다고 했습니다. 성령을 받지 않고는 예수를 정말로 자기의 주님이라고 고백할 수 없대요. 그러니까 누가 만일 마음을 담아 진정으로 예수 그리스도를 향해 "나의 주님이십니다. 나의 구원자십니다"라고 고백한다면 성령을 받은 것이지요.

그런데 어떤 사람은 다른 사람들과 함께 예배당에 모여 있으니까 딴소리할 수는 없어 고백을 하기는 해요. 예수가 주님이라고 입술로 고백하는데 억지로 합니다. 만일 마음이 담기지 않은 채 머리로만 고백하고 이성으로만 고백한다면 이 사람은 아직 성령 받은 사람이 아닙니다. 여러분, 지난번에 살펴본 것처럼 바울은 십자가 사건이 내 사건이라고 말하고 있잖아요? "내가 그리스도와 함께 십자가에 못 박혔다." 한번 스스로에게 질문을 던져봅시다. 정말로 그게 믿어집니까? 확신이 있습니까? 십자가 사건이 나를 위한 것이라고 머리로 끄덕이는 것 말고요. '옳소이다'라고 동의하는 것 말고요. 십자가 사건이 내 사건이라는 확신이 듭니까?

성령을 받으면 확신이 생겨요. 그런데 성령을 받지 못하면 이런 현상이 생깁니다. "목사님, 나는 주일날은 뭘 좀 느끼는 것 같습니다. 그런데 월요일 아침 9시가 되면 안개 사라지듯 확신이 다 사라져버립니다. 그리고 월, 화, 수, 목, 금, 토, 전혀 확신 없이 지냅니다." 그런데 십자가 사건이 내 사건이라는 확신이 들지 않으면 성령 받은 사람이 아니라는 거예요. 한 가지가 더 있습니다. 아까 장로님이 기도할 때 그런 표현을 쓰셨어요. 우리가 기도할 때에 '하나님'이라고 먼저 부릅니다. 그 다음에 뭐가 따라옵니까? '아버지'입니다. 여러분, 하나님이 내 아버지라는 게 정말 믿어지십니까? 박 목사의 아버지 말고, 신앙 좋은 저 장로님의 아버지 말고 하나님이 내 아버지라고 믿어지십니까? 그것이 성령 받은 증거예요.

예수님은 가깝게 느껴집니다. 그런데 하나님은 여전히 엄하고 무서운 분으로만 느껴지고 내 아버지라고 믿어지지 않는 분들도 많을 거예요. 믿고는 싶은데 안 믿어집니다. 그렇다면 성령 받지 않았습니다. 여러분, 하나님은 눈에 안 보이세요. 눈에 안 보이는 하나님을 눈에 보이는 것보다 더 분명히 경험하게 해 주시는 분은 성령입니다. 우리는 눈에 안 보이는 믿음의 세계를 살아가는 사람들이에요. 영적인 세계를 한 걸음씩 걸어가고 있습니다. 영적인 세계를 걸어가면서 이 땅에서 하늘의 신령한 복을 직접 경험하게 해 주는 유일한 통로는 바로 성령입니다.

바울은 갈라디아 교인들 모두가 성령을 받았다는 것을 전제하고 있습니다. 이런 사람들이 진정한 신자들이에요. 진정한 믿음을 가진 사람이라면 다 이런 변화를 경험하게 됩니다. 이것이 애매합니까? 모호합니까? 십자가 사건이 내 사건이라고 느껴집니까? 아니면 느껴지지 않습니까? 이것은 느낌의 문제이기 때문에 분명한 것입니다. 이건 확신의 문제이기 때문에 둘 중의 하나 아닙니까? "확신이 있다, 아니면 확신이 없다"잖아요? 지금 바울은 갈라디아 교인들이 분명히 경험한 성령 받은 사건에 기초해서 질문을 던지는 겁니다. "너희가 성령을 받았던 것이 율법의 행위 때문이냐? 아니면 듣고 믿었기 때문이냐?" 이것을 물어보는 겁니다.

자, 이론이 아니기 때문에 애매하지 않아요. 성령을 받았단 말이에요. 경험을 했단 말이에요. 그 경험을 다 가지고 있어요. 우리도 마찬가지입니다. 또 하나의 중요한 질문은 "너희가 그렇다면 언제 성령을 받았느냐"는 겁니다. 여러분, 우리 모두는 유대인이 아닙니다. 갈라디아 교인들처럼 우리도 이방인이었어요. 율법이 뭔지 모르는 사람들이었어요. 교회 나오기 전부터 구약성경을 그렇게 열심히 읽고 나온 사람이 어디 있습니까? 율법에 대해 전혀 관심도 없었고 율법 행위가 얼마나 중요한지 전혀 모르는 상태였습니다.

그런데 어느 날 은혜가 우리에게 먼저 임했어요. 마치 그림으로 그려진 것처럼, 내 눈으로 직접 보는 것처럼 복음이 선명하게 전달되었습니다. 그걸 들었습니다. 그걸 믿었습니다. 그리고 성령을 받았습니다. 지금 바울의 주장은 이겁니다. "갈라디아인들이여, 생각해 봐라, 뻔하지 않느냐? 너희들 경험에 비춰서 생각을 해봐라. 만일에 너희가 이방인으로서 율법에 관심도 없고 율법이 무엇을 말하는지도 전혀 몰랐을 그때 복음을 듣고 믿고 하나님 앞에서 의로워졌다면 너희가 이렇게 의로워진 이유가 율법의 행위 때문이냐? 너희가 하나님의 구원을 받아 하나님의 백성이 되는데 율법이 보태준 게 있느냐?" 이런 이야기입니다.

성령 받는 데 율법이 우리에게 보태준 것은 아무것도 없습니다. 간단하지 않습니까? 분명하지 않습니까? 우리의 경험이 우리에게 분명하게 말해 주고 있지 않습니까? 의로워지는 것은 행위가 아니라 바로 듣고 믿었기 때문이라는 게 너무 뻔하지 않느냐는 겁니다. 그렇다면 왜 이제 와서 다시 거꾸로 행위에 집착하느냐는 것입니다. 구원을 위해서 뭔가 행위를 하지 않으면 안 되는 것처럼, 의로워지기 위해서 하나님 앞에서 계속 착한 행위를 보여야만 천국 갈 수 있는 것처럼 말이지요. 바울은 지금 그걸 지적하고 있습니다.

그건 바른 진리가 아니라는 말입니다. 신앙의 역류 현상이요, 행위주의자들의 속임수일 뿐입니다. 그래서 어리석다고 말하고 있습니다. 성도 여러분, 요즘 운전하실 때 네비게이션을 많이 사용하지 않습니까? 모르는 지역으로 운전할 때 네비게이션부터 켭니다. 얼마나 편리한지 몰라요. 목회자들은 잘 모르는 지역으로 심방 갈 때가 종종 있습니다. 그래서 이 네비게이션을 요긴하게 사용합니다. 그런데 어떤 분이 저에게 이런 조언을 했어요. "네비게이션은 기계 아닙니까? 기계는 믿을 게 못됩니다. 때로는 내 길눈이 더 정확합니다."

일리가 있잖아요? 내 길눈이 더 믿을 만하다는 거예요. 그리고 며칠 뒤에 잘 알지 못하는 어느 지역으로 운전하게 되었어요. 네비게이션을 보면서 처음엔 잘 따라갔지요. 그런데 어느 지점에 도착했을 때 왼쪽 방향인지 오른쪽 방향인지 헷갈렸습니다. 네비게이션은 오른쪽을 가리키고 있는데 제 생각에는 왼쪽이 맞아요. 제 길눈은 왼쪽이 맞다는 확신과 사인을 자꾸 보내는 거예요. 그래서 며칠 전 그분의 조언이 생각나서 "맞아. 내 길눈이 더 정확할 수 있어" 하고 왼쪽으로 방향을 틀었습니다. 무슨 일이 벌어졌을까요? 웬걸요! 알지도 못하는 고속도로로 진입을 해서 빠져나오지도 못하고 한참을 돌면서 얼마나 혼쭐이 났는지요. 그 뒤로 저는 제 길눈을 신뢰하지 않습니다.

네비게이션이냐, 내 생각이냐? 양자택일을 하라고 한다면 저는 주저하지 않고 네비게이션을 선택합니다. 여러분, 우리는 지금 신령한 영적인 세계를 걸어가고 있습니다. 우리가 이 세계에 대해서 잘 모릅니다. 그런데 '믿음'이 좋은 안내자가 되어서 여기까지 잘 인도받아 왔어요. 그러다가 어느 날 어떤 사람이 다가와서 하는 말이 "그 믿음만 가지고는 안 됩니다. 당신의 생각을 신뢰하세요. 당신의 길눈이 더 정확할 때가 있습니다"라고 말해도 절대로 귀 기울이지 마시기를 바랍니다. 엉뚱한 길로 끌려가기 십상입니다.

행위주의는 항상 "이것을 하라"고 명령합니다. 하나님은 "예수 그리스도께서 다 하셨다. 그걸 믿으라"고 말씀하십니다. 행위냐 믿음이냐? 양자 중에 어느 쪽을 선택하시겠습니까? 처음에 하나님께서 우리에게 주셨던 그 믿음이 아무에게나 생기는 것입니까? 그렇지 않잖아요? 성령을 받은 사람에게만 이 진짜 믿음이 생기는 거잖아요? 내가 십자가 복음을 듣고 선명하게 그것을 이해했습니다. 십자가 사건이 내 사건이라는 확신을 가졌습니다. 그리고 하나님 앞에 의로워지면서 성령을 받았습니다. 하나님이 우리를 부르셨을 때 애당초 부어주셨던 그 믿음, 여기까지 안전하게 나를 인도해 온 그 믿음 위에 여전히 발 딛고 우뚝 서는 여러분들이 다 되시기를 바랍니다.

초지일관(갈 3:3-5)

"너희가 이같이 어리석으냐 성령으로 시작하였다가 이제는 육체로 마치겠느냐 너희가 이같이 많은 괴로움을 헛되이 받았느냐 과연 헛되냐 너희에게 성령을 주시고 너희 가운데서 능력을 행하시는 이의 일이 율법의 행위에서냐 혹은 듣고 믿음에서냐."

성도 여러분, 이런 질문을 먼저 본인에게 던져보시면 좋겠습니다. 여러분은 언제부터 교회 다니기 시작하셨습니까? 한 가지 질문을 더 드리겠습니다. 여러분은 언제부터 신앙생활을 시작하셨습니까? "아, 목사님 둘 다 똑같은 거 아닙니까? 그게 그거 아닙니까?" 아닙니다. 둘이 다릅니다. 언젠가 어떤 자매님께서 자기 남편을 저에게 소개하면서 이렇게 말씀하셨습니다. "목사님, 제 남편은 교회 다닌 지는 오래되었습니다. 그런데 신앙생활을 시작한 지는 얼마 안 됐습니다."

어떻게 생각하십니까? 이 자매님은 교회를 출석하는 것과 본격적으로 신앙생활을 시작하는 것은 다르다고 믿는 겁니다. 아마 부인의 권유나 아니면 친구의 강권에 이끌려서 이 자리에 나와 앉아 있는 분이 있을지 모르겠습니다. 그런데 마지못해 이렇게 이끌려나와 앉아 있을 수는 있습니다마는 그렇다고 해서 자동적으로 믿음이 생기는 것은 아닙니다. 이것이 문제입니다. 예를 들어, 학생들이 고등학교 졸업할 때까지는 열심히 교회 나갑니다. 왜냐하면 부모님들이 나가야 된다고 으름장을 놓으니까 안 나갈 수가 없어요. 고등학교 때까지는 미성년자라 부모님의 울타리 안에 있지요. 그래서 교회를 나옵니다. 그런데 학교를 졸업하자마자 미련 없이 교회를 떠나버립니다, 마치 기다렸다는 듯이.

저 역시도 고등학교 졸업할 때까지는 누가 봐도 FM 크리스천 학생이었습니다. 열심히 교회를 다녔습니다. 그런데 고등학교를 졸업하자마자 6년 동안 교회를 떠나 있었습니다. "예수가 내 구주다. 하나님이 내 아버지다" 이것이 안 믿어지는 거예요. 그래서 '계속 교회 다니면서 억지를 부려서는 안 되겠다. 제대로 믿음도 없으면서 형식적으로 교회 나간다면 그야말로 위선을 떠는 것 아닌가?' 이런 생각을 가지고 교회를 떠났습니다.

여러분, 우리는 교회 다니는 교인일 수 있습니다. 3부 예배 출석하는 출석 교인일 수 있습니다. 그런데 그렇다고 해서 진정한 믿음이 생기는 것은 아니라는 말입니다. 그러니까 내가 아무리 애를 써도 예수 믿지 않는 사람들 때문에 너무 괴로워하지 마시기 바랍니다. 내 남편, 내 아내, 내 아이들, 내 부모님, 내 친한 친구, 회사 동료 누구든 많이 애썼지만 여전히 예수 믿을 기미가 보이지 않는 사람들 때문에 너무 자책하지 마시기 바랍니다.

　믿음은 사람의 노력으로 안 됩니다. 믿음을 억지로 짜낸다고 만들어낼 수 있겠습니까? 성경을 보면 믿음이라는 건 항상 믿어지는 것입니다. 수동형으로 표현되어 있습니다. 능동형이 아니에요. 믿어지는 것이지요. 구약에 보면 많은 선지자들이 등장하지 않습니까? 이 선지자들이 하나님의 말씀을 전할 사명을 받습니다. 그런데 말씀을 전하는 게 쉽지 않아요. 하나님 말씀을 곧이곧대로 전하면 듣고 백성들이 돌을 들어서 치려고 해요. 핍박을 받습니다. 그래서 전하지 않으려고 합니다. 그때 하나님이 이렇게 말씀하십니다. "네가 복음을 전하지 않아서 그들이 하나님의 말씀을 듣지 못해 멸망 길로 간다면 그 핏값을 내가 너에게 묻겠다."

　그런데 그렇게 말씀은 하시면서도 "네가 그들의 심령을 바꿔놓으라"든가, "네가 그들을 회개시키라" 이렇게 요구는 안 하세요. 요구하실 수가 없지요. 왜냐하면 믿음을 갖게 하는 것은 사람의 소관이 아니기 때문입니다. 우리가 성경의 내용을 대충 알지 않습니까? 그런데 믿을 수 없는 내용이 얼마나 많아요? 말도 안 되는 성경의 내용들이 어떻게 멀쩡한 정신을 가지고 믿어지냐고요? 처녀가 잉태해서 아기를 낳았다는 동정녀 탄생. 죽은 사람이 사흘 만에 일어나서 한참 동안 활동하고 다녔다는 부활. 그런가 하면 예수님이 어느 날 물위를 평지처럼 걸어서 제자들에게 오셨다는 이야기. 이런 게 믿어지면 비정상이지요. 안 믿어지는 게 정상 아니겠습니까?

　그런데 희한한 점은 여기 앉아 있는 저와 여러분들 대부분이 이 사실을 곧이곧대로 믿는다는 것입니다. 우리 안에 대학 교수들도 있습니다.

의사도 있습니다. 박사도 있고 과학자들도 있습니다. 엔지니어도 있습니다. 그런데 이런 것들을 가감 없이 다 믿어요. 이분들이 누군지 대강 아실 거예요. 어떻습니까? 여러분들 보시기에 이분들이 평소에 좀 이상한 분들입니까? 하는 행동이나 말투가 약간 비이성적인가요? 이분들이 자기 분야에서 뒤처져서 꽁무니를 따라가는 분들입니까? 아니지요. 국내 최고인 분들이 많습니다. 그런데 정신이 멀쩡한 이런 사람들이, 공부를 할 만큼 한 사람들이, 지성의 최첨단에 서 있는 것처럼 보이는 사람들이 어떻게 말도 안 되는 이런 내용을 믿을 수 있는가? 이거야말로 우리가 던져볼 질문이 아니겠습니까?

여러분, 사람의 영혼에는 문이 하나씩 다 달려 있습니다. 소위 영혼의 문입니다. 마음의 문이 다 하나씩 달려 있는데, 그 문이 열려 있는 게 아니고 굳게 닫혀 있습니다. 그 닫힌 문을 열 수 있는 열쇠는 사람 손에 있지 않습니다. 하나님 손에 있습니다. 특별히 성부, 성자, 성령, 삼위일체 하나님이라고 우리가 부르는데, 그 중에서도 성령님 손에 달려 있습니다.

여러분, 우리 영혼에 오셔서 직접 영향력을 행사하시는 분은 성령이세요. 그러니까 성령께서 어느 날 내 마음의 문을 열어 주실 때에 믿어집니다. 성령님이 내 영혼의 눈과 귀를 열어 주실 때 비로소 십자가가 내 사건으로 보이기 시작합니다. 하나님의 복음이 나를 향한 말씀으로 그때 들리기 시작합니다. 그전에는 아무리 보아도 보이지 않고, 누가 뭐라고 해도 들리지가 않습니다. 하나님을 믿고 싶어도 안 믿어져요. 그런데 성령이 역사하면 대번에 믿어집니다.

이게 기적이지요. 경험해 보면 이것이 참 희한합니다. 저도 교회 떠난

지 6년이 지나고 난 어느 날 성령께서 제 마음에 찾아오셨어요. 성령이 역사하시자 그날 한꺼번에 다 믿어졌습니다. 하나님 살아계시는 게 믿어졌고, 살아계신 하나님이 성경대로의 하나님인 것이 믿어졌습니다. 성경의 일점일획까지도 다 하나님의 말씀이라는 사실이 100퍼센트 믿어지더라고요. 여러분, 바로 이것입니다. 성령이 오셔서 내 영혼의 문을 열어주시자마자 소위 총체적인 믿음이 생기게 되었지요.

여기 계신 많은 분들이 비슷한 경험을 하지 않으셨습니까? 과거에는 전혀 안 믿어지던 내용들이었습니다. 어떻게 현대인이 이런 걸 믿느냐고 하면서 그걸 믿는 신자들을 어리석은 사람들인 것처럼 비아냥거렸습니다. 자신의 과거의 모습을 한번 생각해 보세요. 그런데 지금은 100퍼센트 다 믿고 있지 않습니까? 어떻게 된 일입니까? 안 믿어지던 것이 믿어지기 시작하고, 계속 의심만 가던 내용들이 이제는 더 이상 질문을 던져볼 필요도 없이 100퍼센트 인정되고 받아들여집니다. 이것이야말로 성령께서 내 마음 안에 역사하셨다는 명백한 증거 아니겠습니까?

여러분, 이처럼 우리는 내가 결심함으로 인해 신앙생활을 시작하는 게 아니에요. 예배당 출석은 그렇게 시작할 수 있어요. 그러나 본격적인 신앙생활, 진정한 믿음생활은 성령과 함께 시작하는 줄로 믿습니다. 자, 문제는 이처럼 성령을 받아서 진정한 신앙생활을 시작했던 사람이 다시 율법과 행위주의로 역류해 버릴 수 있는가? 이 질문입니다. 거기에 대해서 오늘 3절에서 사도 바울이 이렇게 지적합니다. "갈라디아인들이여, 그리고 남서울은혜교회 교인들이여, 너희가 이같이 어리석으냐? 성령으로 시작하였다가 이제는 육체로 마치려고 하느냐?"

처음에 본격적인 믿음을 갖게 될 때는 성령의 역사가 분명했습니다. 출발은 성령으로 시작했습니다. 그런데 이제 와서 다시 육체로 신앙생활을 끝내려 하고 있습니다. 바울의 질문을 바꿔보면 이런 겁니다. "갈라디아 교인들이여, 너희는 이방인이지 않았는가? 율법이 뭔지도 모르고 율법에 대해 전혀 관심도 없었을 그때에 믿음으로 성령을 받고 진정한 신앙생활을 시작하지 않았는가? 그렇다면 왜 이제 와서 거꾸로 율법과 행위에 집착하려고 하는가? 왜 거기에 매달리는가?"

여기서 바울이 말하는 '육체'는 육신의 행위를 의미합니다. 구체적으로 풀어서 생각해 보면 이런 겁니다. 육신의 행위라는 것은 율법을 지켜야만 우리의 구원이 완성될 수 있다고 생각하는 것입니다. 나아가서 외형적인 어떤 제도, 그게 율법의 제도이든지 교회의 제도이든지 외형적인 제도를 지켜서 하나님 앞에 스스로 의로워지려고 하는 헛된 시도를 가리킵니다. 이것이 바울이 지적하고 있는 '육체'입니다. 한걸음 더 나가서 죄의 문제를 자기의 노력으로 해결해 보려고 하는 어리석은 안간힘과 노력이 바울이 지적하고 있는 육신의 행위요 육체입니다.

갈라디아 교인들은 처음에 복음을 믿음으로 잘 받아들였습니다. 성령이 역사하셨어요. 그러자 이방인들이지만 믿을 수 없는 내용들이 믿어졌어요. 바울이 전했던 복음을 아멘으로 받아들였습니다. 잘 가다가 거짓 교사들이 파놓은 함정에 빠지고 말았습니다. 지금 갈라디아 교인들은 다시금 자신들의 영혼을 무거운 죄의식 아래로 밀어 넣는 율법과 행위주의로 돌아가고 말았습니다. 여러분, 이것이 옛날 갈라디아 지역에만 있었던 문제가 아니라는 것입니다. 그 이후 교회사에 다시는 등장하지 않은 문제였으면 좋았을 텐데 오늘날도 우리 교회 안에서 얼마든지 벌어지는 일입니다. 여전히 인간의 헛된 노력과 어리석음이 마치 지혜인 것처럼 인식되고 있습니다.

잘 아시는 것처럼 요즘 한국 교회가 얼마나 비난의 화살을 많이 받습니까? 한국 교회 전체가 도마 위에 올라와 있어요. 너도 나도 앞을 다투어 한국 교회를 비판합니다. 마치 유행처럼 이런 대열에 합류하지 못하면 뒤처지기라도 하는 것처럼 말이지요. 그런데 생각해 보면 결국 나도 한국 교회의 일원 아닙니까? 내 얼굴에 침 뱉기인데 좀 조심해야 되지 않을까 이런 생각을 해보게 돼요. 어쨌거나 행위가 없는 예수쟁이들, 행위 없는 소위 하나님의 백성들이 도마 위에 올라와 있다는 것은 부인할 수 없는 사실입니다.

그런데 이런 배경을 근거로 엉뚱한 주장을 하는 사람들이 있습니다. 우리의 구원과 우리의 행위를 묶어서 가르치기 시작하는 거예요. 이렇게 질문을 던집니다. "당신 교회 나가지요? 예수 믿지요?" "예, 나갑니다. 예, 믿습니다." "자, 그러면 제가 질문을 드리겠습니다. 예수를 믿고 난 뒤에 당신 행위에 변화가 있습니까? 어때요? 습관의 변화가 있습니까? 못된 습관이 달라졌습니까? 가치관의 변화가 있습니까? 그전과는 다른 인생관을 가지고 삽니까?" 이렇게 물어보면 우리가 할 말이 별로 없을 수 있습니다. 그래서 이렇게 단정합니다. "만일에 예수를 믿고 난 뒤에 당신 행위의 변화가 없다면 당신의 구원을 의심해 봐야 합니다."

여러분, 우리가 예수를 믿는 사람으로서 그리스도인답게 살아야지요. 그렇지 않습니까? 하나님의 백성답게 살아야 되고, 이 땅에 하나님이 두신 유일한 빛처럼 소금처럼 살아야 한다는 이야기를 수도 없이 우리는 듣습니다. 예수님 제자로서 제자다운 행위가 필요해요. 그건 분명합니다. 그런데 이런 것들을 구원의 결과나 자연스러운 열매로서가 아니라 마치 구원의 조건인 것처럼 구원과 행위를 묶어서 주장하는 목소리들이 높습니다. 구원을 걸어놓고 이야기를 하는 거예요. "당신 행위를 봐라!" 이것이지요. "당신 행위에 극적인 변화가 없다면 어떻게 구원을 얻었다고 감히 말할 수 있겠는가?"

구원을 걸어놓고 행위를 지적하기 때문에 듣는 우리들의 입장에서는 겁이 납니다. 그러지 않겠어요? 내 구원을 의심해 봐야 하니까요. 겁이 나요. 내 구원에 대해서 심각해지지요. 그 말이 진짜인 것 같아요. 일리가 있어요. 상당히 내 가슴을 두들겨요. 그렇지 않아도 이 문제 때문에 늘 마음에 부담이 있었고 하나님 앞에 죄송했는데, 이렇게 구원 문제를 걸고 지적하니까 마음이 급해지는 겁니다. 그래서 그날부터 내 행실을 뜯어고치기 위해서 모든 노력을 다합니다. 나쁜 습관을 고치려고 무척 애를 씁니다. 그래서 변화가 생깁니다. 술을 끊고 그 좋아하던 담배를 끊습니다. 좋습니다.

여러분, 그런데 여기에 문제가 있습니다. 성령께서 우리 안에 역사하시면 반드시 변화가 있습니다. 그런데 우리 안에 나타나 보이는 모든 변화가 다 성령의 역사는 아닙니다. 거짓 가르침을 좇아가도 변화가 생깁니다. 이단에 푹 빠지면 더 엄청나고 대단한 변화를 경험하게 됩니다. 제가 예전에 섬겼던 교회 청년부 회장을 했던 친구가 종말론 이단인 다미선교회에 빠졌어요. 제가 여러 번 그 형제를 붙들고 설득했지요. 그때마다 다 고개를 끄덕여요. 그런데 나중에 이렇게 이야기를 했습니다. 평생 잊을 수 없는 인상적인 말을 했습니다. "목사님, 나는 이걸 믿고 따르면서 내 생활에 엄청난 변화가 생겼습니다. 이렇게 변화가 생겼는데 왜 이 교리가 나쁘다고 하십니까?"

여러분은 어떻게 생각하세요? 뭐라고 대답하시겠습니까? 이단에 빠져서 생각도 못했던 변화를 경험하게 됩니다. 학교 잘 다니던 학생들이 대번에 학교를 그만두지요. 회사일 열심히 하고 있던 직장인들이 회사를 집어치우지요. 가정에서 살림 잘 하던 주부들이 집을 뛰쳐나갑니다. 그러고는 이단의 교주에게 맹종하는 엄청난 변화들이 있지 않습니까? 다들 부정적인 변화이긴 하지만 말이지요.

바로 이것입니다. 이 사람들은 성경말씀을 통해서가 아니라 자신들의 행위가 눈에 띄게 달라진 변화를 보면서 구원의 확신을 얻으려고 합니다. 성경을 보면서는 확신이 안 생겼습니다. 그러자 자기 습관이나 행실을 고치고 술을 끊든지 담배를 끊든지 하는 행위의 변화를 통해 구원의 확신을 얻으려고 한다는 것입니다. 결국 바울이 지적하고 있는 것처럼 처음에는 믿음으로 진정한 신앙생활을 시작했다가 이제는 행위로, 율법주의로 역류해 버린 것이지요.

그런 사람들을 향해 바울이 안타까운 마음으로 이렇게 질책하지 않습니까? "너희가 이같이 어리석으냐? 성령으로 시작했다가 이제는 육체로 마치려 드느냐?" 도대체 왜 믿음과 성령으로 신앙생활을 출발했던 사람들이 어느 시점에서 마치 갈라디아 교인들처럼 다시 행위에 집착을 하게 될까요? 바로 이런 이유 때문에 그렇습니다. 안 믿어지다가 성령이 역사하자 "예수가 내 구주다, 십자가가 내 사건이다, 그리고 하나님이 내 아버지"라는 것이 믿어졌어요. 내 심령의 변화를 내가 경험했습니다.

그런데 이 모든 것이 다 과거에 있었던 일이에요. 그러니까 신앙생활을 상당히 해온 현재 시점에서는 이런 고백들이 하나도 새로울 게 없어요. 그래서 이런 의문이 드는 겁니다. "자, 좋은데 과연 기독교가 이것뿐이냐? 그저 내가 믿고 지금까지 반복해 왔던 이런 기본적인 고백이 신앙의 전부냐? 진정한 신앙이라면 현재시점에서 눈에 보이는 뭔가 있어야 되는 게 아닌가?" 이런 의문이 드는 거예요. 그러다 보니 자연스럽게 행위에 치중하게 되지요. 거기에 대해 바울이 3장 5절에 이렇게 말합니다. "너희에게 성령을 주시고 너희 가운데서 능력을 행하시는 이의 일이 율법의 행위에서냐 혹은 듣고 믿음에서냐?"

여러분, 바울이 "너희에게 성령을 주시고"라고 했을 때 이 '주시고'라는 동사, 그리고 "너희에게 능력을 행하시는 이"라고 했을 때 '행하시는 이' 라는 동사는 시제가 현재형입니다. 아까 3절에서는 과거형이었어요. "너희가 성령을 받고"(과거에), 그리고 믿음생활을 본격적으로 시작하지 않았느냐? 과거형인데 지금 5절에서는 영감을 받은 바울이 의도적으로 동사의 시제를 현재형으로 바꾸어 기록하고 있습니다. 바울이 말하고 싶은 요지는 이것입니다. "과거에 하나님께서 믿을 수 없는 내용들을 믿을 수 있도록 성령을 한 번 부어주신 것으로 끝냈느냐? 그게 아니지 않느냐? 지금도 현재형으로 여전히 우리 안에, 교회 안에 성령을 부어주고 계시고 능력을 행하고 계시지 않느냐?" 이런 의미입니다.

그런데 여기 '능력'으로 번역되어 있는 단어를 원문의 뉘앙스에 좀 더 맞게 번역한다면 '능력'보다는 '기적'이라고 해석하는 게 맞습니다. 대부분의 영어 번역본들은 '기적'으로 번역했어요. 한글번역본도 개역개정 말고 표준 새번역이나 공동번역이나 쉬운 성경이나 현대인의 성경은 모두 '기적'으로 번역했습니다. 그러니까 하나님은 처음에 믿을 수 없는 것들을 믿을 수 있도록 성령을 통해서 우리 눈을 열어 주셨습니다. 그런데 그것으로 끝나는 게 아니라는 겁니다. 하나님은 여전히 오늘날도 우리 심령에 찾아오십니다. 교회 안에서 활발하게 활동을 벌이고 계십니다. 그 활동의 핵심적인 내용이 뭔가 하면 오늘도 성령을 날마다 부어주신다는 것입니다. 그 성령을 통해서 우리 안에서 기적을 행하고 계신다는 것입니다. 바울의 지적은 "어찌 너희가 그것을 생각하지 못하느냐?" 하는 말입니다.

성도 여러분, 초대교회에는 기적이 대단히 많았다는 것을 사도행전을 보면 알 수 있지 않습니까? 사도행전 14장을 보면 바울이 갈라디아 지역을 방문을 했을 때에 복음을 전했습니다. 그때 많은 표적과 기사가 나타났습니다. 갈라디아 지역 안에 루스드라라는 성이 있는데 바울과 바나바 두 사람이 그 성을 찾아갔습니다. 가서 복음을 전했지요. 그런데 그 성 안에 나면서부터 한 번도 걸어본 적이 없는 사람이 있었답니다. 이 사람이 복음을 듣고 받아들였습니다. 바울이 보니까 구원 얻을 만한 믿음이 있어요. 바울이 이 사람에게 명령합니다. "네 발로 일어나 걸어라." 이 소리가 떨어지자마자 기다렸다는 듯이 지금까지 한 번도 걸어본 적이 없는 사람이 자기 발로 일어납니다. 걷기 시작하는 거예요.

이 사람이 누군지 잘 알고 있는 많은 사람들이 깜짝 놀랍니다. 경악을 하지요. 있을 수 없는 일이 눈앞에서 벌어졌으니까요. 그러자 사람들이 신들이 사람의 형상을 입고 이 땅에 내려오셨다고 착각합니다. 그러고는 바나바와 바울 두 사람을 붙잡아 모셔 놓습니다, 제사를 드리려고. 그래서 바나바는 제우스 신이라 하고, 바울은 복음을 전하고 말을 주로 하는 사람이니까 헤르메스 신이라고 자기들이 정합니다. 제우스와 헤르메스 신에게 제사 드리려고 소를 잡고 꽃들을 그 앞에 바칩니다. 이런 모습을 보고 바울과 바나바가 무리 가운데로 뛰어들어서 억지로 뜯어말리지 않습니까?

여러분, 하나님께서 교회 안에 성령을 부어 주시고, 성령을 통해서 지금도 필요할 때는 이처럼 초자연적인 기적을 일으키십니다. 초대교회처럼 빈번하지 않을지 모릅니다. 강도가 그렇게 강하지 않을지 모르겠습니다. 그때와는 시대가 다르다는 것도 사실입니다. 그러나 하나님께서 여전히 우리 안에 지속적으로, 그리고 현재형으로 성령을 부어 주고 계십니다. 또한 있을 수 없는 초자연적인 기적을 일으키고 계십니다.

그것뿐입니까? 진짜 기적은 무엇입니까? 도저히 예수 믿을 것처럼 안 보이던 사람이 있습니다. 심령이 강퍅하기가 이루 말할 수 없어서 "설마 저 사람은 아닐 거야" 하고 포기해 버린 어떤 사람의 마음속에 성령이 임합니다. 마음 문을 여십니다. 결국 그 사람이 두 손 들고 항복하며 하나님 앞에 나옵니다. 이런 기적들이 지금도 교회 안에서 현재형으로 계속 벌어지고 있는 것 아니냐는 말입니다.

여러분, 행위는 누가 합니까? 행위는 사람이 하지요. 내가 합니다. 기적은 누가 일으킵니까? 기적을 베푸시는 분은 하나님이시지요. 우리의 행위와 하나님이 베푸시는 기적은 아무 상관이 없습니다. 단적으로 말해서 내가 아무리 대단한 행위를 한다 해도 그 행위 자체가 곧 기적을 일으키지는 않습니다. 행위가 내 소관이라면 기적은 전적으로 하나님 소관입니다.

바울의 질문은 이것입니다. "그렇다면 여러분, 생각해 보세요. 현재도 우리가 계속 교회 안에서 경험하고 있는 기적이 율법의 행위 때문이겠습니까? 그게 아니지 않습니까? 만일에 믿음 때문이라면 왜 여러분들은 거꾸로 돌아가서 행위에 다시 집착하고 있는 겁니까? 하나님께서 지금도 우리에게 성령을 부어주시고 성령을 통해서 기적을 행하시는 이유는 우리가 여전히 복음을 믿고 하나님을 믿고 있기 때문이 아닙니까? 하나님의 위대하심을 믿고 하나님의 긍휼히 여기심을 믿고 하나님의 능력을 믿고 있기 때문에 이런 기적들이 일어나고 있지 않습니까? 그렇다면 처음에 성령으로 믿음생활을 출발해 놓고 어리석게도 왜 이제 와서 다시 행위와 율법에 집착하고 있습니까?" 이런 지적입니다.

여러분, 지난번 런던올림픽 개막식을 보셨을 겁니다. 참으로 화려하게 영국의 특성을 잘 살려서 멋지게 처음을 열지 않았습니까? 개막식 때 여러 음악들이 사용되었는데요. 그 중에 하나가 〈불의 전차〉라는 영화의 주제곡으로 등장했던 음악이었습니다. 이 〈불의 전차〉라는 영화는 영국의 육상선수인 에릭 리들을 주인공으로 삼아 만든 영화입니다. 에릭 리들은 영국의 육상 영웅입니다. 1924년 제8회 파리올림픽 때 육상 금메달 리스트였지요. 원래는 아버지가 중국 선교사였습니다. 에릭 리들도 운동선수 활동을 마감한 후엔 중국 선교에 헌신했습니다. 그리고 1945년에 일본수

용소에서 순교합니다.

에릭 리들은 1924년 당시 스코틀랜드에 있는 에딘버러 대학의 학생이었습니다. 원래 100미터가 주 종목이었습니다. 영국의 육상 100미터 금메달 유망주였지요. 그런데 1924년 파리올림픽 주최측에서 100미터 육상경기를 주일날 열겠다고 결정했습니다. 에릭 리들은 주일을 철저하게 지키는 신자였습니다. 그 소식을 듣고 주저 없이 100미터 경기 출전을 포기합니다. 영국 선수단측에서는 유망주니까 여러 방법을 통해서 올림픽 주최측을 설득하려고 합니다. 그런데 한두 나라를 상대로 해서 벌이는 게임이 아니잖아요? 결국 100미터 육상경기는 예정대로 주일날 열리는 것으로 결정되고 맙니다.

에릭 리들이 100미터를 포기하자 영국의 매스컴들이 들끓기 시작합니다. 비난의 화살을 사정없이 에릭 리들에게 쏟아 붓습니다. '옹졸하고 편협한 신앙'이요, '조국을 저버린 배신자'라고 비난합니다. 그러나 그런 주변의 소음에 리들은 전혀 동요하지 않습니다. 100미터를 포기했습니다. 그리고는 불과 몇 개월을 앞두고 400미터로 종목을 바꿉니다. 연습을 하지요. 결과는 어떻게 됐을까요? 자기 주 종목이 아닌 200미터에서 동메달을 따고 400미터에서 당시 세계 최고의 신기록으로 금메달을 목에 겁니다. 전 영국 국민들에게 기쁨의 선물을 선사합니다. 게임이 끝나고 난 다음에 기자가 찾아와서 에릭 리들에게 물었습니다. "도대체 어떻게 그럴 수 있었는가?" 그때 리들이 이렇게 대답했습니다. "처음 200미터는 내가 최선을 다해서 뛰었습니다. 그런데 다음 200미터는 하나님이 도우셨습니다."

여러분, 누가 무슨 이야기를 하든지 주변의 소음에 아랑곳하지 않고 초지일관 자신의 믿음을 지킨 사람에게 하나님은 기적을 베푸십니다. 능력을 베푸십니다. 우리도 믿음으로 처음에 본격적인 신앙생활을 시작했습니다. 이렇게 믿음으로 잘 나가다가 갑자기 중도에 소음이 들려오는 때가 있습니다. "믿음, 믿음 하지만 믿음이 전부가 아니라는 걸 좀 아세요. 행위가 뒤따라야 구원이 완성됩니다. 당신이 예수 믿고 난 다음에 변한 게 무엇입니까? 행위에 변화가 없으면 당신의 구원을 의심해 봐야 합니다." 이런 주변의 소음에 더 이상 귀 기울이지 마시기 바랍니다.

하나님을 몰랐을 때 우리 영혼은 새까맣게 어둠으로 덮여 있었습니다. 영혼의 문은 굳게 잠겨 있었습니다. 하나님은 그때에 성령을 보내셔서 우리 마음을 열어 주셨습니다. 믿음으로 본격적인 신앙생활을 시작하게 하셨습니다. 그것뿐입니까? 바울이 3장 5절에서 강조하고 있는 것처럼 거기에서 끝나지 않습니다. 하나님은 지금도 살아계신 분입니다. 하나님은 오늘도 현재형으로 우리 안에, 교회 안에 성령을 붓고 계십니다. 성령을 통해서 능력을 행하시고 기적을 베풀고 계십니다.

우리는 성령과 함께 믿음으로 신앙생활을 시작했습니다. 또한 오늘도 여전히 믿음으로 성령의 기적과 성령의 능력을 체험하고 우리의 신앙을 유지하고 있습니다. 그러므로 믿음 위에 굳게 서서 초지일관합시다. 다른 어떤 소리에도 귀 기울일 필요가 없습니다. 하나님이 우리에게 선물로 주신 이 고귀한 믿음을 붙잡고 믿음으로 초지일관하는 여러분 되시기를 바랍니다.

믿음의 원리, 동일한 원리(갈 3:6-9)

"아브라함이 하나님을 믿으매 그것을 그에게 의로 정하셨다 함과 같으니라. 그런즉 믿음으로 말미암은 자들은 아브라함의 자손인 줄 알지어다 또 하나님이 이방을 믿음으로 말미암아 의로 정하실 것을 성경이 미리 알고 먼저 아브라함에게 복음을 전하되 모든 이방인이 너로 말미암아 복을 받으리라 하였느니라 그러므로 믿음으로 말미암은 자는 믿음이 있는 아브라함과 함께 복을 받느니라."

여러분, 혹시 스토리텔링이라는 말을 들어보신 적이 있습니까? 요즈음 TV나 방송매체에 자주 등장하는 표현입니다. 아마 한두 번은 다 들어보시지 않았을까 생각합니다. 스토리텔링 마케팅도 있고 스토리텔링 컨설팅, 스토리텔링 스피치, 심지어는 스토리텔링 초등수학도 있어요. 그런가 하면 '스토리텔링'이라는 카페 이름도 보았습니다.

도대체 스토리텔링이라는 게 뭘까요? 언뜻 생각해 보면 스토리는 이 야기이고 텔링은 말한다는 뜻이지 않습니까? 그러니까 이야기를 통해서 의미를 전달하는 방식을 스토리텔링이라고 쉽게 생각해 볼 수 있지요. 그런데 이 스토리텔링이 일반사회에서만 성행하는 게 아닙니다. 기독교 안에서도 많은 사람들 입에 오르내리는 게 스토리텔링 방식입니다.

몇 년 전에 회심하신 초대 문화부장관께서 어느 문화강좌에서 구약 창세기를 아담부터 스토리텔링으로 쭉 풀어가고 있는 것을 재미있게 본 적이 있습니다. 왜 기독교 안에서 스토리텔링이 유행을 탈까요? 이런 이유 때문에 그렇습니다. 여러분, 기독교 진리 혹은 성경 진리를 그냥 전달하면 그것을 흔히 교리라고 부르지 않습니까? 교리가 중요하다는 것은 알겠는데 왠지 '교리' 하면 어감이 딱딱합니다. 친근감이 느껴지기보다 거리감이 느껴지지 않습니까? 그런데 이 교리를 이야기로 풀어서 전달하면 훨씬 구체적입니다. 생생하게 와 닿습니다. 그 이야기 속에 내가 참여해서 이야기 속에 담겨 있는 진리를 느낄 수가 있지 않겠습니까?

그래서 요즘 설교에서도 스토리텔링을 많이 사용합니다. 설교에서 대표적인 스토리텔링이라면 아마 예화가 아닐까 싶습니다. 예화라는 게 결국 이야기 아니겠습니까? 스토리텔링의 일부분이라고 볼 수 있지요. 그래서 설교의 예화는 흔히 창문과 같다고 말합니다. 집을 한번 생각해 보세요. 집을 지었는데 창문이 하나도 없다면 어떨까요? 숨이 막히지요. 답답하지요. 창문을 몇 개라도 내면 바깥을 볼 수 있으니까 훨씬 낫습니다. 이처럼 성경 교리를 전하는 중에도 예화를 통해 창문 몇 개를 만들어 놓는 겁니다. 그러면 진리를 생생하게 볼 수 있습니다. 열린 창문을 통해서 신선한 바람을 느끼는 것처럼 진리를 느낄 수도 있게 됩니다.

오늘 본문에서 사도 바울은 예화를 하나 사용하고 있습니다. 바로 아브라함의 예화입니다. 바울이 지금 이야기하고 있는 내용의 흐름은 무엇입니까? "우리는 믿음으로만 하나님 앞에 갈 수 있다"는 것입니다. 소위 '이신칭의,' '이신득의'입니다. 그런데 이것이 중요하다는 건 알겠는데 '이신칭의'는 좀 낯선 표현 아니겠습니까? 예수 믿는 우리에게도 썩 와닿는 표현은 아닙니다. 들으면 마음에 탁 와서 안기는 표현이 아니에요. 딱딱한 교리 냄새가 난다는 말이지요. 지금 바울은 "믿음으로만 의롭다 함을 얻는다"는 교리를 이렇게도 설명하고 저렇게도 설명합니다. 그러는 가운데 아브라함 예화를 들어서 이 교리를 좀 더 느낄 수 있게 하는 것입니다. 좀 더 쉽게 와 닿을 수 있도록, 좀 더 생생하게 진리를 맛볼 수 있도록 도와주는 것이지요.

예를 들면 바울이 갈라디아서를 신학교 강의실에 앉아 있는 신학생들을 대상으로 기록한 게 아닌 것과 같습니다. 따라서 신학 강의를 하는 것처럼 적고 있는 게 아니라 설교를 하는 것처럼 기록합니다. 설교는 교리의 뼈대에다가 살도 붙이고 알아들을 수 있고 와 닿게 도와주어야 하지 않습니까? 그래서 바울이 갈라디아서를 마치 설교처럼 기록하고 있다는 것입니다.

그런데 구약의 많은 인물들 중에 하필이면 왜 아브라함을 꺼냈을까요? 이것이 첫 번째 질문입니다. 지금 행위주의자들에 대한 이야기를 하고 있지 않습니까? 이 행위주의의 가장 원조격인 사람은 역시 모세입니다. 하나님은 모세를 통해서 이스라엘에 율법을 주셨습니다. 율법의 체계를 세운 사람이 바로 모세예요. 따라서 "율법의 원조, 율법의 멘토" 하면 두말할 것 없이 모세입니다. 그러므로 지금 모세를 말해야 더 어울릴 것 같지 않습니까? 그런데 굳이 아브라함 이야기를 꺼내고 있습니다. 말하자면 지금 바울은 하고 싶은 이야기를 하기 위해 모세보다도 더 근본적인 인물 한 사람을 소개하고 있는 겁니다.

여러분, 모세와 아브라함은 시기적으로 보면 약 600년 정도 차이가 납니다. 아브라함이 모세보다 약 600여 년이 앞선 사람이에요. 바울은 역사를 거슬러 올라가 이스라엘의 국부요 건국의 아버지격인 아브라함에 관한 이야기를 살펴보는 것입니다. 유대인이라면 누구나 다 알고 존경하는 인물입니다. 유대인들은 믿음의 조상이라고 하는 아브라함의 자손 된 것을 자랑합니다. 따라서 바울은 하나님께서 이스라엘에게 최초에 주신 원리가 무엇인지 알고 싶으면 모세에 머물러 있으면 안 된다는 것입니다. 모세보다 훨씬 앞선 아브라함에게 가야 한다는 것이지요. 이스라엘이 만들어진 최초의 시점에 부름을 받았던 아브라함을 통해서 하나님이 세워놓으신 원리가 있다는 거예요.

지금 그 이야기를 하고 싶은 겁니다. 그리고 그 원리는 600년이 지난 모세시대에도 변함이 없었습니다. 또 이후에 약 2천년이 지난 갈라디아 교인들이 이 편지를 읽고 있는 당시에도 변함이 없다는 것입니다. 마찬가지로 오늘날 남서울은혜교회를 향한 21세기에도 이 원리는 변함이 없습니다. 왜요? 한 가지 단순한 이유 때문입니다. 하나님은 이랬다저랬다 하는 변덕스러운 분이 아니기 때문입니다.

여러분, 일반 재판에도 형사소송에 일사부재리의 원칙이라는 게 있지 않습니까? 어떤 형사사건에 대해 한번 결정이 나면 그 판결을 뒤집기는 어렵다는 원리입니다. 사람 사는 사회도 그러한데 하나님께서 애당초에 자기 백성을 부르실 때에 마음먹고 중요한 원리로 세워 놓으신 게 있다면 그건 시대를 막론하고 변하지 않는다는 것입니다.

예를 들어 우리 남서울은혜교회를 한번 생각해 봅시다. 교회가 처음 세워질 때 하나님이 정해 주신 어떤 원리가 있어요. 저는 그렇다고 생각합니다. 이 교회나 다른 교회가 95퍼센트는 다 비슷할 수 있습니다. 모두 하나님, 예수님, 성령님을 찾습니다. 성경말씀을 경전으로 믿습니다. 또 기도해야 하는 줄로 알고 그렇게 신앙생활을 합니다. 하지만 남서울은혜교회가 처음 설립될 때부터 하나님이 우리 교회에 주신 어떤 소명이 있다고 생각합니다. 교회의 바탕에 깔아놓으신 중요한 원리가 있습니다.

여러분, 우리 교회가 남을 돕는 사역들을 굉장히 많이 하지 않습니까? 장애인을 돕는 사역, 탈북민을 돕는 사역, 저 멀리 연해주의 고려인을 돕는 선교 프로젝트가 있지요. 얼마 전에 시작한 굿윌 사역도 점점 확장해 가고 있는 형편입니다. 또 오랫동안 선교에 헌신했던 선교사님들이 은퇴 후 한국으로 귀국하면 살 수 있도록 생명의 빛 예수마을을 지금 조성 중에 있습니다. 이 모든 귀한 사역들이 계속 유지되고 발전해 가기 위해서 반드시 필요한 한 가지가 있습니다. 바로 자기희생의 정신입니다. 이것이 필요합니다. 주님께서 남서울은혜교회에 창립 때부터 애당초 자기희생의 원리를 심어 놓으셨습니다.

보세요. 이 모든 사역들이 다 퍼주는 사역입니다. 언제 끝날지도 모르는 사역입니다. 그럼에도 불구하고 계속 내 것을 내놓아야 되고, 도와주어야 되고 그리고 갖다 주어야 되는 사역들입니다. 밑 빠진 독에 물 붓기처럼 금방 열매나 결과가 보이지 않는 사역들이에요. 그러니까 이런 일들을 계속하려면 절대로 필요한 게 자기희생의 정신입니다. 이것이 있어야 합니다. 저는 이 모든 사역들을 잘 이어서 유지하고 발전시켜 가기를 진심으로 소망합니다.

그런데 하나님이 우리 교회에 주신 이 원리, 즉 희생의 정신을 보시려면 저를 보면 안 됩니다. 제가 원조가 아니에요. 하나님이 우리 교회를 설립하실 때 심어 놓으신 최초의 원리를 보려면 제가 아니라 거슬러 올라가서 원로목사님인 홍정길 목사님을 봐야 돼요. 홍 목사님을 통해서 하나님이 이 정신을 심어 놓으셨습니다. 저는 개인적으로 남서울은혜교회를 운영해 나가는 데 자기희생의 원리보다 더 높은 정신은 없다고 믿고 있습니다. 홍 목사님 때 하나님이 주셨던 그 원리가 지금도 그대로 동일합니다. 앞으로도 남서울은혜교회가 서 있는 한 계속 이어질 것이고 변치 않을 것입니다.

마치 이런 것처럼, 처음 아브라함을 부르실 때에 하나님이 백성들에게 심고자 했던 원리가 있다는 거예요. 그렇다면 행위 원리인 율법보다 앞선 그 중요한 원리가 뭔가요? 바울은 3장 6절에서 이렇게 소개합니다. "아브라함이 하나님을 믿으매 그것을 그에게 의로 정하셨다 함과 같으니라." 아브라함이 하나님을 믿었대요. 그랬더니 그것을 그의 의로움으로 인정하셨습니다. 이는 창세기 15장 6절 말씀을 바울이 그대로 인용한 것입니다. 아브라함의 이야기지요.

원래 아브라함은 갈대아 우르라는 이방 지역에서 살고 있었습니다. 하나님을 몰랐던 때입니다. 그런데 어느 날 하나님이 나타나셔서 말씀하시기를 "아브라함아, 너의 본토 친척 아비 집을 떠나라. 그리고 내가 너에게 명령할 땅으로 가라" 하셨어요. 아브라함은 그 말씀에 순종했습니다. 하란을 떠났을 때 나이가 75세였습니다. 상당히 늦은 나이였지요. 그런데 하나님이 아브라함을 불러내실 때에 이런 약속을 주셨어요. "내가 너로 하여금 큰 민족을 이루게 하겠다."

그때 아브라함은 아직 자녀가 하나도 없는 상태였습니다. 말씀을 믿고 따라갔지요. 그런데 상당히 세월이 흘러도 여전히 자식이 없었어요. 감감무소식입니다. 어느 날 하나님이 환상 중에 아브라함에게 나타나셨습니다. 창세기 15장 서두의 말씀이에요. 하나님이 아브라함에게 "아브라함아, 나는 너의 방패요 너의 지극히 큰 상급이니라"라고 말씀하세요. 그랬더니 아브라함이 그 말을 받아 "주 여호와여, 내게 무엇을 주시려 하나이까? 나는 아직도 자식이 없사오니 내가 집에서 기른 내 종 다메섹사람 엘리에셀이 나의 상속자가 될 것입니다." 이렇게 답변을 했어요.

자, 여러분, 아브라함의 말을 좀 쉽게 풀어서 설명해 보면 이런 뜻이지요. "하나님, 하나님이 내 방패요 상급이라고 말씀하신 게 도대체 무슨 의미인지 정확히 모르겠습니다. 하나님께서 방패가 되시고 상급이 되신다고 말씀하시지만 저는 만족스럽지가 않습니다. 아시다시피 약속은 하셨지만 큰 민족은 고사하고 여전히 아들 하나도 없지 않습니까? 그래서 하나님, 우리 집안의 가계가 끊기게 생겼으니 큰 민족을 이루는 것은 둘째 치고 계보를 잇기 위해서는 어쩔 수 없이 내 종 엘리에셀을 상속자로 삼을 수밖에 없습니다."

일종의 항변이 섞여 있는 섭섭함이라고 볼 수도 있겠지요. 인간적으로 보면 일리가 있잖아요? 그랬더니 아브라함의 그 말을 듣고 하나님께서 이렇게 타이르십니다. 설득을 하세요. "저 사람이 네 상속자가 아니다. 네 몸에서 날 자가 네 상속자다. 그러니까 너의 정실부인인 사라의 몸에서 날 자가 너의 계보를 이을 것이다." 이렇게 말씀하세요. 그런데 말만 해서는 설득이 잘 안 될 것처럼 생각하셨는가 봐요. 그동안 그 말만 믿고 지내왔으니까요. 하나님께서 아브라함을 바깥으로 이끌어냅니다.

문 밖으로 나가 보니까 밤하늘에 별들이 무수히 깔려 있는 거예요. 하나님이 아브라함에게 제안을 하십니다. "아브라함아, 저 하늘을 바라보아라. 뭇 별들을 셀 수 있나 보라. 네 자손이 이와 같으리라." 거기까지 말씀하셨는데 창세기 15장 6절이 뭐라고 되어 있습니까? "아브라함이 여호와를 믿으니 여호와께서 이를 그의 의로 여기니라"고 기록합니다. 지금 아브라함에게 하나님이 보게 하시잖아요? 시청각 교육을 시키잖아요? 다른 말로 하면 비전을 갖게 하지 않습니까? 그랬더니 아브라함이 그걸 그대로 믿었대요.

지금 바울은 "믿음으로만 의롭다 함을 얻는다"는 이신칭의의 진리를 설명하려고 합니다. 이를 위해 구약의 많은 구절들 중에서 필요한 한 구절을 정확하게 발췌해서 여기 담아 놓았습니다. 여러분, 바울은 성경 전문가입니다. 성경에 정통한 사람이에요. 바울이 말하고 싶은 요지는 이겁니다. "자, 봐라. 이미 아브라함 때부터 분명하지 않느냐? 하나님께서 우리의 국부가 되는 아브라함을 통해서 하나님의 백성들에게 정해 놓으신 원리는 바로 믿음의 원리다. 이것이 모세가 나타나기 600년 전에 행위 원리보다 앞서 정해져 있는 원리가 아니냐?" 이런 말입니다.

여러분, 아브라함이 아들을 얻기 위해서 한 일이 뭡니까? 아무것도 안 했지요. 아니, 뭔가 할 수 있는 일이 없어요. 자기 나이는 100세가 다 되어가고 자기 부인과 10살 차이니까 사라의 나이는 90세가 되어 갑니다. 경수가 끊어진 지가 이미 오래되었는데 무슨 아들을 바라겠습니까? 생각할 수가 없지요. 요즈음과는 다르지 않겠어요? 요즘 같으면 시험관 아기도 있습니다. 그런데 아브라함 당시에 이런 일이 가능하겠습니까?

인간적으로는 불가능입니다. 이미 몸은 늙을 대로 늙었고 아이를 얻을 수 있다는 징조는 털끝만큼도 눈에 보이지 않습니다. 내 몸에서 난 자식을 통해 계보를 이을 확률은 거의 0퍼센트입니다. 그런 가운데 하나님이 아브라함을 바깥으로 끌어내서 "저 뭇 별을 세어 보라. 네 자손이 이와 같으리라" 말씀하십니다.

성도 여러분, 만일에 여러분이 그 밤에 그 현장에 있었다면 이 사실을 곧이곧대로 믿을 수 있었겠습니까? "혹시 내가 잘못 들었나?" 이러지 않겠어요? 인간적으로는 도저히 믿을 수 없어요. 그런데 아브라함은 믿을 수 없는 환경 중에서도 하나님 말씀을 그대로 믿었습니다. 말씀의 내용은 믿기가 어려워요. "내 자손이 저렇게 하늘의 셀 수 없는 뭇 별처럼 많아진다고?" 의심할 수 있습니다. 하지만 지금 바울이 말하고 싶은 건 아브라함은 말씀의 내용을 믿은 게 아니라 말씀하시는 하나님을 전폭적으로 신뢰했다는 겁니다.

말하자면 이런 것이지요. "나는 못해. 인간적으로 이미 끝났어. 나도 알고 내 아내도 그걸 알지. 하지만 저분은 누구야? 저분은 하나님이셔.

저분에게는 불가능한 게 없으시지. 그렇다면 하나님이 약속하셨으니까 방법은 모르겠지만 무슨 방법으로든지 저분이 약속을 성취하실 거야." 여러분, 이것입니다. 이런 식으로 하나님의 말씀을 그대로 믿는 이 믿음을 하나님이 아브라함의 의로움으로 인정하셨다는 이야기입니다.

그러므로 여러분, 여기서 우리가 매우 중요한 통찰을 얻어야 됩니다. 바울의 요지는 이것입니다. "봐라, 여러분들이 경전이라고 손에 들고 벌벌 떨면서 안 지키면 큰일날 것처럼 애쓰는 율법책, 즉 구약성경이 뭐라고 말하는가?" 아브라함의 예를 보라는 거예요. "너희들이 간과하고 놓치고 있는 면이 이미 창세기 15장 6절에 분명히 나와 있지 않느냐? 아브라함의 예를 통해서 의로움이라는 것은 처음부터 무슨 행위가 아니라는 것을 명백히 보여주고 있지 않느냐? 대신 하나님 앞에서 의로워진다는 것은 하나님 자신을 전폭적으로 믿어드리는 것이다. 그게 하나님이 요구하시는 의로움"이라는 것입니다.

즉 성경이 말하고 싶은 의로움이라는 것은 도덕적인 개념이 아니라 관계적인 개념입니다. 물론 우리는 예수 믿는 사람으로서 믿는 사람답게 살아야 합니다. 그런데 이건 구원 받고 난 이후의 이야기입니다. 그 이전에 거룩하신 하나님 앞에 죄인 된 인간이 나갈 수가 없잖아요? 완벽하게 의로우신 하나님 앞에 완벽하게 더러운 사람이 설 수 없잖아요? 하나님과 생명의 관계를 맺으려면 우리가 먼저 의로워져야 합니다. 그런데 하나님의 백성으로 인정받고 그분과 특별한 관계를 맺는 이 의로움이 무엇인가를 이스라엘의 건국 아버지인 아브라함의 예를 통해 명백히 우리에게 보여주셨다는 것입니다. 바울은 "하나님이 아브라함을 통해서 처음부터 정해 놓으신 의로움의 원리는 행위가 아니라 하나님을 전폭적으로 믿어드리는 것 아니냐?" 이렇게 지금 주장하고 있는 겁니다.

성도 여러분, 의로워지기 위해서 아직도 하나님 앞에서 예쁘게 보이고 착하게 살고 이래야 된다고 생각합니까? 그래야 하나님나라에 갈 수 있고 하나님 백성이 될 수 있고 장차 죽어서 천국에 갈 수 있다고 생각합니까? 그렇다면 죄송하지만 처음부터 실패입니다. 잘못 짚으신 거예요. 왜요? 하나님이 정하신 원리가 아니기 때문입니다.

예를 들어 영화관에 갈 때 컴퓨터로 표를 예매하지 않습니까? 그러면 컴퓨터 프린터에서 예매했다는 표시가 적힌 종이가 한 장 나와요. 그걸 들고 영화관에 가서 들여보내 달라고 이야기하면 들여보내 줍니까? 안 들여보내줘요. 카운터에 가서 입장권으로 바꿔 와야 한다고 말해요. 그 때 그 사람에게 내가 돈 다 냈다고 말해도 소용없어요. 가서 티켓하고 바꿔 와야 합니다. 거기에 결제한 금액과 좌석번호도 다 찍혀 있어요. 여러분, 이런 것처럼 천국은 하나님이 주인 되시고 그분이 다스리는 하나님의 집입니다. 집 주인이 정한 원리를 지키지 않으면 제아무리 내 편에서 이리저리 애써도 들어가지 못합니다.

그런데 여기서 바울은 한걸음 더 나갑니다. 이 원리는 아브라함 한 사람에게만 해당되는 게 아니고 유대인들에게만 해당되는 것도 아니랍니다. 아브라함처럼 믿음을 가지고 사는 모든 사람에게 해당됩니다. 믿음으로 하나님을 따라가기 원하는 이방인까지 다 포함됩니다. 그게 3장 7절입니다. "그런즉 믿음으로 말미암은 자들은 아브라함의 자손인 줄 알지어다." 한국 사람, 미국 사람, 아프리카 사람, 유대인, 이방인, 헬라인 누구든지 믿음으로 사는 사람은 다 아브라함의 자손이래요. 유대인들이 들으면 기가 막힐 노릇이지요.

"너희가 아브라함의 자손이라고 자랑하고 있느냐? 육적인 아브라함의 혈통을 잇는 사람이 아브라함의 자손이 아니다. 믿음의 계보를 따르는 사람이 진짜 아브라함의 혈통이다." 유대인들이 이걸 받아들일 리가 없지요. 그래서 가는 곳마다 바울이 유대인 회당에서 유대인들에게 쫓겨 다니지 않습니까? 여러분, 유대인들이 어떤 사람들입니까?

최근에 이런 일이 있었습니다. 미국에서 만든 영화 하나가 아랍세계를 발칵 뒤집어놨습니다. 지금도 그 영화 때문에 살육이 벌어지고 있습니다. 벌써 여러 사람이 희생되었습니다. 영화 제목이 〈순진한 무슬림〉입니다. 영화 내용의 일부가 이렇습니다. 이슬람교도들이 최고의 선지자로 여기는 마호메트를 동성애자로 표현하고 폭력배로 묘사하는 장면이 들어 있습니다. 그 부분이 유튜브에 동영상으로 올려지자 전 세계의 이슬람교도들이 그것을 보면서 경악하고 분노했지요. 그래서 리비아에서 무장한 과격 이슬람 교도들에게 공격을 받아 미국 대사를 비롯해 4명이 죽었어요. 계속해서 뉴스에 이 영화 때문에 사람들이 죽는 내용이 들려옵니다. 그런데 〈순진한 무슬림〉이라는 이 영화를 만드는 데 500만 달러가 들었답니다. 더 중요한 것은 이 500만 달러의 투자액을 100명의 유대인들이 댔다는 이야기입니다. 그러니까 이슬람 교도들이 더 분노하는 거예요. 여러분, 유대인들은 아직도 이런 사람들입니다.

대단한 선민의식을 가지고 있습니다. 남쪽 유대지방에서 북쪽 갈릴리 지방으로 가려면 가운데 사마리아를 통과해서 가면 빠릅니다. 그런데 사마리아로 안 가요. 사마리아 잡종들은 만나기도 싫고 보기도 싫고 접촉하기도 싫어 합니다. 그래서 훨씬 더 먼 거리를 빙 돌아가는 게 유대인들이에요. 그런 유대인을 향해서 "너희가 아브라함의 자손이 아니고 믿음을 따라 사는 모든 이방인들이 아브라함의 진짜 혈통이다"고 말하면 그들이 받아들이겠습니까?

그래서 바울이 어떻게 합니까? 성경으로 다시 돌아갑니다. 성경으로 자기의 주장을 증명합니다. 바울은 어느 유명한 사람의 이야기를 인용하지 않아요. 세상에서 가장 권위 있는 책을 인용합니다. 유대인들도 하나님의 말씀으로 받아들이고 있는 구약성경에 의존해서 이렇게 호소합니다. 3장 8절입니다. "또 하나님이 이방을 믿음으로 말미암아 의로 정하실 것을 성경이 미리 알고." 여러분, 이 표현, 하나님께서 이방 사람들도 믿음으로 불러내실 것을 성경이 미리 알았대요. 이때 성경은 신약이 기록되기 전이니까 분명히 구약성경입니다.

유대인들 표현에 '성경이 말씀하시기를'과 '하나님이 말씀하시기를' 이것은 똑같아요. 서로 바꾸어서 표현할 수 있는 것입니다. 그러니까 성경이 미리 알았다는 말은 하나님께서 이방인들도 동일한 믿음의 원리로 하나님의 백성으로 불러내실 것을 미리 내다보셨다는 뜻입니다. 아브라함과 동일한 믿음의 원리가 이방인들에게도 적용될 것을 하나님이 미리 계획하셨다는 말입니다. 그러므로 "이게 어떤 인간이 일시적으로 만들어 낸 아이디어가 아니다. 하나님이 이미 오래전부터, 아브라함을 불러낼 때부터 정해 놓으신 원리다. 하나님이 준비하신 계획이다. 그러므로 이방인들도 믿음으로 말미암아 의로워질 것이 이미 구약 창세기에 기록되어 있지 않느냐? 구약성경을 들고도 그것을 못 보는 이 어리석은 자들아!" 이런 질책이 담겨 있는 것이지요.

바울은 참 대단한 인물입니다. 여기서 끝나지 않아요. 한걸음 더 나갑니다. "이방을 믿음으로 말미암아 의로 정하실 것을 성경이 미리 알고 먼저 아브라함에게 복음을 전하되"라고 합니다. 여러분, 주목해 봅시다. 아브라함에게 먼저 뭘 전했다고요? 아브라함에게 하나님이 복음을 전했대요. 할렐루야! 우리는 여기서 좀 오래 머물러야 돼요. 이것이 무슨 소리입니까? 우리는 구약은 율법으로 가득 찬 책으로 알고 있지 않습니까? 온갖 제사제도와 규율들로 가득 차 있는 율법서로 우리는 구약을 알고 있습니다. 그런데 바울은 아니랍니다. 하나님이 아브라함에게 이미 복음을 선포하셨대요. 바울이 의도적으로 '복음'이라는 단어를 사용하고 있는 거예요.

그러므로 여러분, 구약 안에 복음이 있습니다. 거기에 예수라는 이름이 직접 나와 있지는 않습니다. 그러나 신약이 나오기 전에 이미 구약에서 복음이 아브라함에게 선포되었다는 겁니다. 예수 그리스도에 대해서 본격적으로 이야기하기 전에 미리 복음이 아브라함에게 알려졌대요. 일종의 선(先)복음입니다. 그 복음의 내용은 무엇입니까? 복음은 말 그대로 기쁜 소식 아닙니까? 모든 사람에게 기쁜 소식의 내용이 무엇이겠습니까? "먼저 아브라함에게 복음을 전하되" 이하 같이 읽겠습니다. "모든 이방인이 너로 말미암아 복을 받으리라 하였느니라." 모든 이방인들이 너로 인하여서 복을 받으리라는 창세기 12장 3절 말씀을 그대로 인용하고 있습니다.

하나님이 아브라함을 불러내셨던 최초의 지점에서 하셨던 말씀입니다. 아브라함은 이 말의 깊은 뜻을 몰랐을 겁니다. 하나님은 아셨지요. 그리고 아브라함에게 약속을 주셨습니다. 너로 인해서 모든 이방인이 복을 받을 것이다! 성도 여러분, 우리를 포함한 모든 이방인들이 아브라함과 함께 누릴 기쁜 소식, 복음의 내용이 뭘까요? 장수의 복일까요? 건강의 복일까요? 아니면 물질의 축복일까요? 아니지요. 문맥을 보면 너무나 분명하지 않습니까? 믿음의 복입니다. 우리도 하나님의 '하' 자도 모르는 사람들이었습니다. 하지만 이스라엘의 건국의 아버지요 믿음의 조상인 아브라함과 똑같이 믿음으로 말미암아 하나님 앞에 의로워진다는 이 복을 받았습니다.

그러니까 지금 바울이 강조하고 싶은 것은 아브라함이 의롭다 함을 받는 방법이나 이방인들이 의롭다 함을 받는 방법이 똑같다, 정확히 일치한다는 뜻입니다. 아브라함과 유대인에게는 더 쉽고 이방인에게는 더 어려운 것이 아니라는 것입니다. 모두 다같이 하나님이 원래 정해 놓으신 믿음의 원리에 따라서 의롭다 함을 받는다는 말입니다. 은혜의 공평성을 이야기하고 있습니다.

그래서 결론이 무엇인가요? 3장 9절입니다. "그러므로 믿음으로 말미암은 자는 믿음이 있는 아브라함과 함께 복을 받느니라." 믿음으로 말미암은 자, 믿음을 따라서 사는 자는 믿음이 있었던 아브라함과 함께 복을 받는다는 것입니다. 유대인들이라 할지라도 건국의 아버지인 아브라함과 함께 내가 복을 누린다고 하면 깜짝 놀랄 것입니다. 그런데 이방인까지를 포함한 모든 사람이 대번에 아브라함의 위치로 격상된대요. '아브라함과 함께' 라고 했으니까 말이지요. 성도 여러분, 바울의 이 논증이 얼마나 놀랍습니까? 복음이라는 게 얼마나 놀랍습니까? 우리가 생각하는 것 이상이지 않습니까? 인간의 어떤 상식도 뛰어넘는 이런 게 복음 아니겠습니까?

아브라함과 같은 위치로 격상된다는 건 우리는 생각할 수 없지요. 그런데 그처럼 동일한 위치에 서는데 많은 단계가 필요하지 않대요. 바울의 지론은 많은 계단을 거치고 스텝바이스텝으로 오랜 시간 훈련을 하고 나서야 겨우 아브라함을 조금 닮고, 아브라함의 발끝에라도 다가갈 수 있는 게 아니래요. 여기 앉아 있는 모든 이방인들까지도 대번에 아브라함의 위치로 격상될 수 있고, 그래서 아브라함과 함께 복을 누릴 수 있다는 겁니다. 어떻게요? 하나님과 특별한 관계를 맺을 수 있는 통로인 믿음을 통해서입니다.

잘 안 믿어지시나요? 바울이 지금 얼마나 애를 쓰고 있습니까? 이 모양, 저 모양으로 설명해서 이 믿음의 원리를 우리 손에 쥐어주려고 합니다. 입을 억지로라도 벌려서 우리의 영혼에, 저 깊은 위장 속에다 밀어넣으려고 얼마나 애를 쓰냐고요? 우리 집 막내 녀석이 8살입니다. 평소에는 막내아들과 좋은 관계입니다. 그런데 이 녀석이 차를 타면 좀 이상한 버릇이 있어요. 뒤에 앉아서 자주 물어봐요. "아빠, 기름은 충분해?" "그래, 염려하지 마." 제가 대답합니다. 그런데 조금 가다가 또 "아빠, 저기 주유소 있는데 기름 안 넣어?" 이래요. "염려 마. 아빠가 다 알아서 할게. 넌 걱정하지 마." 안심을 시킵니다. 아마 언젠가 기름 때문에 좋지 않은 기억이 있었나 봅니다.

어느 날 가다가 기름 계기판에 빨간불이 들어왔어요. 그 애가 뒤에서 걱정스러운 어투로 "아빠, 기름 다 됐어. 어떻게 해? 빨간불이야." "아, 걱정 마. 아빠를 믿어. 빨간불 들어와도 50킬로는 갈 수 있으니까. 적당한 곳에 가서 주유소 들를 테니까 아무 걱정 말아." 이랬어요. 그러자 "아빠, 계기판 바늘이 끝에 다 왔는데?" 그래요. 이 녀석이 저를 도우려고 걱정이 되니까 그런 것 같기는 합니다. 그런데 아빠인 나를 못 믿어 주니까 섭섭했습니다. 자꾸 물어보니까 나중엔 좀 화가 났어요. "그래? 그러면 너 둘 중에 하나를 선택해! 기름 다 떨어지기 전에 여기서 내려서 너 혼자 걸어갈래? 아니면 아빠를 믿고 그대로 차 타고 갈래?"

여러분, 우리가 의로워지기 위해 하나님을 돕는 행위를 한다고 한들 뭘 얼마나 돕겠습니까? 하나님을 못 믿고 자꾸 내 계산과 내 생각으로 "이러면 의로워질까? 저러면 천국 갈까?" 이런다면 이것이 하나님께는 더 섭섭하지 않겠습니까? 아브라함을 통해 하나님이 부르실 수많은 뭇 별과 같은 하나님의 백성들을 위해 맨 처음에 하나님이 정해 놓으신 원리는 행위의 원리가 아니라 믿음의 원리였습니다.

지금도 하나님이 우리에게 원하시는 것은 믿음입니다. 믿음 하나밖에 없습니다. 하나님이 높이 평가하시는 것도 아브라함의 경우를 통해 명백하게 드러난 것처럼 오직 믿음입니다. 이 믿음을 꽉 붙잡으시기 바랍니다. 믿음에서 더 큰 믿음으로 전진해 가는 우리 모두가 되기를 바랍니다.

우리를 위하여 (갈 3:10-14)

"무릇 율법의 행위에 속한 자들은 저주 아래에 있나니 기록된 바 누구든지 율법 책에 기록된 대로 모든 일을 항상 행하지 아니하는 자는 저주 아래에 있는 자라 하였음이라 또 하나님 앞에서 아무도 율법으로 말미암아 의롭게 되지 못할 것이 분명하니 이는 의인은 믿음으로 살리라 하였음이라 율법은 믿음에서 난 것이 아니니 율법을 행하는 자는 그 가운데서 살리라 하였느니라 그리스도께서 우리를 위하여 저주를 받은 바 되사 율법의 저주에서 우리를 속량하셨으니 기록된 바 나무에 달린 자마다 저주 아래에 있는 자라 하였음이라 이는 그리스도 예수 안에서 아브라함의 복이 이방인에게 미치게 하고 또 우리로 하여금 믿음으로 말미암아 성령의 약속을 받게 하려 함이라."

사람들은 모두가 다 복을 좋아합니다. 복 받기를 원하지 않는 사람이 어디 있겠습니까? 그런데 그 중에서도 한국 사람은 특별히 더 복을 좋아하는 것 같아요. 지금은 사람들이 대개 서양식 가옥인 아파트 같은 데 많이 살고 있는 형편입니다. 그런데 예전에는 한옥에 많이 살았지요. 한옥을 떠받쳐주고 있는 기둥들을 보면 한자로 복(福)이라는 글자를 기둥 여기저기에 새겨 놓은 것을 볼 수 있었습니다. 또 천장 위를 가로지르고 있는 것을 서까래라고 부릅니다. 누워 있을 때도 늘 복을 묵상하라고 그랬는지 거기에도 역시 복이라는 글자가 새겨진 것을 볼 수가 있었습니다. 그것도 아쉬워서인지 밤에 잘 때 베고 자는 베개에도 양쪽에 한자로 복이라고 새겨넣었습니다. 밤에 잘 때도 복꿈을 꾸고 자라고 이런 글자를 새겨 넣은 것 같습니다.

그것뿐인가요. 요즘은 그런 그릇을 찾아보기 어렵지만 예전에는 그릇 안쪽에, 그릇 바깥쪽에, 숟가락 젓가락에 일일이 복이라는 글자를 새겨 넣었습니다. 마치 삼시세끼 밥 먹을 때도 복을 받아먹으라는 심정으로 새겨 넣은 것 아닌가 싶습니다. 또 요새는 기술이 좋아져서 과일에도 한자로 '福'이라는 글자를 새겨 넣어요. 그래서 복수박도 있고 복숭아도 복이라는 글자를 선명하게 달고 출시가 되기도 합니다.

이처럼 우리가 복을 좋아하는데, 그러면 과연 어떤 사람이 복을 받을 수 있을까요? 간단하게 우리 어린아이들을 생각해 보면 힌트를 얻을 수 있지 않나 싶어요. 초등학교에 다니는 아이들이 학교에서 가끔 선생님에게 도장을 받아오는 때가 있어요. "참 잘했어요." 그리고 그 옆에 활짝 웃는 얼굴이 새겨져 있는 그런 도장을 받아오는 경우가 있습니다. 여러분, 어떤 아이가 선생님에게 칭찬을 받고 상을 받지요? 물론 공부도 잘하고 선생님 말씀 잘 듣는 아이가 칭찬도 받고 상도 받습니다.

자, 그러면 누가 하나님으로부터 복을 받을까요? 하나님 말씀을 잘 듣는 사람이 하늘의 신령한 복을 받을 것은 너무 뻔한 이치 아니겠습니까? 그런데 바울 당시에 이 구약성경을 '하나님의 말씀'이라고 부르기도 했고 또 유대인들은 '율법책'이라고 불렀습니다. 그러므로 요약해 보면 누가 복을 받는가? 하나님의 말씀인 이 율법을 제대로 지키는 사람이 복을 받겠구나 하는 결론에 어렵지 않게 도달할 수가 있지요.

그런데 놀라운 것은 바울이 오늘 본문 서두에서 180도 거꾸로 이야기를 하고 있다는 겁니다. 3장 10절에 뭐라고 말하는가 하면 율법을 지키려고 하는 자는 하나님의 저주 아래에 놓이게 된다는 것입니다. 이것이 무슨 해괴망측한 소리입니까? 아니, 하나님께서 하나님의 말씀인 율법을 행하고 지키려고 하는 사람에게 복은 고사하고 저주를 내리신다? 저주 아래로 밀어 넣는다? 이것이 과연 가능한 일이겠습니까?

복은 못 줄망정 "너 참 수고가 많다. 지키느라고 참 애쓰는구나" 이렇게 격려의 말씀이라도 해 주셔야 되는 것 아닙니까? 그런데 왜 저주 아래에 떨어지고 마는가? 그 이유를 바울이 10절 뒷부분에서 이렇게 말합니다. "누구든지 율법책에 기록된 대로 모든 일을 항상 행하지 아니하는 자는 저주 아래에 있는 자라 하였음이라." 여러분, 여기 나오는 단어 몇 개를 다시 한 번 주목해 보시지요. '누구든지', '모든 일', 그리고 '항상.' 이런 단어를 배타적인 단어들이라고 부를 수 있을 것 같아요. 왜냐하면 다른 여지를 전혀 용납하지 않는 단어들 아니겠습니까? 어떤 예외도 인정하지 않는 단어들이에요. '누구든지, 모든 일, 항상.'

그러니까 이 말씀에 따르면 율법을 잘 지키다가 하나라도 안 지키거나 못 지키게 되면 저주 아래에 떨어진다는 말입니다. 아흔아홉 가지를 잘 지키다가 한 가지만 실수로 못 지키거나 안 지키게 되면 버림을 받는다는 소리입니까? 그래서 하나님의 구원에서 제외된다는 말입니까? 그동안 잘했던 것은 전혀 고려되지 않는다는 말입니까? 네, 맞습니다. 정확하게 그런 소리입니다.

"아니, 우리가 사는 이 인간사회에도 소위 '정상참작'이라는 게 있지 않는가? 우리가 알기에 하나님은 사랑의 하나님이신데, 이 사랑의 하나님이 열심히 지키려고 애써왔던 그 정상도 참작하지 않는다는 말인가?" 이런 의문이 우리 안에 생겨나게 되지요. 여러분, 하나님은 용서의 하나님이십니다. 사랑의 하나님 맞습니다. 하지만 이 구원 문제에 있어서, 의로워지는 문제에 있어서는 정상참작이 안 된대요. 그러니까 하나님은 용서하고 사랑은 해 주실지언정 자격이 미달되는 사람을 보면서 결코 눈감고 봐주시는 하나님은 아니라는 것입니다.

여러분, 우리의 기준과 하나님의 기준은 상당히 다릅니다. 우리가 하나님의 의도를 알려면 하나님의 기준이 뭔가를 먼저 정확하게 이해할 필요가 있습니다. 일전에 제가 알던 아주 금슬이 좋아 보이는 부부가 있었습니다. 정말 여자분은 숙녀라고 부를 만하고 남자 분은 신사라고 부를 만해요. 교양도 있고 아주 우아해 보이는 커플이었습니다. 거기다 신앙도 좋아요. 번듯하게 살고 있는 분들이었고 교회에서 맡겨진 일도 성실하게 봉사하는 분들이었습니다. 구역예배도 잘 참석하셨고 다른 교우들과도 좋은 관계를 유지하면서 지내던 분들이었습니다.

겉으로 보면 흠잡을 데 없는 이런 금슬 좋은 부부였는데 속사정은 아니었습니다. 알고 보니 두 사람의 관계가 너무 악화되어서 이혼 직전까지 가 있는 단계였습니다. 왜 겉으로 보면 교양 있고 신앙도 있고 봉사도 열심히 하시는 이런 분들이 부부관계가 이렇게 무너지기 직전까지 오도록 내버려뒀을까 의문이 생겼습니다. 이유를 알고 보니 우선 남자 집사님에게 문제가 있었어요. 자기 기준으로 부인을 바라보고 자기 기준으로 해석을 하는 겁니다. 그러니까 그분 생각에는 세상에서 자기보다 잘해주는 남편이 없는 거예요. 거의 완벽한 남편 역할을 하고 있다고 철썩같이 믿고 있는 겁니다.

여러분, 여기도 남자 성도님들이 많이 계시지만 남자들이 가지고 있는 자기 착각이 있지 않습니까? "당신 인생에서 최고의 선택은 바로 나 같은 남자를 만난 거야." 말은 안 할지 몰라도 이런 생각을 가지고 있는 남자들이 있단 말이지요. 그래서 이 부인 집사님이 여러 번 자기가 힘들다는 것을 암시도 하고 이야기도 했는데 이 남자 집사님이 못 알아들은 거예요. 왜냐하면 자기 기준으로 볼 때 자기는 너무 괜찮은 남편이며 거의 완벽에 가까운 남편이기 때문입니다.

이게 바로 순전히 자기 착각입니다. 자기 기준입니다. 보이는 사람을 향해서 우리가 가지고 있는 생각도 이처럼 종종 자기 착각인 경우가 많습니다. 자기 기준으로 미리 단정해 버리기 때문입니다. 그런데 눈에 보이지 않는 하나님을 향해서는 어떻겠습니까? 우리는 내가 가지고 있는 기준으로 하나님을 묶어버리는 경향이 있습니다. 내 기준이 하나님의 기준은 아닙니다. 여러분, 내 눈으로 하나님을 바라보고 판단하는 게 옳습니까? 아니면 하나님 눈으로 나를 바라보고 그 잣대로 나를 재는 게 옳습니까? 대답은 분명하지 않습니까?

여기 3장 11절에서 바울이 이런 말을 합니다. "또 하나님 앞에서 아무도 율법으로 말미암아 의롭게 되지 못할 것이 분명하니." 이건 너무 명약관화한 일이래요. 분명하대요. 뭐가요? '하나님 앞에서'라는 단어를 주목할 필요가 있습니다. 바울이 의도적으로 '하나님 앞에서' 이런 단어를 사용하고 있습니다.

하나님은 완벽하신 분이잖아요? 그러니까 이 완벽하신 분 앞에 내 행위로 바로 서려면 내 행위가 일점일획도 하자 없이 완벽해야 된다는 이야기입니다. 얼마 전에 이번 대선에 나올 후보 한 사람과 관련해서 좀 우스운 공방이 정치권에서 벌어진 적이 있습니다. 그 사람이 룸살롱을 갔느냐 안 갔느냐, 이걸 가지고 치열한 공방전이 벌어졌습니다. 어떤 정치평론가가 이렇게 말했습니다. "갈 수도 있다. 그런데 문제는 '나는 가지 않았다. 간 적이 없다'라고 거짓말을 했다"는 거예요. 그래서 대통령으로 나올 사람이 도덕성에 문제가 있는 것 아니냐는 겁니다. 가놓고 안 갔다고 거짓말하는 사람에게 과연 나라 살림을 맡길 수 있겠느냐고 공격을 퍼부었습니다.

그러자 이분을 옹호하는 측에서는 "그게 무슨 말이냐? 앞뒤 다 자르고 원하는 말만 따다가 공격하면 어떻게 하느냐? 무슨 맥락에서 그런 말을 했는가를 먼저 알아보는 게 순서 아니냐? 이 사람은 가지고 있던 주식을 함께 일하고 있던 모든 직원들에게 나눠주기도 하고, 상당한 분량의 자기 재산을 사회로 환원까지 한 사람으로 도덕성 검증에서는 이미 합격한 사람인데 이렇게 어처구니없게 근거도 없이 공격하면 어떻게 하느냐"고

맞서게 되었습니다.

제가 그 공방전을 보면서 느낀 점은 '아하, 많은 사람들 앞에 나서는 공인이 된다는 것이 이렇게 어려운 일이구나' 하는 것입니다. 많은 사람들이 지켜보잖아요? 어떤 면에서는 이 사람의 인생 자체, 생활 자체, 일거수일투족이 그대로 도마 위에 올라와 있는 셈 아니겠습니까? 그러면서 '한 나라의 대통령 후보가 얘기해도 들이대는 잣대가 이렇게 치밀한데 자칭 의인이라고 하는 사람에게 하나님이 들이대실 잣대는 얼마나 치밀한 것일까?' 이런 생각을 해봤습니다.

여러분, 목회는 참 보람이 있습니다. 죽어가는 영혼도 살려내고, 넘어져 있는 영혼을 일으켜 세우고, 상처 받은 사람 상처를 씻겨 줍니다. 그래서 영혼이 다시 한 번 회복됩니다. 인생이 살아나고 가정이 살아납니다. 얼마나 보람 있고 감격이 있겠습니까? 감격은 있는데 목회가 어렵습니다. 바로 이런 이유 때문입니다. 목회를 대충 잘하는 것은 가능합니다. 그런데 대충 잘해서 되는 게 아닙니다. 모든 일에 잘해야 되고 항상 잘해야 되고 매주 은혜롭고 감동적인 설교를 전해야 됩니다. 어쩌다 한번 은혜로운 말씀이 아니라 항상 감동적이고 은혜로운 말씀을 다들 원하잖아요? 마땅히 그렇게 해야 하지 않습니까?

또 목회자는 어떤 사람이어야 합니까? 항상 목회자다워야 되고 항상 친절해야 되고 항상 사랑이 넘쳐야 됩니다. 평소엔 인사를 잘하기도 하고 인사를 잘 받기도 하지만 주일날은 바쁘지 않겠습니까? 다음 예배도 준비해야 하고 여러 사람을 만나야 되고 이것저것 처리할 문제도 있습니다. 머리가 좀 복잡할 수 있지요. 그래서 주일날 급히 지나가다 어떤 분이 인사를 했는데 모르고 지나칠 때가 있습니다. 그러면 그분은 마음속에 섭섭한 생각이 들겠지요. '주일날이라 바빠서 그러겠지. 아마 나를 못 봤는가 보다.' 이렇게 생각하면 괜찮아요. 그런데 이 섭섭한 생각이 깊어지면서 상처가 됩니다. 그 상처를 곱씹고 있다가 나중에는 극단적인 생각도 할 수 있잖아요. '내가 이 교회를 계속 다녀? 아니면 말어? 박 목사가 예전엔 안 그랬던 것 같은데 태도가 달라졌어. 인사도 안 받는 교만한 목사.' 이렇게 생각이 굳어지면 곤란하지요. 여러분, 제가 그럴 리가 있겠습니까? 가급적이면 많이 손잡으려고 애쓰고 가급적이면 많이 얼굴 마주치려고 애는 쓰는데 왜 이런 일들이 발생합니까? 이유는 간단해요. 저라는 인간 자체가 불완전하기 때문에 그렇습니다.

우리가 무의식적으로 잘 모르고 행했다가 나중에 후회할 때가 얼마나 많습니까? 다반사지요. 그런데 한번 뱉었던 말을 도로 주워 담을 수도 없고 한번 했던 행동을 거꾸로 되돌릴 수도 없습니다. 그래서 후회막급일 때가 있지 않습니까?

여러분, 사람과 사람의 관계도 이렇게 어려워요. 내 마음 같지 않아요. 완벽할 수가 없어요. 하물며 하나님과 나의 관계에서 내가 하나님의 의도대로 완벽하게 하나님의 말씀을 다 지킬 수 있겠습니까? 한두 번은 쉽겠지요. 열심히 노력하면 한 달 정도 갈지도 모릅니다. 그런데 그것 가지고 안 된대요. '항상' '모든 일'에 그렇게 행해야 된대요. 낮이나 밤이나 행해야 된대요. 기분이 내키든 안 내키든 그렇게 해야 된대요. 1년 내내 그렇게 행해야 된대요. 그러면서 99가지를 다 지켜도 한 가지를 못 지키면 결국 하나님 앞에서 의로워지는 데는 실패한대요. 실패할 뿐만 아니라 저주 아래에 놓이게 된다는 말입니다.

그래서 3장 12절에 보면 바울이 이런 말을 해요. "율법을 행하는 자는 그 가운데서 살리라." 그런데 지금까지 제가 드린 말씀을 근거로 하면 어떤 결론이 나겠습니까? 율법을 완벽하게 지키면 삽니다. 율법으로 말미암아 살아요. 그런데 문제는 이 땅 위를 거쳐 간 모든 사람 중에 하나님의 말씀을 하나님이 의도하신 대로 완벽하게 살아낸 사람은 아무도 없다는 것입니다. 지금도 없고 앞으로도 한 사람도 없어요. 결론은 이 율법의 저주에 걸려서 다 죽는다는 것입니다.

이렇게 생각하면 율법의 행위로는 아무리 애를 써도 인간의 불완전함을 해결할 수 없습니다. 그래서 율법은 하나님이 구원의 길로 주신 게 아니래요. 처음 아브라함을 불러내실 때도 구원 얻는 원리, 의로워지는 원리는 행위의 원리가 아니라 믿음의 원리였습니다. 바울이 오늘 본문에서 반복해서 말하고 있는 것은 바로 이 사실이 아브라함 한 사람에게만 그치는 게 아니라 오고 오는 모든 사람들에게 해당된다는 것입니다.

그러면서 구약성경 여기저기에서 몇 구절 인용하고 있습니다. 우리가 읽었던 갈라디아서 3장 10절은 신명기서 27장 26절 인용입니다. 그 밑에 11절은 하박국서 2장 4절 인용입니다. 12절은 레위기서입니다. 레위기서는 온갖 제사제도로 가득 차 있지 않습니까? 레위기서 18장 5절을 가져왔습니다. 바로 밑에 13절에서는 신명기 21장 23절을 인용하고 있습니다. 바울이 말하고 싶은 요점은 "봐라, 구약 자체가 명백히 말하고 있지 않느냐? 그게 모세오경이든지 아니면 선지자들의 선지서든지 예언서든지 모든 구약은 율법의 원리를 지지하고 있지 않다. 그럼에도 율법의 원리, 행위의 원리를 따르겠는가? 그러면 결국 어쩔 수 없이 정해진 결론인 블랙홀과 같은 저주 속으로 빨려들어갈 수밖에 없다"는 이야기를 하고 있습니다.

그렇다면 성도 여러분, 도대체 어떻게 하면 이 블랙홀과 같은 하나님의 저주의 울타리에서 우리가 벗어날 수 있을까요? 고맙게도 바울이 그 방법까지 여기 3장 13절에 소개하고 있습니다. "그리스도께서 우리를 위하여 저주를 받은 바 되사 율법의 저주에서 우리를 속량하셨으니." 바울은 여기서 본격적으로 그리스도의 십자가 죽음을 거론합니다. 그런데 뭐라고 표현합니까? "그리스도께서 우리를 위하여 저주를 받은 바 되사." 저주를 받았대요. 누가요? 그리스도가. 왜요? 우리를 위하여. 그런데 한글 개역성경의 '받았다'는 번역이 좀 아쉬워요. 원문에 가깝게 번역하려면 "그리스도께서 우리를 위해서 저주를 받았다"는 표현보다 "그리스도께서 우리를 위하여 저주가 되셨다"라고 표현해야 맞습니다. 대부분 영어 성경에서는 '되셨다'는 뜻의 become이라는 단어를 사용합니다.

여러분, '받았다'는 것과 '되셨다'는 표현은 상당히 차이가 있습니다. 언뜻 보기에 단어 하나 차이밖에는 없어 보이지만 영적인 의미에서 대단히 큰 차이가 있어요. 우리가 뭘 '받았다'고 말할 때는 동사의 형태가 수동형입니다. 나는 가만히 있습니다. 그걸 별로 원치 않아요. 그런데 뭔가가 바깥에서 와서 강하게 영향을 미칩니다. 그래서 어쩔 수 없이 그것을 내가 받을 수밖에 없는 경우에 수동형으로 '받았다'라고 표현할 수 있습니다.

그런데 그리스도께서 우리를 위하여 율법의 저주가 '되셨다'는 표현이 담고 있는 의미는 뭘까요? 바울이 말하고 싶은 건 이것입니다. 그리스도가 수동적으로 죽은 게 아니라는 것이지요. 나는 싫은데 어쩔 수 없어서, 가만히 당할 수밖에 없어서 수동형으로 그리스도가 죽으신 게 아니라는 것입니다. 그리스도가 우리를 위해서 율법의 저주가 적극적으로 되셨다는 겁니다. 스스로 자원하여 그리스도가 저주가 되셨다는 뜻입니다.

아니, 이것이 과연 될 법한 소리인가? 어떻게 하나님의 아들이 저주가 되실 수 있는가? 이것이 과연 사실인가? 사실입니다. 이것이 확실한가? 확실하대요. 그 확실성을 바울이 신명기서 21장 23절을 끌어들이면서 증명합니다. 3장 13절 뒷부분입니다. "기록된 바 나무에 달린 자마다 저주 아래에 있는 자라" 하였습니다. 이미 신명기서 21장 23절에서 나무에 어떤 사람이 매달리면 하나님의 저주를 받았다는 것을 상징하는 것이라는 말을 선포하고 있지 않느냐는 겁니다.

유대인들은 참 잔인합니다. 모세의 율법을 제대로 지키지 못하면 처형을 해요. 그런데 사형을 집행하는 방식이 사람을 돌로 쳐 죽이는 것입니다. 얼마나 끔찍합니까? 돌에 맞아 죽은 사람을 그대로 내버려 두지 않습니다. 장사를 잘 지내주는 것도 아니에요. 하나님의 말씀을 어겨서 돌로 사형 집행을 당한 사람은 그가 하나님의 저주 아래에서 죽었다는 것을 표현하기 위해서 저주받은 죽음의 상징인 나무에다가 다시 갖다 매답니다. 이걸 보라는 거예요.

성도 여러분, 그리스도가 어떻게 죽으셨지요? 지금 이 시점에서 그리스도의 죽음의 형태가 대단히 중요합니다. 그리스도는 돌에 맞아 죽지 않았습니다. 매를 맞아서 돌아가신 것도 아니에요. 나무 십자가에 매달려 죽었습니다. 그리스도가 나무 십자가에 매달려 죽은 이 죽음의 형태야말로 이미 구약성경에 하나님이 선포하신 것처럼 하나님의 저주를 받은 죽음이라는 것이 너무 분명하지 않느냐는 것입니다.

구약에 나와 있는 저주의 죽음을 바울이 그리스도의 관점에서 해석하는 것이지요. 우리에게는 충격입니다. 도대체 어떻게 해서 하나님의 기름 부으신 그리스도가 보좌에 앉아 다스리는 대신 이렇게 낮고 천한 곳에 내려오실 수 있단 말인가? 어떻게 해서 찬양과 존귀와 영광을 받으셔야 할 그분이 모욕과 천대를 받을 수 있단 말인가? 어떻게 해서 가장 빛나는 분이 가장 깊은 어두움을 경험할 수 있단 말인가? 어떻게 해서 생명 자체요, 생명을 주시는 그분이 죽음에 처해질 수 있단 말인가? 도저히 일어날 수 없는 일이, 일어나서도 안 되는 일이 왜 일어났다는 말인가?

이에 대해 바울은 간단하게 대답합니다. "그리스도께서 우리를 위하여 율법의 저주를 대신 받으셨다." '우리를 위하여' 이것이 오늘 설교 제목입니다. 좀 더 좁혀 말하면 '나를 위하여' 여기 서 있는 저와 앉아 계시는 여러분들 한 사람 한 사람을 위하여 그리스도께서 목숨을 버리셨습니다. 내가 받아야 할 저주를 하나님의 아들이 십자가에서 대신 받고 돌아가셨다는 이야기지요.

제가 목회의 길을 가기로 결심한 계기가 바로 이것입니다. 고등학교 때까지 열심히 교회를 다니다가 하나님의 아들이 나를 위해서 죽었다는 게 더 이상 안 믿어졌습니다. 위선을 떠는 것 같아 교회를 떠났지요. 6년을 영적으로 방황하다가 돌아왔습니다. 왜 돌아왔는가 하면 그리스도께서 나를 위해서 십자가에서 죽으셨다는 사실이 더 이상 거부할 수 없을 정도로 확연하게 깨달아졌기 때문입니다. 그 이후로 지금까지 목회의 길을 걷고 있습니다.

하지만 만일 어떤 사람이 목회자의 길을 가려 한다면 저는 일단 말리고 싶습니다. 될 수 있으면 다른 길로 가라고, 할 수만 있으면 거절하라고 권면해 왔습니다. 여러분, 목회자가 하는 일이 얼마나 영광스럽습니까? 하나님의 위대한 말씀을 먼저 깨닫고, 깨달은 이 말씀을 주일마다 하나님의 백성들과 함께 나누는 일이 얼마나 감격입니까? 넘어져 있는 영혼을 살리고 어둠을 질주하고 있는 영혼을 다시 하나님 앞으로 되돌려놓는 일이 얼마나 보람됩니까? 참으로 보람 있는 일이지만 권하고 싶진 않아요. 왜요? 기준이 너무 높아요. 자칫하면 삯꾼 목사 되기 십상입니다.

가끔 가다 내가 그런 사람이 아닌가? 내가 삯꾼 노릇 하고 있는 게 아닌가? 물어봅니다. 여러분, 목회자가 뭐하는 사람입니까? 비즈니스하는 사람이 아니잖아요? 밖에 나가 영업하는 사람이 아니잖아요? 늘 말씀 보고 기도합니다. 심방하고 교우들 만나 권면합니다. 저 같은 사람이 내 능력만 가지고 어떻게 감당하겠습니까? 이 큰 교회를 제가 무슨 수로 감당하겠습니까? 성령께 도와달라고 늘 간구하지요. 눈 뜨면 말씀 보고 기도하고 늘 성령 충만을 간구하면서 살려고 애를 써요. 그런데도 여러분, 제가 여러분 앞에 고백하는데 매일 어느 부분에서는 실패하면서 살고 있습니다. 어느 한 날도 '완벽한 날'이 없어요. 하나님 앞에서 내 행위로 떳떳한 날이 한 번도 없었어요. 은혜로 겨우 내 신앙을 유지하고 있는 것 아닌가 하는 생각이 들 때가 많아요.

목회자인 제 상황이 그런데 전혀 은혜 없이 우리가 행위만 가지고 하나님 앞에 설 수 있을까요? 다 경험해 보셔서 아시지 않습니까? 오직 은혜인 줄로 믿습니다. "그리스도께서 나를 위해 저주의 죽음을 죽으사." 여기가 바로 우리 신앙의 출발점입니다. 신앙생활을 하다가 내 못난 행위 때문에 낙심될 때가 얼마나 많아요? 잘해 보려고 애는 쓰지만 내 불완전함 때문에 실패하는 경우가 얼마나 많습니까? 실패한다 해도 우리가 다시 돌아올 자리는 동일합니다. "그리스도께서 나를 위하여 죽으사."

사랑하는 성도 여러분, 우리는 더 이상 저주 아래에 있지 않고 그리스도의 사랑의 울타리 안에 있습니다. 낙심될 때 자신을 보지 마세요. 실패할 때 나를 너무 괴롭히지 마세요. 닦달하지 마세요. 그러니까 인간이지요. 하늘나라 갈 때까지는 저 같은 목회자도 날마다 어떤 부분에서는 실패합니다. 날마다 어떤 부분에서는 내 말이 너무 아쉽습니다. 내 행위가 기준에 못 미칩니다. 여러분, 인간은 아무리 애써도 완벽하지 못합니다. 하나님의 눈앞에서는 여전히 불완전하고 연약한 존재일 뿐입니다.

반대로 이렇게 생각하면 좋겠어요. '그래, 내가 오늘도 넘어졌어. 오늘도 실패했어. 오늘도 내뱉지 말아야 할 말을 내뱉어서 상처를 주었어. 오늘도 하지 말아야 할 행동을 했고 오늘도 가지 말아야 할 곳에 발걸음을 옮겼어. 하지만 내가 이렇게 연약한 존재이기 때문에 십자가가 필요한 거야.' 실제로 내가 실패했기 때문에 그리스도의 십자가가 더 영광스럽게 드러나 보이는 것 아닐까요? 내가 완전했다면 하나님의 아들이 내 대신 저주의 십자가를 지실 필요가 없었겠지요. 못나 보일수록, 실패할수록 그리스도의 십자가 사랑 안으로 점점 더 깊이 들어가시는 여러분 되시기를 바랍니다.

율법과 하나님의 약속 (갈 3:15-18)

"형제들아 내가 사람의 예대로 말하노니 사람의 언약이라도 정한 후에는 아무도 폐하거나 더하거나 하지 못하느니라 이 약속들은 아브라함과 그 자손에게 말씀하신 것인데 여럿을 가리켜 그 자손들이라 하지 아니하시고 오직 한 사람을 가리켜 네 자손이라 하셨으니 곧 그리스도라 내가 이것을 말하노니 하나님께서 미리 정하신 언약을 사백삼십 년 후에 생긴 율법이 폐기하지 못하고 그 약속을 헛되게 하지 못하리라 만일 그 유업이 율법에서 난 것이면 약속에서 난 것이 아니리라 그러나 하나님이 약속으로 말미암아 아브라함에게 주신 것이라."

여러분, 개구리가 비오는 날이면 왜 그렇게 개굴개굴 울어대는지 그 이유를 아십니까? 이솝의 우화에 보면 청개구리 이야기가 나옵니다. 엄마 말씀을 지독히도 안 듣던 말썽꾸러기 아들 청개구리가 있었습니다.

엄마가 서쪽으로 가라 하면 동쪽으로 가고 남쪽으로 심부름을 보내면 북쪽 가서 하루 종일 노는 이런 말썽꾸러기 개구리였습니다. 그런데 병든 엄마가 마지막으로 아들 개구리에게 "내가 죽거들랑 개울가에 묻어 달라" 이렇게 유언을 남겼습니다.

노상 반대로만 하니까 이렇게 말하면 양지 바른 산에 묻어주겠거니 생각을 한 것이지요. 그런데 그렇게 말썽을 많이 피우던 이 개구리도 엄마의 마지막 유언은 거역할 수가 없었던 모양입니다. 엄마가 죽고 난 뒤에 개구리가 뉘우치고 엄마 말씀대로 개울가에 무덤을 만들어 주었답니다. 비가 오니까 그만 엄마의 무덤이 빗물에 휩쓸려 내려갈까 봐 구슬프게 개굴개굴 운다는 이야기입니다.

여러분, 유언이라는 것은 죽음을 전제하고 남기는 마지막 말입니다. 그렇기 때문에 말썽꾸러기 개구리도 그 말은 받아들이고 순종할 정도로 힘이 있습니다. 어느 세미나에서 '비전 유언장'이라는 것을 작성하게 했습니다. 일종의 유언장을 연습 삼아서 미리 작성해 보게 하는 것이지요. "여러분의 생명이 이 땅에서 앞으로 20분밖에 남지 않았다고 가정합니다. 그 20분 안에 가장 사랑하는 사람들에게 마지막 유언장을 작성하세요." 이게 과제입니다.

자, 여러분들이라면 내 생이 이 땅에서 20분밖에 남지 않았다고 할 때에 사랑하는 사람들에게 어떤 마지막 말을 남기겠습니까? 20분밖에 안 남았는데 돈 타령을 할 사람은 없을 것 같아요. "내가 누구한테 얼마 꾸어줬고 누구한테 뭘 빌려주었는데 꼭 받아내라." 이렇게 마지막 20분을 '돈 돈' 하면서 자기 생을 마감할 사람은 없을 것 같습니다. 누구나 다 가장 소중한 말을 남기지 않을까요? 자기 인생에서 가장 중요하다고 생각되는 말을 유언으로 남기지 않을까요?

흥미로운 점은 비록 연습이긴 하지만 이 비전 유언장을 작성하면서 많은 분들이 자기 인생을 되돌아보게 되었다는 것입니다. 그리고 인생의 밑그림을 다시 그리게 되었습니다. 여러분, 유언이라는 것은 이처럼 중요한 말, 중요한 약속을 담고 있습니다. 따라서 유언의 내용이나 유언장을 접수한 사람은 그걸 심각하게 취급하기 마련이지요.

자, 지금 3장 15절에서 바울은 이렇게 이야기합니다. "형제들아 내가 사람의 예대로 말하노니 사람의 언약이라도 정한 후에는 아무도 폐하거나 더하거나 하지 못하느니라." 지금 바울은 일상생활의 실례를 들어서 알기 쉽게 설명하고자 합니다. 우리가 살면서 접할 수 있는 생활 이야기 한 가지를 꺼내고 있어요. 그게 '사람의 언약'입니다. 여기 언약이라는 헬라어 단어 '디아데케'는 고대 헬라시대에는 유언을 의미했습니다. 유언장, 혹은 유언, 이게 바로 언약입니다.

사람의 관례로 쳐도 우리가 알고 있는 것처럼 유언은 그 사람이 죽고 난 후엔 절대로 변경할 수 없지 않느냐는 것입니다. 오늘날도 마찬가지입니다. 비록 혼자 하는 의사 표현이지만 유언도 따지고 보면 단독 의사 표시의 법률적인 행위입니다. 한번 정해지면 아무도 바꿀 수가 없습니다.

사람의 관례대로 따져도 한번 했던 약속, 즉 한번 정한 유언이라면 그 내용을 함부로 바꿀 수 없는 것인데 하나님께서 자신이 하신 약속을 과연 바꾸시겠는가? 바울이 말하고 싶은 요점은 이것입니다. 하나님이 아브라함에게 주셨던 그 유언과 같은 최초의 언약을 430년이 지나고 난 후 모세시대에 율법이 등장하자 폐기할 수 있겠는가? 430이라는 숫자는 바로 유대인들이 애굽으로 내려가서 종살이를 했던 기간입니다. 430년이라는 장구한 세월이 흘렀습니다. 하지만 나중에 등장한 모세의 율법이 이전에 하나님이 약속하셨던 유언과 같은 약속의 내용들을 폐기할 수 없다는 것입니다.

만일 그랬다면 하나님은 스스로 모순된 분 아니겠습니까? 이렇게 생각하는 사람들도 없잖아 있는 것 같아요. 그러니까 하나님이 애당초에는 아브라함에게 믿음의 원리를 주셨다는 거예요. 믿음으로 구원 얻는다는 믿음의 원리를 주셨대요. 그런데 가만히 보니까 믿음은 눈에 보이는 게 아니잖아요? 사람들이 눈에 보이지 않는 믿음 붙잡고 믿음 따라 가는 게 너무 어렵고 효과가 없더래요. 다들 그 앞에서 무너지니까 하나님이 나중에 눈치 채시고 모세시대에 율법을 주셨다는 것입니다. 말하자면 애당초 하나님이 가지고 있었던 생각을 행위의 원리로 바꾸셨다고 생각하는 사람들도 있습니다.

만일 그렇다면 하나님이 이럴 때는 이렇게, 저럴 때는 저렇게 하는 왔다갔다하는 하나님일까요? 인간 사회에서는 기회주의라는 말이 통하지만 과연 하나님께도 해당될까요? 이것 해보다 안 되면 저걸 붙잡는 그런 하나님이라면 과연 우리가 신뢰할 수 있겠습니까? 사람은 다르지요. 사자성어 중에 '조령모개'라는 말이 있습니다. 아침에 다르고 저녁에 다르다는 말입니다. 또 우스갯소리로 화장실 들어갈 때 다르고 나올 때 다르다고 말합니다. 흔히 사람은 하루에도 열두 번 마음이 바뀐다는 말을 합니다.

바로 이런 이유 때문에 매일 묵상 QT가 어려운 게 아닐까 생각해 봅니다. 아침에 일어나서 하나님 말씀을 맨 처음 접하는 게 얼마나 귀합니까? 말씀을 읽습니다. 말씀을 깨닫습니다. "아, 오늘 내게 주신 하나님의 메시지가 이것이구나!" 하고 적용해 봅니다. 그리고 구체적으로 결심도 해요. 어느 날에는 하나님께서 겸손하라고 말씀하시는 것 같아요. 그래서 그날은 겸손해야겠다고 다짐해 봅니다. 그런데 꼭 그런 날이면 교만해질 일이 생겨요. 그래서 나도 모르게 한참 교만을 떨고 있는데 아침에 적용했던 말씀이 생각나는 것이지요. '아차' 해도 때는 이미 늦습니다.

또 어느 날은 하나님께서 내게 말을 적게 하라고 말씀하시는 것 같아요. 그래서 "오늘은 말수를 좀 줄이고 대신에 많이 좀 들어야 되겠다"고 단단히 결심합니다. 그런데 꼭 그런 날이면 잔소리를 할 일이 생기기도 합니다. 아이들에게 아니면 남편이나 아내에게 평소에는 안 하던 잔소리를 퍼붓는 경우가 종종 있습니다. 저녁때 가만히 생각해 보면 아침에 결심했던 내용을 못 지킨 거예요. 안 지키려고 해서가 아니라 우리의 연약함 때문에 못 지키는 경우가 다반사입니다.

여러분, 우리 인간은 이렇습니다. 하루 살아가는 사이에도 일관성이 없어요. 24시간 내에 내 결심이 무너지는 때가 허다합니다. 그러니까 신앙생활을 오래하면 할수록 자기 자신을 신뢰하지 못하게 되는 게 이상한 일이 아니에요. 그게 정상입니다. 우리가 흔히 믿음으로 산다고 말하지 않습니까? 믿음으로 산다는 말이 완벽하게 산다는 이야기는 아니지요. "내 수준에서 할 수 있는 최선을 다한다." 이게 믿음으로 산다는 말 아니겠습니까? 그런데 우리가 믿고 따르는 하나님은 다릅니다.

하나님이 위대하신 것은 우리가 다 알지 않습니까? 그 하나님의 위대하신 점 중에 하나가 일관성입니다. 이분의 통일성입니다. 하나님은 천년의 장구한 세월이 하루와 같다고 말하지 않습니까? 그래서 시편 90편 4절에 시인이 이렇게 노래합니다. "주의 목전에는 천년이 지나간 어제 같으며 밤의 한순간 같을 뿐임이니이다." 천년의 세월도 하나님 앞에서는 한밤이 지나가는 것과 같다고 표현합니다. 야고보서는 하나님은 변함도 없으시고 회전하는 그림자도 없다고 말합니다. 히브리서 기자는 하나님은 어제나 오늘이나 영원토록 동일하시다고 선언합니다.

사람에겐 누구나 다 현재와 과거와 미래가 있습니다. 시간 구별이 됩니다. 그런데 하나님께는 오직 영원한 현재만 있을 뿐입니다. 구약에 보면 하나님이 자신을 종종 이렇게 소개합니다. "나는 아브라함의 하나님이요, 이삭의 하나님이요, 야곱의 하나님이다." 이때 사용하는 동사를 보면 다 현재형입니다. "과거에 내가 아브라함의 하나님이었고, 과거에 내가 이삭의 하나님이었다." 이 말이 아니라 아브라함, 이삭, 야곱 모두 하나님에게는 지금도 현재형의 인물이라는 말입니다. 비록 아브라함과 모세 사이에 600년의 간격이 있고 애굽으로 내려가 430년의 세월이 흘렀다 해도 아브라함도 모세도 하나님에게는 동시대의 인물들입니다.

그런 하나님이 아브라함에게 주셨던 유언 같은 언약의 내용을 세월이 흘렀다고 모세시대에 폐기하고 다른 것으로 바꿀 수 있겠느냐는 이야기입니다. 그렇다면 도대체 430년이라는 세월이 흘러도 하나님이 변치 않고 붙잡으신 그 약속, 나아가 바울시대가 되었을 때도 동일한 그 약속, 다시 2천년이라는 장구한 세월이 흐른 오늘 이 순간까지도 하나님이 굳게 붙들고 계시는 그 약속은 무엇일까요?

여러분, 성경에 수많은 약속들이 있지 않습니까? 그런데 하나님이 인간적인 표현을 사용하자면 다른 것은 다 양보해도 목숨을 걸고 놓치지 않는 약속이 있대요. 눈에 보이는 모든 것은 다 변하기 마련입니다. 세월이 흘러가면 낡게 되고 다 사라집니다. 자신을 한번 생각해 보세요. 20대 때는 얼굴도 팽팽하고 피부도 탱글탱글했지만 나이가 들면 어쩔 수 없이 얼굴에 여기저기 인생의 흔적이 묻어 나지 않습니까? 주름이 생기고 쭈글쭈글해지기 시작하고 배는 나오고 머리카락은 빠집니다. 물론 안 빠진 분들도 많이 계십니다. 제 경우에 그렇다는 말씀입니다.

계절의 변화를 보세요. 얼마 전까지만 해도 수십 년 만의 폭염이라고 호들갑을 떨었어요. 에어컨을 사려고 해도 한 달 이상 기다려야 하는 사상 초유의 더위를 경험했습니다. 한 달 정도 지나고 난 지금은 어떻습니까? 문을 열고 자면 안 될 만큼 날씨가 너무 서늘해졌어요. 감기 조심하라고 서로 안부 인사를 하지 않습니까? 길가에 늘어서 있는 은행잎들은 어떻습니까? 벌써 노란색으로 변색되어 가고 있지 않습니까? 조금 있으면 더욱 찬란한 황금빛이 될 겁니다. 그 다음에는 하나씩, 둘씩 낙엽으로 떨어지고 말 거예요. 자연의 이치가 이렇습니다. 세월 앞에 장사 없다는 말처럼 아무것도 제자리에 머무를 수 없습니다. 다 바뀌어지기 마련입니다.

이게 하나님의 섭리 아니겠습니까? 그런데 하나님께서 자연 세계에는 이런 변화를 주시면서도 수천 년의 역사가 흘러가도 결코 놓치지 않고 있는 단 하나의 약속이 있다는 것입니다. 그렇다면 궁금해지지요. 하나님에게 그토록 중요한 그 약속이 도대체 무엇일까요?

바울이 3장 16절에 이렇게 대답합니다. "이 약속들은 아브라함과 그 자손에게 말씀하신 것인데 여럿을 가리켜 그 자손들이라 하지 아니하시고… 곧 그리스도라." 아브라함에게 애당초 주셨던 그 약속의 핵심이 그리스도라는 것입니다. 이를 구약으로 증명하고 있습니다. 창세기를 보면 하나님이 아브라함과 그 자손들에게 여러 가지 약속을 하고 계세요. 그런데 하나님이 약속을 하실 때마다 '자손들'이라는 복수형을 사용하지 않습니다. 일관성 있게 한 사람의 자손, 즉 단수형을 사용하고 있습니다. 이 한 사람이 누군가 하면 바로 그리스도라는 것입니다. 아브라함과 그리스도를 직결시키고 있는 장면입니다.

지금 바울이 마음에 두고 있는 성경 구절들은 어떤 것일까요? 예를 들어 창세기 13장을 보면 아브라함과 조카 롯이 헤어지는 장면이 나옵니다. 두 사람 다 거부가 됐어요. 거느리고 있는 양떼와 약대들이 너무 많습니다. 종들이 서로 좋은 지역을 차지하려고 다투게 됩니다. 그러자 삼촌인 아브라함이 통 크게 조카 롯에게 양보합니다. "네가 좌하면 나는 우하겠고 네가 우하면 나는 좌하리라. 네가 먼저 택해라." 그랬더니 롯이 눈을 들어 보니까 소돔 지역이 물도 넉넉하고 풀이 잘 자라는 것처럼 보여 그쪽을 선택합니다. 아브라함이 희생정신을 발휘해서 조카에게 먼저 양보합니다. 그 직후에 하나님께서 아브라함에게 이런 말씀을 하십니다. "아브라함아 눈을 들어 동서남북 사방을 바라보라." 그리고 하신 말씀이 "보이는 이 땅을 내가 너와 네 자손에게 주리니"라고 약속하세요. 그때 하나님이 말씀하신 '자손'이라는 단어는 복수형이 아니라 단수형입니다.

또 창세기 17장을 보면 하나님께서 아브라함과 가족의 모든 사람들에게 종에 이르기까지 할례를 받으라고 명령하십니다. 이는 하나님의 백성의 표시였습니다. 그때도 이런 약속을 주세요. "내가 너와 네 후손에게 이 땅 곧 가나안 온 땅을 주어서 영원한 기업이 되게 하고 나는 그들의 하나님이 되리라." 여기서도 하나님께서 약속하고 있는 가나안 땅을 물려받을 사람이 복수형의 후손들이 아니라 '네 후손'이란 단수형을 사용하고 있습니다.

더 결정적인 것은 아브라함이 창세기 22장에서 하나밖에 없는 독자 이삭을 하나님의 명령을 따라서 모리아산에서 바칠 때입니다. 영문을 몰랐지요. 이해가 안 갔지요. 하지만 무슨 말씀이든지 순종할 만한 믿음으로 성숙했습니다. 아브라함이 칼을 들어 제단에 꽁꽁 묶여 있는 자기 아들 이삭을 향해 내려치려고 하는 순간 하나님의 사자가 급하게 아브라함을 제지시킵니다. 그리고 창세기 22장 16-17절에서 하나님이 친히 아브라함에게 약속하십니다. "네가 이같이 행하여 네 아들 네 독자도 아끼지 아니하였은즉 내가 네게 큰 복을 주고 네 씨가 크게 번성하여 하늘의 별과 같고 바닷가의 모래와 같게 하리니 네 씨가 그 대적의 성문을 차지하리라." 이어서 "또 네 씨로 말미암아 천하 만민이 복을 받으리니"라고 말씀하셨습니다.

여러분, 여기 지금 하나님께서 약속하고 계시는 '네 씨'는 복수가 아닙니다. 씨들이 아니라 씨라는 단수형입니다. '스페르마티'라는 헬라어 단어는 씨라는 의미와 자손 혹은 후손이라는 의미가 있습니다. 창세기 어느 부분에서도 하나님께서 아브라함과 그 후손들에게 귀중한 유언과 같은 말씀을 하실 때 후손들이라는 복수형을 쓰신 적이 한 번도 없고 일관

되게 단수형을 쓰고 있지 않느냐는 것입니다. 여럿을 가리키면서 자손들이라 하지 않고 오직 한 사람의 자손을 가리켜 말씀하고 있으니 그 한 사람이 곧 그리스도라는 말입니다.

참 기가 막힌 성경 해석 아니겠습니까? 저는 이런 상상을 해봅니다. 우리 교회도 학기마다 다양한 성경공부가 있지 않습니까? 그중에서도 성경본문 공부가 제일 인기가 많은 것 같아요. 그래서 바울 선생을 우리 교회 성경공부 강사로 한번 초청하면 참 좋겠다는 생각을 해봅니다. 그리고 특별히 바울의 강의에 제가 개인적으로 초대하고 싶은 분들이 있습니다. 그분들에게 초대장을 따로 보내고 싶어요.

이렇게 생각하시는 분들이 있어요. '내가 읽어 보니까 신구약은 모순으로 가득 차 있어. 신약과 구약이 서로 충돌하는 구절들이 너무 많아. 구약의 하나님과 신약의 하나님은 내 생각에는 완전히 다른 하나님이야.' '성경은 해석하기 나름이다. 귀에 걸면 귀걸이요, 코에 걸면 코걸이. 이게 바로 성경이다.' 이현령비현령이 성경의 특징인 것처럼 생각하는 사람들을 놓고 바울이 강의를 하는 겁니다. 내건 타이틀은 이겁니다. '신구약의 통일성.' 그런데 거기에 부제가 붙어 있어요. '그리스도 중심적인 구약 해석.'

여러분, 바울이 어떤 식으로 강의를 할 것 같습니까? 분명히 구약을 바탕으로 해서 신약을 강의할 것입니다. 아브라함과 모세와 그리고 그리스도, 구약에 대단히 넓은 전망을 가지고 수천 년을 넘나들면서 자유자재로 강의를 할 겁니다. 바울의 강의는 구약과 신약이 하나로 녹아들 것입니다. 바울은 사소한 내 개인적인 문제보다는 우리의 시선을 구약의 전체적인 조망으로 데리고 갈 겁니다. 그래서 성경 전체를 마치 하나의 커다란 산맥처럼 제시할 겁니다. 산맥의 커다란 봉우리 하나에 아브라함이 있고 그 다음 커다란 봉우리 하나에 모세가 있고……. 그런데 하나님의 구원 역사라는 그 방대한 산맥의 가장 높은 산 에베레스트에는 바로 예수 그리스도가 계시는 것이지요.

요즘 우리 교회의 관심은 온통 매일묵상 QT에 쏠려 있는 것처럼 보입니다. 교회 기도 제목에도 나와 있고 아까 우리 장로님도 역시 매일묵상을 위해 기도하셨어요. 광고 시간에도 QT베이직이라는 것을 소개했습니다. 또 수요일마다 모이는 조장 목자들을 위해 외부 강사를 모셔서 《성경 묵상 기초 과정》이라는 책을 공부하고 있습니다. 그뿐인가요? 금요일 저녁 기도회 때도 제가 어떤 식으로 매일묵상을 사용하고 적용을 했는지 몇 번 말씀드린 적이 있습니다.

바울은 어디에 마음과 관심이 쏠려 있는 것처럼 보입니까? 갈라디아서를 지금 우리가 계속 읽어 나가고 있지 않습니까? 바울의 관심사는 어디로 모아지고 있습니까? 온통 그리스도에게 모아지고 있는 것처럼 보입니다. 재미있는 퀴즈게임을 할 때 모르는 문제나 답이 아리송할 때는 찬스를 쓰더라고요. 찬스를 한두 번 사용할 수 있습니다. 그런데 바울이 성경을 풀어가면서 과연 찬스를 사용할까요? 어떻게 생각하세요? 바울은 찬스를 사용할 필요가 없는 사람입니다. 그리스도라는 안경을 쓰고 일사천리로 구약을 쭉쭉 풀어나가는 바울의 모습을 연상해 볼 수 있지 않습니까?

하나님이 아브라함과 그의 후손에게 약속한 것이 가나안 땅입니다. 그런데 바울은 문자적인 가나안 땅보다 더 깊은 의미가 있다는 것을 알았습니다. "네 씨를 통하여 온 세상 모든 사람들, 지구상에 거하는 모든 인류가 복을 받으리라" 말씀하셨습니다. 그런데 이렇게 강퍅하고 고집불통이고 자기들만 선택받은 민족이라는 선민사상에 사로잡혀 있는 유대인들을 통해 어떻게 온 세상이 복을 얻을 수 있겠는가 하는 것입니다.

그래서 바울이 알았지요. "아하, 여기 하나님께서 말씀하시고 계신 약속된 땅은 눈에 보이는 가나안 땅이 아니라 그리스도를 믿는 믿음으로 우리가 입성하게 될 구원을 의미하는 것이구나." 따라서 하나님이 창세기에서 반복해 말씀하고 있는 약속의 중심이 되는 이 씨는 바로 예수 그리스도라는 것을 알았습니다. 예수 그리스도 안에 믿음으로 거주하게 될 모든 성도들을 포함하는 집합 명사로서 단수로 지칭되고 있다는 것을 바울이 깨달았습니다. 여기 앉아 있는 모든 분들 역시 그 씨가 되시는 그리스도 안에 지금 현재형으로 거주하고 있습니다.

우리는 성경을 매일 접할 때 성경에서 무엇을 발견합니까? 어디에 초점을 모읍니까? 바울처럼 성경에서 그리스도를 발견하나요? 바울처럼 성경을 펼칠 때마다 좀 더 넓은 시각을 가지고 접근하고 있습니까? 그러지 못하는 것 같아요. 저부터도 그렇습니다. 당장 눈앞의 문제에 연연해 하는 경우가 많아요. 내 발등에 떨어진 불을 꺼야 되는데 이게 너무 힘이 듭니다. 이 고통에서 빨리 벗어나고 싶어서 성경을 볼 때도 당장 써먹을 수 있는 성경적인 해법을 찾는 데 몰두하기 쉽습니다. 할 수만 있으면 강제로라도 하나님의 시선을 내 문제에 고정시켜 놓고 싶은 심정이 들 때가 많지요.

그런데 하나님은 어떨까요? 하나님은 정반대입니다. 자신의 문제에 급급해 있던 아브라함을 밤중에 밖으로 불러내어 하늘의 뭇 별들을 보게 하십니다. 하나님은 높은 곳을 보게 하시고 멀리 보게 하시지요. 하나님의 구원 역사의 장구한 흐름 가운데 우뚝 서 계시는 한 분에게 우리의 시선을 고정시키기를 원하십니다. 바로 이분이 역사의 주인공입니다. 이분이 우주의 통치자입니다. 더 중요한 것은 내 인생도 내 문제도 이 한 분 손안에 있다는 사실입니다.

바울의 주장은 분명합니다. 하나님이 처음부터 여러 자손들을 염두에 두면서 말씀하지 아니하시고 오직 한 사람을 염두에 두고 말씀하셨다는 것입니다. 바로 그리스도입니다. 그리고 우리는 하나님의 약속의 씨인 그리스도 안에 있는 사람들입니다. 이 그리스도가 우주의 통치자입니다. 역사의 주인공 되십니다. 또한 우리 인생의 지배자가 되십니다. 우리를 위해서 목숨까지도 기꺼이 십자가 위에서 버리신 신뢰할 만한 분입니다. 그러므로 오직 한 사람, 이 그리스도를 믿고 따르는 우리 모두가 되기를 바랍니다.

율법의 역할 (갈 3:19-22)

"그런즉 율법은 무엇이냐 범법하므로 더하여진 것이라 천사들을 통하여 한 중보자의 손으로 베푸신 것인데 약속하신 자손이 오시기까지 있을 것이라 그 중보자는 한 편만 위한 자가 아니나 하나님은 한 분이시니라 그러면 율법이 하나님의 약속들과 반대되는 것이냐 결코 그럴 수 없느니라 만일 능히 살게 하는 율법을 주셨더라면 의가 반드시 율법으로 말미암았으리라 그러나 성경이 모든 것을 죄 아래에 가두었으니 이는 예수 그리스도를 믿음으로 말미암는 약속을 믿는 자들에게 주려 함이라."

오늘이 1월 둘째 주일입니다. 그래서 아마 회사나 직장에서는 지난주에 이미 시무식을 마쳤을 것으로 생각합니다. 저희 교회도 해마다 연초에 시무식을 갖습니다. 풀타임과 파트타임 교역자들, 그리고 가족까지 전부 다 모입니다. 순서가 정해져 있어요. 예배를 먼저 드립니다. 그 다음에 의자를 뒤로 밀어놓고 깔개를 편 후 홍 목사님 내외분께 세배를 드립니다. 이 시간을 우리 아이들은 무척 기다려요. 왜냐하면 할아버지 목사님께서 세뱃돈을 주시기 때문입니다. 세뱃돈은 결혼하지 않은 미혼남녀까지입니다.

세배를 드리고 나서 떡국을 같이 먹습니다. 떡국을 먹고 난 다음에 으레 영화를 한 편씩 보는 게 관례처럼 되어 있어요. 그래서 1년에 한번은 우리 사역자들이 애들은 애들 영화를 보고, 어른은 어른 영화를 봅니다. 이번에 점심을 먹으면서 들으니까 어른들은 〈레 미제라블〉이라는 영화를 본다는 거예요. 장발장 다 아시잖아요? 아는 것이니까 안 보려고 했습니다. 별 기대를 못했습니다. 그런데 이 영화가 뮤지컬로 만들어져서 좋다고 하기에 따라 갔지요.

아닌 게 아니라 세계 4대 뮤지컬 중 하나가 〈레 미제라블〉, 장발장입니다. 저는 1990년도에 영국 런던을 처음 갔습니다. 시내 한복판에 큰 뮤지컬 극장이 있는데, 그 뮤지컬 극장 위에 커다란 간판을 매달았어요. 보니까 〈레 미제라블〉이에요. 신기한 점은 12년이 지난 2002년도에 런던을 떠나올 때도 역시 그 극장에 그 간판이 그대로 매달려 있었습니다. 그러니까 배우는 바뀌어도 이 명작은 계속 상영되고 있었던 것이지요. 아마 지금도 계속되고 있으리라고 생각합니다.

별 기대를 안 하고 가서 봤는데 큰 감동을 받았습니다. 왜 이 작품이 명작인지, 그리고 왜 많은 사람들에게 읽히는 고전인지 다시 한 번 깨닫게 되었습니다. 〈레 미제라블〉이 모든 시대의 사람들에게 관심을 받는 이유는 이것이라고 생각됩니다. 인간이 이 세상을 살아가면서 당면하는 주제 하나를 집중적으로 다루고 있습니다. 그것은 사랑과 공의의 문제입니다. 다른 말로 표현하면 용서냐, 심판이냐이지요. 성경적으로 표현을 해본다면 은혜냐 율법이냐 하는 것입니다.

공의가 중요한가? 사랑이 중요한가? 이 둘 사이에 끼어 갈등할 때가 많지 않습니까? 바로 이 문제를 다루고 있습니다. 이 주제가 프랑스혁명을 배경으로 해서 끝까지 전개됩니다. 장발장에는 대조적인 두 인물이 등장합니다. 아시는 것처럼 주인공은 장발장이에요. 굶주리고 있는 조카를 먹이기 위해서 빵 한 조각을 훔치지요. 그러다 5년형을 살게 됩니다. 감옥에서 4번의 탈출을 시도하지만 네 번 다 실패하지요. 그래서 도합 19년이라는 세월을 살고 나오게 됩니다.

그때 장발장에게 남은 것은 세상을 향한 원망과 증오, 그리고 오직 살겠다는 생존의 욕구밖에는 없었습니다. 그러다 미리내 신부라는 참 친절한 분을 만나게 되지요. 밤중에 의식기를 다 훔치지 않습니까? 아침에 경관에게 잡혀서 다시 신부 앞에 오지요. 그 앞에 무릎을 꿇습니다. 경관이 다그치는데 이 신부가 천연덕스럽게 말하지 않습니까? "형제여, 내가 형제에게 의식기뿐만 아니라 이 은촛대도 선물로 주었건만 왜 이건 놓고 가셨습니까?" 그러면서 더러운 주머니 안에 본인이 그 은촛대까지 넣어 주지 않습니까? 장발장이 거기서 충격을 받습니다. 조용하지만 거부할 수 없는 하나님의 사랑과 용서를 체험하게 됩니다.

그게 장발장 인생의 분수령이었습니다. 말 그대로 회심하는 계기가 되지요. 흔히 말하는 개과천선을 하게 됩니다. 난생 처음으로 자기를 배려해 주는 어떤 사람, 난생 처음으로 순수하고 따뜻한 사랑을 보여준 그 신부님을 통해 장발장은 완전히 새로운 사람으로 거듭납니다. 그리고 나중에 어느 도시의 존경받는 시장까지 되지 않습니까? 착한 일을 많이 하는 시장이 됩니다. 그런데 〈레 미제라블〉에는 장발장 못지않게 중요한 역할을 담당하는 또 한 사람의 등장인물이 나오지요. 바로 장발장을 끝까지 추격하는 자베르 경감입니다.

이 사람에게는 법이 중요합니다. 정의가 중요합니다. 이게 이 사람 인생의 가치예요. 이것을 위해서 목숨을 거는 사람입니다. 이 사람 인생을 떠받치고 있는 기둥은 법과 정의예요. 바로 자베르 경감은 율법을 대표하는 사람입니다. 그가 가지고 있는 확신이 하나 있습니다. 절대로 죄인은 변하지 않고 또 변할 수 없다는 것입니다. 죄인은 정해진 법에 의해서 반드시 심판을 받아야 된다고 믿고 있습니다. 이런 확신으로 장발장이 어디를 가든지 무엇을 하든지, 아무리 그가 착한 일을 많이 하는 시장으로 변모되었다 하더라도 놓아주지를 않습니다. 심판의 채찍을 들고 계속해서 장발장을 추적합니다.

자베르 경감에게 장발장은 변화된 사람이 아니에요. 여전히 죄수번호 24601번일 뿐입니다. 이 24601번을 계속 추격해 들어가지요. 일말의 융통성도 찾아볼 수 없는 이런 인간이 점점 장발장의 숨통을 죄어 옵니다. 자베르와 같은 유형의 인물들을 어디서 본 듯하지 않습니까? 어디서 만난 듯하지 않습니까? 그렇습니다. 오늘날도 도처에 이런 사람들이 많지요.

우리는 이런 사람들을 바리새 정신을 가지고 있는 율법주의자라고 부릅니다. 바리새 정신이 무엇인지 아시지요? 법이 필요 없다는 말이 아닙니다. 물론 법은 중요합니다. 법은 인간 세상의 질서를 유지하기 위해서 반드시 필요합니다. 그런데 법은 절대로 홀로 서 있지 않습니다. 법을 집행하는 인간이 있습니다. 문제는 이 인간이 완벽하지 못하다는 것입니다. 완벽하지 못한 인간이 스스로 완벽한 것처럼 착각할 때 문제는 불거지기 시작합니다. 소위 자기 확신이지요. 자기 확신이 필요할 때가 있습니다.

그런데 지금 말씀드리는 자기 확신은 좋은 의미가 아니고 부정적인 의미입니다. 자기를 파괴하고 남의 영혼을 파괴하는 이런 자기 확신입니다. 다른 사람은 다 틀렸고 자기는 옳다는 대전제를 갖고 있는 자기 확신입니다. 한걸음 나가서 나는 절대로 틀릴 수 없다는 이런 고집스런 확신을 가지고 있는 사람들이 있습니다. 그럴 때 어떻게 되겠습니까? 내 생각과 내 방식이 정의가 돼버립니다. 정의가 따로 있는 게 아니에요. 내가 법이고 내가 최종적인 결정권자예요. 하나님도 필요 없어요.

내 생각이 정의고 내가 하는 스타일과 방식이 정의이니 남의 말에 귀기울일 리가 없지요. 이렇게 자베르 경감처럼 하나님의 법과 정의를 외치는 사람들이 요즈음도 많이 있습니다. 이런 사람들이 빠지기 쉬운 함정이 바로 이것입니다. 자기가 외치고 있는 구호가 너무 정당하기 때문에 이것을 외치고 있는 자기 자신도 정당하다고 믿어버리는 것입니다. 착각입니다.

이런 사람들은 언제나 자기의 옳은 면만 봅니다. 자신의 옳은 면만 바라보기 때문에 자기가 지금 무엇을 실수하고 무엇을 놓치고 있는가를 보지 못합니다. 소위 자기 정당화입니다. 몇 사람들이 모여서 이런 태도를 보일 때는 자기 집단의 정당화에 빠지고 맙니다. 마치 바리새인들이 그랬던 것처럼. 바리새인들은 다 옳아요. 바리새인들이 하나님의 자리를 대신하고 있어요. 바리새인들은 틀릴 수가 없어요. 그들은 가르치는 자들 아닙니까? 존경받는 자들 아닙니까? 자기 정당화나 자기집단의 정당화에 한번 빠져버리면 빠져나올 수 있는 길이 없습니다. 적어도 인간적으로는 그런 것 같습니다.

여러분, 나는 나를 잘 모릅니다. 아는 것 같아도 그건 오해입니다. 잘 몰라요. 글쎄요, 내가 나 자신을 얼마나 알까요? 60퍼센트 정도 알까요? 70퍼센트 알까요? 우리는 자신을 잘 몰라요. 그런데 내 밑바닥 저변에 어떤 동기가 숨어 있는지, 어떤 감정이 꿈틀거리고 어떤 욕망이 뭉게구름처럼 솟아나고 있는지를 정확히 꿰뚫어 보시는 분이 있습니다. 바로 하나님이십니다. 하나님께서 인간들의 이런 모습을 바로 보라고 주신 게 있습니다. 바로 율법입니다. 이것이 율법의 목적이에요. 율법이란 나 자신이 어떤 존재인가를 적나라하게 비춰 보는 거울과 같아요.

그래서 바울이 로마서 2장 1절에서 이렇게 말합니다. "그러므로 남을 판단하는 사람아, 네가 핑계하지 못할 것은 남을 판단하는 것으로 네가 너를 정죄함이니 판단하는 네가 같은 일을 행함이니라." 우리가 가지고 있는 모순을 하나님이 보여주십니다. 내 율법의 잣대를 가지고 다른 사람을 판단합니다. 재고 비판합니다. 난도질합니다. 그런데 판단하는 내가 사실은 같은 일을 행하고 있다는 것을 알지 못하고 있다는 의미입니다. 로마서 2장 3절입니다. "이런 일을 행하는 자를 판단하고도 같은 일을 행하는 사람아, 네가 하나님의 심판을 피할 줄로 생각하느냐?" 다음에 21-22절에 이렇게 말합니다. "다른 사람을 가르치는 네가 네 자신은 가르치지 아니하느냐 도둑질하지 말라 선포하는 네가 도둑질하느냐 간음하지 말라 말하는 네가 간음하느냐?"

자신은 이 날카로운 비판의 굴레에 결코 집어넣지 않습니다. 그런데 사실은 율법이 내가 어떤 사람인가를 여실히 보여준다는 것이지요. 그래서 오늘 읽었던 갈라디아서 3장 19절 앞부분에서는 율법을 주신 목적을 이렇게 소개하고 있습니다. "그런즉 율법은 무엇이냐 범법하므로 더하여진 것이라." 이를 조금 정확하게 번역해 보면 이런 겁니다. 그러므로 하나님이 율법을 주신 목적은 무엇이냐? 율법은 죄가 무엇인지를 우리로 하여금 알고 깨닫게 하시려고 더하여진 것이다. 이게 바울의 설명입니다.

애당초에는 율법이 처음부터 오지 않았잖아요? 처음에 온 것은 약속이었습니다. 아브라함에게 하나님이 약속을 주지 않습니까? "너를 통하여 네 씨를 통하여 온 세상 만민이 복을 받으리라"는 약속을 받았습니다. 율법은 언제 옵니까? 약속을 받은 이후 430년이 지나고 난 다음에 모세를 통해서 들어오게 되지요. 그러니까 율법은 나중에 덧붙여진 것입니다. 하나님께서 약속 하나로 충분할 것 같으면 율법을 굳이 덧붙였을까요?

만일 인간들이 스스로 죄가 무엇인지 알고 내가 얼마나 죄인인가를 스스로 깨닫고 인정할 줄 알았더라면 율법이 올 이유가 없었을 것입니다. 그런데 하나님이 보니까 사람들이 자기 약점을 보지 못해요. 사람들 눈이 아니라 하나님 눈으로 볼 때 자기가 어떤 존재인가를 몰라요. 더 심각한 것은 그걸 알려고 하지도 않습니다. 대신에 사람들의 태도는 어떻습니까? 내가 얼마나 정당한가, 내가 얼마나 괜찮은가, 내가 얼마나 우월한 인간인가, 이를 증명하려고 애를 쓰더라는 것입니다.

그래서 하나님이 율법을 주신 목적은 하나랍니다. 내가 얼마나 죄인인가를 드러내려고 율법을 주셨다는 것입니다. 그러니까 율법의 목적을 풀어 보면 이런 것입니다. 거울에 비춰 주면서 "자, 너의 더럽고 얼룩져 있는 이런저런 모습들을 좀 봐. 너도 마찬가지야, 큰소리치지 마, 착각하지 마." 이게 율법의 목적이랍니다. 아마 이런 질문을 할 수 있을 겁니다. "그러면 목사님, 약속을 먼저 주시고 나중에 율법을 주셨으니까 약속과 율법이 서로 부딪히겠습니다. 서로 반대 개념이겠습니다." 그런데 부딪히지 않는대요. 율법은 애당초 아예 다른 목적을 갖고 들어왔다는 이야기입니다.

"만일에 살게 하는 율법일 것 같으면 우리가 율법을 지킴으로 인해서 의롭다 함을 받았으리라." 애당초 율법을 하나님이 주신 목적은 "아하, 이걸 백성들에게 주면 완벽하게 지킬 수 있겠고, 완벽하게 지킨 사람은 행함으로 구원에 이르고 의롭다 함을 받을 수 있겠구나." 이런 뜻으로 주신 것이 아닙니다. 못 지킬 것을 아셨습니다. 율법을 주신 이유는 나의 구린 부분을 감추어놓지 않고 율법을 통해서 드러내고 끄집어내기 위해서입니다. 적나라하게 내 모습을 보이려고 율법을 주셨대요. 내가 얼마나 구제 불가능한 존재인가를 확인시켜 주는 게 율법이라는 것입니다.

아까 바울이 했던 지적이 있지요? "간음하지 말라 말하는 네가 간음하느냐 도둑질하지 말라고 하는 네가 도둑질하느냐" 이것저것을 하라, 하지 말라고 가르치는 네가 그렇게 살지 못하고 자기가 부정하는 짓들을 스스로 행하고 있다는 이야기지요. 저도 그렇고, 우리 모두는 어쩔 수 없이 모순으로 가득 차 있는 존재들입니다. 인간의 실존이 그런 것 같아요. 인간의 실상이 거룩한 빛에 비춰 보면 다 드러나지 않습니까? 율법은 그것을 적나라하게 보여줍니다.

법과 정의를 집행하는 분들이 검사 아닙니까? 판사 아닙니까? 육법전서를 머리에 꿰고 고등고시를 합격하려면 얼마나 공부를 많이 해야 되겠습니까? 법조항을 세밀한 데까지 꿰고 있어야 이 일을 할 수 있지 않습니까? 이분들이 법을 모릅니까? 누구보다 법을 잘 아는 사람들이지요. 법을 집행하는 사람들 아닙니까? 권력자들 아닙니까? 그런데 최근 계속 뉴스를 통해서 접하는 사건은 뭡니까? 검사와 판사들이 뇌물 혐의와 성추행과 자신들이 법조항을 들어서 심판과 정죄를 언도했던 똑같은 법조항에 걸려들어서 수감되는 장면을 보지 않습니까?

여러분, 법을 알 만큼 알고 법의 최전방에서 법을 집행하는 사람들이 이렇다면 우리는 얼마나 더할까요? 심지어는 목회자들도 예외가 아닙니다. 목회자들만큼 하나님 말씀을 잘 아는 사람들이 어디 있겠어요? 항상 하나님 말씀을 연구하고 가르치는 사람들 아닙니까? 돌아가신 정암 박윤선 박사님이 늦은 나이에 신학대학 학장으로 재직을 하던 학교에서 사임하고 나왔어요. 더 이상 신앙인으로 양심을 지킬 수 없어서였습니다. 신학이 달라서가 아니에요. 신학교 안의 부정과 부패와 비리를 견딜 수가 없어서 그냥 던지고 나왔어요. 그리고 새로운 신학교를 시작했습니다.

합동신학교가 처음에는 개혁신학교라는 이름으로 시작했습니다. "너 잘못했다. 너의 단점이 무엇이다." 남을 비난하는 이런 손가락질 말고 나로부터의 개혁을 주장하면서 이 신학교를 시작했습니다. 박윤선 박사님이 돌아가시기 전까지 약 7년 동안 합동신학교에 자기의 남은 에너지와 혼신의 힘을 다 쏟아 부었어요. 쏟아 부은 이유는 하나밖에 없습니다. 바른 목회자를 키워내기 위해서입니다. 이제 막 피어나는 20대와 30대, 이 나라의 교회를 짊어질 목회자들을 바르게 키워 보고 싶은 일념으로 자신의 남은 에너지를 다 쏟아 부은 것이지요.

박윤선 박사님이 가지고 있었던 한 가지 확신은 바로 한국 교회의 문제는 목회자의 문제라는 것입니다. 물론 평신도가 잘못하기도 하고 장로가 잘못하기도 합니다. 완벽한 성도는 이 땅에 없습니다. 그러나 그럼에도 불구하고 인구에 회자되고 있는 한국 교회에 대한 비난거리의 원인은 거슬러 올라가보면 딱 하나밖에 없다는 것입니다. 이게 그분의 확신입니다. 입이 열 개라도 할 말이 없는 한국 교회에 대한 여러 지적들이 있습니다. 하지만 폐일언하고 한국 교회 문제는 결국 목회자의 문제라는 것입니다. 그 확신 때문에 새로운 신학교를 세우게 된 것이지요.

그러므로 우리가 정직하게 하나님의 말씀 앞에 선다면 이를 인정하지 않을 수 없습니다. 가르치는 게 곧 사는 건 아닙니다. 저는 목회 연수가 많아질수록 나 자신을 보면서 그 점을 느끼고 있습니다. 가르치는 게 사는 게 아니요, 말하는 게 행하는 것은 아닙니다. 그런데 인간의 본성은 어떻습니까? 자기를 정당화하고 인정받고 싶은 마음이 꾸물꾸물 계속 솟아나는 것 아닙니까? 사람에게 인정받고 싶은 일종의 탐욕입니다. 성경은 그 탐욕을 이렇게 표현합니다. 로마서 2장에 의하면 사람은 자기를 선생이요 인도자라고 생각하고 싶어 한다는 것입니다. 자신을 맹인을 인도하는 자요 어둠에 있는 자의 빛으로 믿고 싶어하는 경향이 있다는 말입니다. 바울이 그렇게 지적하지 않습니까? "너는 너 자신을 맹인을 인도하는 자요 어둠에 있는 자의 빛이라고 생각하고 있구나." 그걸 믿고 싶어한다는 거예요.

하지만 사실은 반대입니다. 내가 선포하고 가르치는 법이 거꾸로 나를 오히려 정죄하고 있다는 것입니다. 그래서 결론으로 22절에 이렇게 말합니다. "그러나 성경이 모든 것을 죄 아래에 가두었으니." 이때 당시는 구약성경입니다. 율법의 결론은 이것입니다. 모든 것을 죄 아래에 가둬버렸대요. 세상의 모든 사람들이 다 죄의 포로라고 하나님의 말씀이 선포하고 있습니다. 거룩한 하나님의 율법이 결국은 가르친 사람이나 가르침을 받는 사람이나, 부자나 가난한 자나 너나 할 것 없이 모든 인생은 다 죄 아래에 있다고 선포하는 것입니다. 모두가 다 죄의 포로요, 율법의 감옥에 갇혀 있습니다. 여기에 예외가 없다고 하나님 말씀이 선포합니다. 하나님 말씀이니까 하나님 자신이 선포를 하고 계시는 겁니다.

하나님의 거룩한 영이 비추기 전에는 내가 얼마나 더럽고 추악한 자인가를 보기가 어렵습니다. 회개하는 것부터가 사실은 하나님의 큰 은혜입니다. 은혜의 빛이 임하지 않으면 내 영혼의 어둡고 더러운 구석을 보지 못합니다. 그런데 하나님의 은혜를 받으면 알게 됩니다. 하나님의 거룩한 빛 앞에서 내가 합당하지 못한 존재임을 대번에 인정하게 됩니다. 모든 사람은 다 이 율법의 감옥에 죄의 포로로 갇혀 있는 상태입니다.

문제는 "그렇다면 하나님이여, 내가 어떻게 여기에서 빠져나올 수 있겠나이까?" 하는 질문 아니겠습니까? 〈레 미제라블〉에 보면 장발장과 자베르 경감이 다시 만나는 장면이 나옵니다. 혁명군 피난처에서 포로로

잡혀온 자베르 경감을 장발장이 만나지요. 장발장이 딸처럼 키우는 코제트라는 아가씨가 사랑하는 남자가 혁명군이에요. 곧 죽을지도 몰라요. 그래서 그 젊은이를 구출하려고 장발장이 혁명군에 가담합니다. 가보니까 자베르 경감이 포로로 잡혀 와 있어요.

절호의 기회 아니겠습니까? 내 인생을 끝까지 좀먹는 벌레 같은 인간입니다. 이미 개과천선해서 착하게 살려고 몸부림치고 있건만 그런 자신을 계속해서 어두운 죄수의 감옥으로 끌어넣으려고 하는 인간입니다. 원수는 외나무다리에서 만난다고 하더니 대번에 처치해 버릴 수도 있습니다. 아니, 죽여야 됐습니다. 그런데 포로로 잡힌 자베르를 장발장이 풀어주지요. 살려줍니다. 살려줄 뿐만 아니라 나는 당신을 미워하지 않는다고 고백합니다.

자베르의 목숨을 살려주는 그 순간, 장발장은 자베르가 가지고 있던 확고부동한 신념, 즉 그의 인생을 여기까지 끌고 왔던 인생의 추진력, 자신의 가치이자 목표로 삼고 있던 율법주의자의 신념을 죽여 버린 셈입니다. 그를 살리는 순간, 그가 갖고 있었던 바리새적인 정신을 죽여 버렸다는 말입니다. 그러자 자베르가 혼란에 빠집니다. 평생을 공평과 정의와 법을 내세우면서 피도 눈물도 없는 냉혈한으로 살아온 자베르 경감이 용서를 체험한 것입니다. 사랑을 체험합니다. 자유롭게 자기를 풀어주겠다는 장발장 앞에서 혼란에 깊이 빠져버립니다. 이 혼란을 견디지 못한 자베르는 결국 세느강에 몸을 던지고 맙니다.

자베르가 세느강에 몸을 던지기 전에 부르는 마지막 노래가 나와요. 자베르가 이렇게 노래합니다. "아, 내 생각은 혼란에 빠지고 말았구나.

그는 과연 믿을 만한 사람인가? 그의 죄를 나는 과연 용서해야 될 것인가? 결코 지금까지 의심해 보지 않았던 것들을 이제 의심해야 하는 것인가? 내 심장은 돌과 같았는데 이렇게 흔들리고 있구나. 내가 알던 세상은 어둠 속에서 길을 잃고 말았네. 그게 천사인가 악마인가? 오늘 내 목숨을 살려 준 일이 오히려 나를 죽인 일임을 그는 알고 있을까? 나는 이제 이 세상으로부터 도망치려 하네. 장발장의 세상으로부터. 더 이상 내가 갈 곳은 없구나. 더 이상 살아갈 수가 없구나."

여러분, 자베르의 마지막 노래는 마치 율법의 마지막 절규처럼 들리지 않습니까? "아, 더 이상 견딜 수가 없구나. 살아갈 수가 없구나." 자베르가 몸을 던져 죽는 그 순간에 사실은 율법이 죽은 것이지요. 다른 사람을 용서할 줄 몰랐기 때문에 결국은 자기 자신마저도 용서하지 못하는 자베르. 사랑이라는 것을 한 번도 경험해 보지 못했기 때문에 다른 사람의 사랑과 용서마저도 결코 받아들이기가 어려웠던 자베르. 얼마나 불쌍한 인생입니까?

바리새인들과 이런 율법주의자들을 보면 공통적인 특징이 있습니다. 빈틈이 없고 정확합니다. 어떤 일이 있어도 찔러도 피 한 방울 나오지 않을 것처럼 차갑습니다. 한 걸음 더 나아가서 잔인합니다. 정확하고 빈틈 없고 차갑고 잔인한 율법주의자의 비참한 최후. "아, 나는 더 이상 갈 곳이 없구나. 살아갈 수가 없구나."

여러분, 우리가 가지고 있는 질문은 여전히 이것입니다. 어떻게 하면 이 정죄의 감옥에서, 이 율법의 포로 상태에서 탈출할 수 있단 말인가? 이게 질문입니다. 우리 안에는 해결책이 없습니다. 그것을 하나님이 아시기 때문에 우리에게 해결책을 제안하셨습니다. 내가 율법의 포로 상태, 죄의 감옥에서 빠져나올 수 있는 유일한 방법은 무엇입니까? 그리스도의 사랑을 믿고 받아들이는 것입니다. 자베르처럼 거부하지 않는 것입니다. 가룟 유다처럼 목매어 죽는 것으로 자기가 자기 인생을 책임지겠다는 태도가 아닙니다. 그리스도 예수 안에 나타나 있는 하나님의 사랑을 믿음으로 받아들이는 것입니다. 하나님의 무조건적인 용서를 아멘으로 접수하는 것입니다.

22절에 바울이 이렇게 말합니다. "성경이 모든 것을 죄 아래에 가두었으니." 그 다음에 성경이 이처럼 이 땅 위의 모든 인생들을 죄의 포로로 꽁꽁 묶어 놓은 이유가 무엇인가를 말합니다. "예수 그리스도를 믿음으로 말미암은 약속을 믿는 자들에게 주려 함이라." 예수 그리스도를 믿는 믿음, 그리스도 안에 나타나 있는 하나님의 무조건적인 사랑과 자비와 긍휼과 용서를 주고자 함입니다. "하나님이여, 그렇습니다. 나는 죄인입니다. 나를 불쌍히 여겨 주옵소서." 예수께서 내미는 그 손을 믿음으로 덥석 붙잡는 것이지요. 이게 하나님의 율법의 감옥에서 탈출할 수 있는 유일한 길입니다.

그 영화에 보면 전편에 장발장이 부르는 노래가 있습니다. "사랑스러운 예수여. 오, 사랑스러운 예수여. 내가 무슨 짓을 하였습니까? 나는 밤중에 도둑개처럼 도망 다니던 자. 너무 깊이 타락해서 돌이키기에는 이미 늦어버린 사람. 증오의 울부짖음밖에는 남지 않은 자. 그러나 그는 내 영혼을 만지고 내게 사랑을 가르쳐 주었습니다. 나를 믿었고 나를 형제라고 불러주었습니다. 내가 영혼을 가지고 있음을 말해 주었고 나를 묶는 대신에 내게 자유를 주었습니다. 그리고 내가 한 번도 가보지 못한 길로 가게 하였습니다."

성도 여러분, 우리도 어떤 의미에서는 장발장과 다르지 않다고 생각합니다. 장발장 인생의 어두운 면들이 우리 안에도 다 녹아 있는 것 아닙니까? 세상을 향한 원망과 사람들을 향한 분노와 이유를 알 수 없는 증오, 영혼 구석구석까지 깔려 있는 어둠과 끝을 모르는 욕심뿐인 이런 인생을 살고 있었다는 말입니다. 내가 "하나님, 나를 불쌍히 여겨 주세요"라고 손을 내민 것도 아니에요. "나를 고쳐 주세요"라고 하소연을 한 것도 아닙니다. 그런데 어느 날 하나님이 내 인생에 먼저 찾아와 주셨지요. 그리고 내게 정죄의 율법이 아닌 사랑을 가르쳐 주지 않았습니까? 24601이라는 죄수의 명찰을 떼어내 주시고 하나님의 자녀라는 사랑의 명찰을 붙여주지 않았습니까? 그리고는 한 번도 가보지 못한 길, 경험해 보지 못한 용서의 길, 사랑의 길, 진리의 길을 내 손을 붙잡고 그분이 인도하고 있지 않습니까?

이제 대망의 새해가 열렸습니다. 이 새해에도 우리는 부족합니다. 연약합니다. 완벽하지 못합니다. 하지만 완벽하지 못하기 때문에 다른 사람들을 좀 따뜻한 시선으로 바라볼 수 있습니다. 내게 죄수의 명찰 대신 하나님의 사랑받는 자녀라는 명찰을 붙여 주신 그분 손을 꼭 잡고 용서의 길, 사랑의 길, 진리의 길을 믿음으로 걸어가시기 바랍니다.

초등교사 (갈 3:23-29)

"믿음이 오기 전에 우리는 율법 아래에 매인 바 되고 계시될 믿음의 때까지 갇혔느니라 이같이 율법이 우리를 그리스도께로 인도하는 초등교사가 되어 우리로 하여금 믿음으로 말미암아 의롭다 함을 얻게 하려 함이라 믿음이 온 후로는 우리가 초등교사 아래에 있지 아니하도다 너희가 다 믿음으로 말미암아 그리스도 예수 안에서 하나님의 아들이 되었으니 누구든지 그리스도와 합하기 위하여 세례를 받은 자는 그리스도로 옷 입었느니라 너희는 유대인이나 헬라인이나 종이나 자유인이나 남자나 여자나 다 그리스도 예수 안에서 하나이니라 너희가 그리스도의 것이면 곧 아브라함의 자손이요 약속대로 유업을 이을 자니라."

가끔 가다가 토요일 날 결혼식 주례를 하는 때가 있습니다. 어제도 도산홀에서 12시에 우리 교회 성도님 결혼식 주례가 있었습니다. 결혼식 주례를 하면 개인적으로 가장 인상적인 장면이 있습니다. 신부 입장 때 아빠가 신부 되는 딸의 손을 잡고 주악에 맞춰서 걸어 나오지 않습니까? 그러면 새 신랑이 몇 걸음 그쪽으로 다가가지요. 이때 아빠가 딸의 손을 남편 될 새 신랑에게 인계해 주는 그 장면이 항상 인상적이에요. 제가 두 딸이 있는 아빠라 그런지 모르겠습니다.

물론 기쁜 날입니다. 좋은 날입니다. 표정은 웃는데 꼭 웃는 것이 전부는 아닌 것 같아요. 그래서 그 장면을 유심히 봅니다. 여러분, 생각해 보면 축복할 날이고 모두가 마음껏 기뻐할 날 아니겠습니까? 물론 마음껏 기뻐하기도 하고 그래서 참 아름다운 장면이지만, 바로 그 장면이 또 한편으로는 슬픈 장면이기도 합니다. 그날 밤에 방에 들어가서 펑펑 우는 아버지들도 있다고 들었습니다. 새로운 출발과 만남을 한편으로는 기뻐합니다. 하지만 아버지의 흘리는 눈물이 뭔가 인생의 허전함을 여실히 보여주는 것 같아요.

아마 여기 앉아 계신 부모님들은 다 공감하실 겁니다. 부모의 역할은 여기까지인 것이지요. 결국 배우자를 만날 때까지 내 품안에 데리고 있다가 언젠가는 이 아이를 서슴없이 떠나보내야 됩니다. 이렇게 보면 우리가 아이를 키우는 것은 이 아이를 떠나보내고 독립시키기 위한 준비 과정 아니겠습니까?

결혼 후엔 신혼 가정을 꾸리지 않습니까? 한 지붕 아래에서 성격도 다르고 취향도 다르고 가치관도 다른 두 사람이 만났어요. 또 서로 다른 가정 문화에서 자랐어요. 이처럼 모든 게 달랐던 두 사람이 한 지붕 아래에서 한솥밥을 먹으면서 사는데 왜 갈등이 없겠습니까? 그런데 신혼 가정들이 가지고 있는 많은 문제는 결혼을 시키고 난 후에도 부모가 떠나보내지를 않고 계속 간섭하려고 할 때 불거집니다.

여러분, 흥미롭게도 오늘 성경이 말하는 율법의 역할이 이와 비슷하다는 것입니다. 바울은 율법의 역할이 데려다주는 역할이라고 말하고 있습니다. 마치 아버지가 딸의 손을 붙잡고 새 신랑에게 데려다주는 것처럼 말이지요. 이 자리에 남자도 있고 여자도 있습니다. 그런데 우리 모두의 신랑은 누구입니까? 영적인 의미에서 그리스도가 우리의 신랑이잖아요? 성경이 우리를 신부라고 부르지 않습니까? 그러니까 율법의 역할은 우리의 손을 잡고 신랑이신 그리스도에게 데려다주는 것입니다.

중요한 것은 거기까지라는 겁니다. 더 이상은 아닙니다. 이런 점에서 바울은 24절에서 율법은 우리를 그리스도께로 인도하고 안내하는 초등교사라고 소개합니다. 예전 성경을 보면 몽학선생이라고 되어 있습니다. 그런데 단어 자체가 좀 애매합니다. 초등교사가 좀 더 쉽게 와 닿지만 이것도 우리가 아는 초등학교 교사와 같은 의미는 전혀 아니에요.

율법이 우리를 그리스도에게로 인도하는 초등교사라고 말할 때는 감시자라는 뜻입니다. 헬라어로 '파이다고고스' 라는 단어예요. 우리말로 초등교사로 번역되어 있는 이 단어는 원래 어떤 노예를 지칭하는 단어였습니다. 그런데 보통 노예가 아니라 특별한 역할을 담당하는 노예였습니다. 파이다고고스라는 노예는 주인집에 들어가 삽니다. 주인집에 들어가서 6살에서 16살까지의 주인집 아들을 양육하는 특별한 노예입니다. 그러니까 주인집 도련님을 맡아서 기르는 역할입니다. 비록 신분은 노예지만 하는 일은 결코 작다고 볼 수가 없지요.

나이 어린 우리 자녀들 등하굣길에 부모님들이 데려다주지 않습니까? 학교 데려다주고 데려오는 일은 기본이고 주인집 도련님에게 예법과 예절도 가르칩니다. 가르치는 데서 끝나지 않고 제대로 행동을 하는지 감독하는 역할까지 했던 게 파이다고고스예요. 이렇게 보면 이 특별한 사명을 가지고 있는 노예는 국어와 산수를 가르치는 단순한 교사 이상입니다. 주인집 아들을 위한 일종의 훈육 담당관이에요.

이 노예는 주인집 아이가 사람답게 되도록 만들어내야 돼요. 그게 역할이에요. 얼마나 중요한 역할입니까? 종종 손에 회초리를 들고 지팡이를 들고 매우 잘못하면 체벌을 가하기도 하는 그런 노예예요. 좀 희한하지 않습니까? 새롭지 않습니까? 이런 노예가 바로 파이다고고스예요.

그래서 당시에 어린이들에게 이 파이다고고스는 공포의 대명사이고 종종 두려움의 대상이기도 했습니다. 요즘으로 치면 중학교나 고등학교에 학생 주임이라는 게 있잖아요? 전체 학생들의 기강과 규율을 다잡는 게 학생 주임입니다. 예전에 우리가 학교 다닐 때는 훈육 주임이라고 불렀어요. 여기 연배가 있으신 분들은 기억나실 겁니다. 대부분 학교에서 가장 인상 고약하고 학생들이 가장 싫어하는 호랑이 선생님 아니었습니까? 가혹하기로 소문나고 엄격하기 이를 데 없는 훈육 주임 이미지를 생각하시면 됩니다.

예전에는 학생들이 교복을 입고 다니지 않았습니까? 그런데 자칫 잘못하면 훈육 주임한테 복장 상태 불량이라고 지적받습니다. 또 예전에는 머리를 짧게 깎고 다녔잖아요? 교문에서 훈육 주임이 기다리고 있다가 머리 긴 학생이 지나가면 오라고 해서 잣대로 재 보고 체벌을 가합니다.

그러니 아침에 등교 시간에 좀 늦을 것 같으면 제일 먼저 훈육 주임이 서 있나 안 서 있나 그 눈치를 보는 겁니다.

사춘기 때는 보지 말라는 영화에 얼마나 호기심이 솟아올라오는 때입니까? 학교 수업이 끝나고 난 다음에 극장 주변을 배회하고 있다가 훈육 주임한테 걸리면 재미가 없습니다. 불시에 가방 검사를 해서 이상한 물건이 나오고 담배꽁초라도 나오면 그날은 다 초상날입니다. 여러분, 이게 훈육 주임이에요. 훈육 주임은 마음씨 좋은 이웃 아저씨 같은 사람은 부적격이에요. 마음이 너그럽고 이해심이 많은 사람은 제 역할을 못합니다. 훈육 주임은 말하자면 피도 눈물도 없는 사람이 해야 제격입니다.

현진건의 유명한 단편소설 중에 〈B사감과 러브레터〉라는 작품이 있지 않습니까? 거기에 나오는 B사감과 같은 사람이 딱 맞습니다. 찾아보니까 이렇게 소개되어 있습니다. C학교에 교원 겸 사감인 B여사. 그런데 인간적인 매력이 전혀 없는 사람이에요. 나이 40에 가까운 노처녀입니다. 거기다가 외모는 주근깨투성이입니다. 그 다음 표현이 기가 막혀요. "시들고 거칠고 마르고 누렇게 뜬 곰팡이 쓴 굴비와 같은 외모를 가지고 있는 사람." 정말 탁월한 표현이지요? 소설가다운 표현 아니겠습니까?

외모는 그래도 괜찮아요. 더 문제가 되는 것은 성격이에요. 이 B사감의 딱장대가 문제입니다. 여러분 딱장대라는 말 아십니까? 요즘엔 안 쓰는 말입니다. 온화하거나 부드럽지 않고 딱딱한 사람이라는 뜻이에요. B사감은 딱장대이자 독신주의자입니다. 그리고 한 가지가 더 있습니다. 찰진 야소꾼입니다. 옛날에는 예수라고 부르지 않고 야소라고 불렀어요. 그러니까 예수쟁이라는 말입니다. 그런데 거기다 '찰진'이란 형용사가 붙지 않았습니까? 찰지다는 말은 독실하다는 뜻입니다. 그러니까 독실한 기독교인에, 독신주의자에 딱장대입니다.

어때요? 대강 그림이 그려지시나요? 이해도 없고 용서도 없고 전혀 배려도 없습니다. 여학교 기숙사에서 여학생들을 계속 감시하는 것을 자기의 사명으로 알고 있는 여자입니다. B사감이 제일 못 견디는 것은 남학생으로부터 수시로 날아오는 러브레터예요. 그래서 소설의 제목이 〈B사감과 러브레터〉입니다. 남학생에게서 날아온 러브레터를 빠짐없이 사찰하는 것이 B사감의 일입니다. 이게 바로 율법이 하는 일과 비슷합니다.

율법은 딱 두 가지만 이야기합니다. 무엇을 하라, 그리고 무엇을 하지 말라고 명령합니다. 명령하는 데서 끝나지 않아요. 계속 하나 안 하나 감시합니다. 명령하고 감시하는 것이 율법의 일입니다. 그런데 불행하게도 그걸 지킬 힘은 주지 않습니다. 못 지키는 사람을 이해해 주지도 배려해 주지도 않습니다. 오직 명령하고, 그 명령으로 사람을 꽁꽁 묶어 놓을 뿐입니다. 그래서 바울이 23절에 이렇게 말합니다. "우리는 율법 아래 매인 바 되었었다." "우리는 율법 아래 갇힌 바 되었었다."

그런데 이게 이야기의 끝이 아닙니다. 희소식이 있습니다. 파이다고고스, 우리말로 초등교사는 16살 때까지뿐입니다. 16살이 지나면 파이다고고스의 손길을 벗어나서 스스로 자유를 누리는 성인이 됩니다. 우리나라는 성인이 되는 나이가 만 20살입니다. 대부분 다른 나라도 그렇습니다. 그런데 고대 그리스와 로마에서는 성인이 16살이에요. 파이다고고스가 그 아이의 인생에 간섭하고 통제할 수 있는 시한이 있다는 말입니다. 16살까지니까 무한정 내 인생에 간섭하지 못한다는 말이지요.

여러분, 그토록 엄하고 호랑이 같았던 훈육 주임 선생님 어때요? 수십 년의 세월이 지나고 난 지금은 가끔 보고 싶어질 때가 있지 않습니까? 인간미라고는 전혀 없어 보이고 대머리에 배는 불룩 나오고 한손에 회초리를 들고 늘 으르렁거리면서 설치던 훈육 주임 선생님이었지만, 수십 년이 지나고 난 다음에는 그리워지기도 해요. 보고 싶은 생각도 들어요. 그런데 여기에는 전제 하나가 있습니다. 그 선생님 얼굴 보는 것도 고등학교 때까지뿐이라는 큰 전제가 있어요. 만일에 졸업하고 대학생이 되었는데도, 만일에 내가 성인이 되었는데도 계속해서 통제와 간섭과 체벌을 받는다면 그리워지겠습니까? 보고 싶어지겠습니까? 아니지요. 인권침해라고 당장에 고발할지 모르겠어요.

바울의 선언은 바로 이것입니다. 초등교사요 파이다고고스의 노릇을 하면서 우리를 억제해 왔던 율법은 요즈음 말로 하면 유통 기한이 있다는 것입니다. 율법이 우리를 그 아래 얽어매 놓는 유통 기간, 즉 감시를 받는 것은 "믿음의 때까지"라고 말합니다. 3장 25절은 선언합니다. "믿음이 온 후로는 우리가 초등교사 아래에 있지 아니하도다." 할렐루야!

하나님이 율법의 시한을 이렇게 정해 놓으셨대요. 따라서 율법은 영원 무궁한 것이 아닙니다. 내 인생의 마지막 포인트까지가 아닙니다. 율법의 시한은 구약 때뿐이랍니다. 그리스도가 올 때까지만이랍니다. 그리스도에 대한 믿음의 시대가 등장하면 즉각적으로 율법의 역할은 끝납니다. 이게 바울이 말하고 싶은 요지예요.

함께 사는 제 두 딸이 중학교 다닐 때 반란을 일으킨 적이 있습니다. 한창 사춘기지요. 그러니까 반란이라기보다 귀여운 하소연을 한 적이 있어요. 당시 학생들 사이에 귀를 뚫는 게 유행이었습니다. 같은 반 친구들이 너도 나도 귀를 뚫은 거예요. 그러니까 이 호소를 요약하면 한마디로 우리에게도 자유를 달라는 것입니다. 자기들도 다른 친구들처럼 미장원에 가서 금방 뚫을 수 있고 하나도 아프지 않다는 거예요. 제가 뭐라고 이야기했겠습니까? "야, 이 친구들아, 아프고 안 아프고 간에 왜 멀쩡한 귀를 뚫어? 대학생 되면 뚫든지 말든지 맘대로 하고 지금은 안 돼!"

이게 제 대답이었습니다. 그 뒤로 저는 보수주의 아빠, 고지식한 아빠로 지금까지 낙인이 찍혀 있습니다. 그런데 지금도 제가 잘못했다는 생각이 안 드는 겁니다. 너무 고지식합니까? 케케묵었습니까? 아직 미성년이잖아요? 어리니까 성인이 될 때까지는 부모의 통제와 조절을 받아야지요. 그런데 문제는 이겁니다. 이미 성인이 다 되었는데도 불구하고 계속 부모가 간섭하고, 콩이야 팥이야 하면서 자녀를 몰아세우는 거예요. 계속 어린애 취급을 하는 겁니다. 그래서 심한 표현일지는 모르겠습니다만 이런 느낌이 들어요. "결국 어떻게 되는가? 아이가 성인이 되어 정당하게 누려야 할 자유를 빼앗아버리고 영원토록 부모의 장난감 노릇을 하도록 만들어버리는 것은 아닌가?"

여러분, 성인이 된 자녀들이 부모가 이런저런 잔소리를 계속 해대면 어떤 반응을 보일까요? "아, 저건 부모님의 말씀이니까 무조건 순종해야지. 우리 부모님은 역시 나를 저토록 위해 주고 생각해 주시는구나." 이런 반응을 보일까요? 아니지요. 우리가 커 나오면서 다 경험했던 사실들 아닙니까? 숨이 그냥 턱턱 막히잖아요? 부모가 계속 간섭하면서 자녀를 조절하려고 하면 자기 정체성을 잃어버립니다. 모든 것을 부모가 다 알아서 결정해 준다면 나의 존재, 내 인생의 의미, 나의 정체성은 없는 것이지요.

이런 우스운 이야기도 있습니다. 어떤 엄마가 자기 아이를 위해 애를 썼는가 봅니다. 모든 것을 다 결정해 주고 사사건건 간섭하는 엄마였습니다. 그런데 어느 날 아이가 배가 고팠던가 봐요. 엄마에게 이렇게 물었답니다. "엄마, 나 지금 배고파?" 이 질문의 의미를 아시겠지요? 자기가 배고픈 것까지도 엄마가 알아서 결정을 해주어야 합니다. 이런 인생이라면 그 아이가 제대로 사람 구실을 하겠습니까? 내가 누군지 몰라요. 내가 누군지 모르기 때문에 어떻게 살아야 하는지 무엇을 해야 하는지도 몰라요. 이 둘은 아주 밀접한 관계가 있습니다.

새 시대가 왔습니다. 믿음의 시대입니다. 그럼에도 불구하고 여전히 율법을 붙들고 놓지 않는다면 우리 정체성은 딱 한 가지밖에 없습니다. 나는 누구냐? 나는 죄인입니다. 나는 누구냐? 나는 저주 받은 자예요. 나는 어떤 사람이냐? 나는 여전히 하나님의 진노와 심판 아래에 놓여 있는 자입니다. 그런데 여기에 복음이 있습니다. 바울이 지금 하는 말이 그것입니다. 율법이 안겨다주는 자기 정체성은 결코 사실이 아니라는 것입니다. 이것이 바울의 선언입니다.

그런데 목회자로서 참 아쉬운 점이 있습니다. 많은 사람들이 교회 나옵니다. 신앙고백도 정확하게 합니다. 봉사도 하고 흠잡을 데 없는 그리스도인이에요. 그런데 이 사람에게 좋지 못한 영적인 습관이 있어요. 의식적으로는 그걸 못 느낄 수도 있습니다. 그런데 무의식적으로 계속해서 이 사람은 자기 정죄의 목소리를 듣습니다. 너무 오랜 세월 자기를 정죄하는 게 습관이 되어버린 사람들이 생각보다 많습니다. 이것을 해도 정죄의 목소리가 들려오고 저것을 해도 정죄의 목소리가 들려옵니다. 아무리 애를 써 봐도 정죄의 울타리 안에 갇혀서 벗어나지 못하는 것입니다.

여러분, 이런 사람의 신앙생활이 가볍겠습니까? 즐겁겠습니까? 마음이 따뜻할까요? 아니지요. 계속 자기 정죄의 감옥에 갇혀 있는 사람이라면 우울하지요. 교회생활은 할지 몰라도 무겁지요. 영혼이 우울한 채로 살면서도 더 큰 문제는 여기에 익숙해져 버린다는 것입니다. 이런 사람들에게 복음을 전하면 머리로는 끄덕일지 모르겠어요. 그런데 마음은 무의식 가운데서 계속 올라오는 자기 정죄에 대한 목소리를 거절하지 못합니다. "목사님, 받아들이기 힘듭니다. 다른 사람은 해당이 될지 몰라도 나는 아닐 겁니다." 자기도 모르게 영혼 밑바닥에서 그런 목소리가 울려 나올지 모르겠어요.

이 자기 정죄의 목소리를 듣고 있는 사람들에게 오늘 바울의 말은 불편한 진실이 될 것입니다. 요즈음 '불편한 진실'이라는 말이 유행입니다. 오랫동안 몸에 잘 맞는 옷을 입어 온 것처럼 내 인생에서 어느 한 날도 빠짐없이 자기 정죄의 목소리를 들어왔다면 어떻게 될까요? 이제 자기 정죄 의식이 친한 친구처럼 가까워졌을 겁니다. 자기 정죄와 일종의 라포 관계가 형성되어 버렸단 말이지요. 그렇기 때문에 이런 새로운 복음의 이야기를 듣고 하나님의 선언을 아멘으로 받아들이는 게 이 사람에게는 어려울지 모릅니다.

3장 25절, 바울의 음성을 다시 한 번 들어봅시다. "믿음이 온 후로는 우리가 초등교사 아래에 있지 아니하도다." 믿음이 온 후로는 우리 모두가 초등교사 파이다고고스의 감독 하에 있지 않다는 것입니다. 그런데 한글 번역이 한 가지가 좀 아쉽습니다. 아주 중요한 단어가 맨 앞에 있는데 이게 빠져버렸습니다. 원문에는 맨 앞에 이 말이 들어가 있습니다. "그러나 이제는(But now)." 그러나 이제는 이미 믿음이 왔기 때문에 우리는 더 이상 초등교사의 손 아래에 있지 않다는 말입니다.

이제는 시대가 달라져 더 이상 율법의 시대가 아니에요. 그건 지나갔어요. 내가 스스로 율법 감옥에서 탈출을 한 것이 아닙니다. "그러나 이제는." 새해가 얼마 전에 열린 것처럼 열렸습니다. 하나님이 새 시대를 여셨습니다. 하나님이 율법의 시대를 끝내셨습니다. 그리스도의 시대가 왔습니다. 드디어 믿음의 시대가 도래했습니다. 바울이 계속 이 이야기를 하고 있는 것이지요. 이 새로운 시대의 가장 큰 특징이 무엇일까요? 아주 흥미롭게도 우리가 잃어버렸던 자기 정체성이 제대로 회복되는 거래요.

율법의 시각으로 자신이 누군가를 바라보면서 왜곡되었던 자기 정체성을 바로 찾는 것입니다. "아니, 목사님! 나는 내가 누구인가 압니다. 나는 공무원, 나는 회사원, 나는 학생, 나는 주부 등등." 여러분 그런 이야기가 아닙니다. 지금 직업적인 정체성이 아니라 우리 삶의 궁극적인 정체성을 말하는 겁니다. 나는 도대체 누구인가에 대해서 그전에는 분명한 대답을 못했어요. 이것에 대한 대답이 없으니까 어떻게 살아야 할지도 무엇을 해야 할지도 모르는 겁니다. 어디로 갈지도 몰라요. 그냥 방황할 뿐이에요.

현대인들이 얼마나 머리를 많이 굴립니까? 상당히 영리하고 지혜로운 것 같아도 너무 많은 젊은이들과 현대인들이 삶의 무의미성에 허덕이고 있습니다. 열심히 일합니다. 쉬지 못하고 수고합니다. 제대로 자지도 못하고 얼마나 애를 씁니까? 그런데 내가 어디로 가고 있는지 아십니까? 인생의 궁극적인 목표가 무엇인지 아십니까? 죽음 이후에 뭐가 나를 기다리고 있는지 아시나요?

많은 사람들이 궁극적인 자기 삶의 정체성을 몰라요. 그래서 인생이 무의미하다고 느낍니다. 노력해서 얻어 봅니다. 정상에 올라가 봅니다. 거기서 잠시잠깐 쾌락을 느낍니다. 그러나 얼마 못 가서 허무의 바람이 우리 영혼에 밀어닥쳐 오지 않습니까? 아무리 밀어내고 거절하려고 애를 써도 결코 벗어날 수 없는 허무의 바람 말입니다. 내가 누구인가? 이걸 몰랐어요. 그러니까 매사가 결국은 시들해집니다. 그러다가 잘못하면 마구잡이로 살아버립니다. 이걸 해도 저걸 해도 의미가 없는 걸요 뭘. 자기 인생을 마구잡이로 던져버리고 방치하면서 살 수밖에 없지요. 성도 여러분, 내 정체성을 거지로 생각한다면 거지 같은 삶을 살 수밖에 없지 않겠어요? 나를 저주받은 인생으로 생각한다면 저주받은 인생처럼 살아갈 수밖에 없지 않겠습니까? 그런데 바울은 힘주어 강조합니다. 선언합니다. 그게 사실이 아니다. 아멘!

16살까지는 사실이었어요. 그리스도가 오기 전까지는 사실이었어요. 믿음의 시대가 오기 전까지는 사실이었어요. 그런데 지금은 더 이상 사실이 아닙니다. 내가 도대체 누구인가? 이 질문에 대해 바울이 나의 현재적인 정체성을 말해 주고 있습니다. 3장 26절 이하에 하나님께서 반복해서 여러 모양으로 우리의 정체성을 가르쳐주고 계십니다. 이는 대단히 중요합니다. 하나님이 우리 영혼 속에 꼭 심어 넣고 싶은 내용들입니다.

나는 누구인가? 26절에 나는 "그리스도 예수 안에서 하나님의 아들"이랍니다. 나는 누구인가? 27절에서 "그리스도로 옷 입은 자"라고 합니다. 나는 누구인가? 28절에서 이제 "그리스도 예수 안에서 하나"래요. 너와 내가, 남자와 여자가, 히브리인과 헬라인이, 종이나 자유자가 그리스도 예수 안에서 다 하나가 되었답니다. 29절에 나는 누구인가? 진정한 "아브라함의 자손이요 약속의 유업을 이을 자"입니다.

이것이 우리의 정체성입니다. 여기서 물러나면 안 돼요. 양보할 수 없는 마지노선입니다. 여기서부터 출발해야 돼요. 성도 여러분, 이 땅 위에 발붙이고 사는 모든 사람은 둘 중에 하나입니다. 여전히 율법의 포로 상태에 있든지 아니면 율법에서 해방되었든지. 여전히 구약 속에서 살거나 아니면 신약 속에서 살거나. 교회 나오면서도 여전히 모세에 근거하여서 신앙생활을 하든지 아니면 그리스도에 근거하고 그리스도에 기대어서 신앙생활을 하든지 둘 중의 하나예요. 다른 제3의 방안은 없어요.

여러분, 우리는 이미 그리스도 안에 있습니다. 저는 한 가지 기대가 있습니다. 제가 나이를 먹어 결혼하고 아이도 좀 늦게 낳아서 그런지 모르겠지만 내 딸의 손을 잡고 하나님이 예비해 놓으신 훌륭한 신랑에게 딸의 손을 인계해 주는 그날을 기다립니다. 아빠의 통제에서 이 딸이 벗어나서 좀 더 자유롭고 좀 더 풍요로운 삶을 이룰 그날이 빨리 오기를 기대합니다.

우리는 어떤 자들입니까? 이미 우리의 신랑 되신 그리스도에게 우리의 영혼이 인계된 자들입니다. 신랑 되신 그리스도가 뻗치신 그 손을 믿음의 손을 내밀어서 붙잡은 사람들입니다. 잊지 말고 계속 기억해야 될 것은 우리가 더 이상 저주 아래에 있지 않고 하나님의 축복 아래에 있는 하나님의 사랑받는 자녀라는 점입니다. 이게 우리의 자기 정체성입니다. 새해가 열렸지만 여전히 어려움이 있을 것입니다. 문제가 있을 것입니다. 넘어야 할 산이 있을 것이고 건너야 할 강도 있을 것입니다.

그러나 이 모든 어렵고 우울한 시간에도 불구하고 기본적인 자기 정체성은 변함이 없습니다. 어제나 오늘이나, 햇빛이 드는 날이나 비바람이 몰아치는 날이나 내 정체성은 동일합니다. 그것은 바로 나는 하나님의 축복을 받고 있는 사랑받는 자녀라는 것입니다. 이 자기 정체성을 믿음으로 꼭 붙드시고 힘내시기를 바랍니다.

박완철 목사의 갈라디아서 강해 1
다른 복음은 없습니다

초판 발행 | 2016년 10월 15일

지은이 | 박완철
펴낸이 | 임만호
펴낸곳 | 도서출판 크리스챤서적
주　소 | 서울 강남구 선릉로 112길 36 창조빌딩 2F
전　화 | 02)544-3468~9　**팩　스** | 02)511-3920
e-mail | holybooks@naver.com
등록번호 | 제 10-22호　**등록일자** | 1979년 9월 13일

책임편집 | 임영주
디자인 | 임흥순
제　작 | 임성암
관　리 | 양영주

Printed in Korea
ISBN 978-89-478-0324-3　04230
　　　 978-89-478-0323-6　(세트)

정가 11,000원

※ 잘못된 책은 교환하여 드립니다.